EUROPA 5.0

Luc Frieden, Nicolaus Heinen, Stephan Leithner

EUROPA 5.0

Ein Geschäftsmodell für unseren Kontinent

Campus Verlag
Frankfurt/New York

Die Aussagen in diesem Buch geben ausschließlich die persönlichen
Meinungen der Verfasser wieder.

ISBN 978-3-593-50541-1 Print
ISBN 978-3-593-43338-7 E-Book (PDF)
ISBN 978-3-593-43339-4 E-Book (EPUB)

Umschlaggestaltung: total italic, Thierry Wijnberg, Amsterdam/Berlin
Satz: Campus Verlag GmbH, Frankfurt am Main
Gesetzt aus: Scala und Scala Sans
Druck und Bindung: Beltz Bad Langensalza GmbH
Printed in Germany

www.campus.de

INHALT

I

WIR HABEN DIE WAHL

Seit über sechs Jahren steckt Europa in der Krise. Dies allein wäre noch nicht beklagenswert, haben wir Europäer doch in der Vergangenheit schon wahrlich größere und schlimmere Schieflagen durchlaufen und gemeinsam erfolgreich überwunden. Die aktuelle Krise erscheint gleichwohl fundamentaler. Immer heftiger werden die Reibereien und Misstöne zwischen den Mitgliedstaaten der Europäischen Union. Immer größer wird die politische Distanz zu einzelnen Ländern – sei es zu Griechenland oder zum Vereinigten Königreich. Und immer stärker werden die gesamtwirtschaftlichen Divergenzen innerhalb des gemeinsamen Währungsraums, der Eurozone. Bürger und Unternehmen blicken mit großer Sorge und Skepsis auf die politischen, wirtschaftlichen und gesellschaftlichen Entwicklungen in Europa. Sie merken: Die Versprechen von Einheit und Wohlstand, an die wir uns so sehr gewöhnt haben, scheinen heute längst nicht mehr so sicher wie einst. Besonders schwer wiegt dabei, dass den Ländern Europas ein klares Ziel und der Wille fehlen, über den eigenen Tellerrand hinauszuschauen, die Probleme von heute anzupacken und gemeinsam zu lösen. Diese Haltung ist für Europa keinesfalls typisch, denn das Projekt der europäischen Einigung entstand einst aus Überzeugung. Es war ein Aufbruch mit einer klaren Vision von Frieden, Stabilität und Wohlstand. Von dieser Aufbruchstimmung ist heute jedoch nichts mehr zu spüren – ganz zu schweigen von echter politischer Führungsstärke, die zumindest eine klare Richtung vorgeben würde. Und so bleibt die politische und wirtschaftliche Zukunft unseres Kontinents ungewiss.

In diesem Vakuum braucht es entschlossenes Handeln – und neue Weichenstellungen für ein Europa jenseits des Krisenalltags. Damit solche Weichenstellungen gelingen, müssen Politiker, Unternehmen und Bürger mutige Entscheidungen treffen. Mutige Entscheidungen brauchen wir heute in Europa allemal, denn zu viele offene Fragen liegen vor uns. Politische Entscheidungsträger fragen sich: Welche Gestaltungsmöglichkeiten gibt es noch in einem Umfeld wachsender Spannungen innerhalb und zwischen den 28 Mitgliedstaaten? Unternehmer fragen sich: Welche Wachstumsaussichten hat unser Wirtschaftsraum in einem globalen Umfeld, das sich so rasch wandelt? Bürger fragen sich: Welche Chancen auf Teilhabe am wirtschaftlichen Wachstum und Wohlstand bleiben mir? Und über allem schwebt die Frage: Stößt nicht jede politische und wirtschaftliche Integration souveräner Staaten irgendwann an ihre Grenzen?

Wir, die Autoren, hören diese Fragen nahezu täglich in beruflichen wie privaten Gesprächen mit unseren Kunden, Mitarbeitern und Mitmenschen. Wir vernehmen sie auch als Teil einer breiten und zunehmend besorgten öffentlichen Debatte, die zeigt, wie tief die allgemeine Verunsicherung über die Zukunft Europas mittlerweile sitzt. Unter Ängstlichkeit und Befangenheit kann man die Gegenwart jedoch nicht gestalten – und erst recht nicht die Zukunft gewinnen. Denn gerade dann, wenn die Wachstumsraten niedrig sind und die Perspektiven trübe, gehen Menschen ungern ins Risiko. Ohnehin neigt der Mensch dazu, die Bedürfnisse von heute stärker zu gewichten als die Bedürfnisse von morgen. Bei drohenden Verlusten handelt er besonders risikoavers, wie die Erkenntnisse der Verhaltenspsychologie zeigen.[1] Je unsicherer die Gegenwart, desto vorsichtiger und ängstlicher blickt er der Zukunft entgegen – und verschließt sich so dem notwendigen Wandel. Und so verwundert es nicht, dass in wirtschaftlich wie politisch unsicheren Zeiten insbesondere jene Stimmen leichter das Gehör der Menschen finden, die allein vor den Risiken und Gefahren von Veränderungen warnen – und zugleich die Chancen ignorieren, die der Wandel bieten kann. Die Lösungen, die sie vorschlagen, sind in der Regel greifbar und konkret, weil altbekannt und rückwärtsgewandt. Sie beschwören damit die vermeintliche Sicherheit und Stabilität vergangener Zeiten. Die Befürworter des machbaren Wandels haben es hingegen schwerer. Sie müssen nämlich immer für etwas argumentieren, das noch vor uns liegt – die Zukunft, die *per se* ungewiss ist. Dies bedeutet nicht, dass in einem Umfeld, das sich dem Wandel verschließt, Veränderungen nicht trotzdem stattfinden. Sie erfolgen jedoch rein reaktiv – und zwar dann, wenn der Problemdruck so stark ist, dass letzte Widerstände gegen den Wandel aufbrechen, oft in letzter Minute, bisweilen chaotisch und unkoordiniert und zumeist unter hohen materiellen, politischen und sozialen Kosten. Bei diesem *pathologischen Lernen* führen die Menschen nicht. Die Umstände zwingen sie, zu folgen. In einem globalen Umfeld, das sich immer schneller wandelt und in dem erlangtes Wissen immer schneller veraltet, ist passives Abwarten und Hinnehmen jedoch die falsche Wahl – vor allem für Europa. Gerade weil sich die Welt bewegt, müssen wir Europäer entschiedener handeln als je zuvor. Mehr noch: Gerade weil sich vieles ändert, gibt es so viele Möglichkeiten zu handeln – und Ansatzpunkte, diesen Wandel konstruktiv zu gestalten und am Ende für sich zu entscheiden. Damit das gelingt, müssen die europäischen Gesellschaften in all ihrem Handeln nicht nur an heute, sondern auch an morgen und übermorgen denken. Genau das möchten wir in diesem Buch tun. Wenn wir auch morgen und übermorgen in Wohlstand leben wollen, müssen wir im Hier und Jetzt verantwortungsbewusste Entscheidungen treffen. Heute stellen wir die Weichen, die die Optionen und unseren Handlungsspielraum von morgen bestimmen.

Dieses Buch soll zeigen, dass die aktuelle Lage unserem Kontinent auch Chancen bietet, die Dinge zum Guten zu wenden und die derzeitige Blockade Europas aufzulösen. Dabei möchten wir weder klagen noch anklagen, denn Angstbücher zu Europa gibt es schon genug. Vielmehr soll dieses Buch konstruktive Lösungsansätze aufzeigen, die über tagespolitische Einfälle hinausgehen. Wir wollen in diesem Buch eine konkrete Strategie, ein *Geschäftsmodell* aufzeigen, mit dem Europa wieder zukunftsfähig wird – nicht nur die Währungsunion, sondern der gesamte Kontinent. Den Begriff *Geschäftsmodell* wählen wir bewusst, denn unsere Vorschläge richten sich klar daran aus, jene Ziele wiederzubeleben, die neben Frieden und Freiheit zum Selbstverständnis europäischer Integration zählen: nachhaltiges *Wachstum* und breiter *Wohlstand*. Diese Grundfesten sind heute keinesfalls mehr für alle Bürger Europas gleichermaßen selbstverständlich. Wir sind jedoch davon überzeugt, dass Europa mit entschlossenem und gemeinsamem Handeln wieder zu der Vorteilspartnerschaft werden kann, die es einst war. Unser Geschäftsmodell kann dazu beitragen, das europäische Versprechen von Wachstum, Beschäftigung und gesichertem Wohlstand mit neuer Glaubwürdigkeit zu erfüllen. Dann schöpft auch die Bevölkerung neues Vertrauen in das Projekt Europa. Dann geht es wieder gemeinsam voran.

Dies ist freilich alles andere als einfach, wenn die Verhältnisse unübersichtlich sind. Möglich ist es trotzdem. Allzu oft übersehen wir nämlich im derzeitigen Krisenumfeld, dass Europa schon in der Vergangenheit zu beachtlichen Quantensprüngen fähig war – und das bisweilen unter den widrigsten Umständen. Rückblickend lassen sich vier Stufen der Integration identifizieren.

- *Europa 1.0: Das Friedensprojekt.* Nach dem Zweiten Weltkrieg begann die erste Stufe der europäischen Integration. Angetrieben von den Einigungsbemühungen der kriegsgezeichneten Gesellschaften unseres Kontinents entstanden erste Initiativen des zwischenstaatlichen Dialogs – und mit dem Europarat eine erste gemeinsame Institution. Zwar scheiterten Initiativen für eine gemeinsame Verteidigungspolitik trotz der steigenden Bedrohung aus dem Osten. Doch zugleich einigten sich sechs Länder (Belgien, Deutschland, Frankreich, Italien, Luxemburg und die Niederlande) Anfang der 1950er Jahre darauf, ihre Kohle- und Stahlindustrien im Rahmen der sogenannten *Montanunion* unter eine gemeinsame Aufsicht zu stellen. Dies wiederum legte die Grundlage für die nächste Stufe.

- *Europa 2.0: Wirtschaftliche und politische Integration.* Die Montanunion war zunächst eine Präferenzzone für Kohle und Stahl. Ihr Erfolg war so groß, dass 1957 im Rahmen der *Römischen Verträge* die *Europäische Wirtschaftsgemeinschaft* (EWG) gegründet wurde, die eine Freihandelszone für alle Güter vorsah. 1968 wurde diese zur *Zollunion* mit gemeinsamen Außenzoll, und schließlich 1993 mit dem *Vertrag von Maastricht* zum Gemeinsamen Markt mit allen vier Marktfreiheiten für Waren, Dienstleistungen, Kapital und Personen ausgebaut. Gemeinsame Institutionen – die Kommission als Exekutive, Ministerrat und Europäisches Parlament als Legislative und gemeinsame Gerichtshöfe als Judikative – begleiteten die wirtschaftliche Integration. Freilich gab es dabei auch Hindernisse – etwa die große Blockade im Ministerrat Mitte der Sechzigerjahre, als Frankreich sich gegen die Einführung des Mehrheitsprinzips bei Abstimmungen sperrte (*Politik des leeren Stuhls*) oder die Stagnation bei der wirtschaftlichen Integration in den späten Siebziger- und frühen Achtzigerjahren (*Eurosklerose*). Doch auch diese Rückschläge können nicht darüber hinwegtäuschen, dass der Wohlstand durch zunehmenden Handel und Austausch insgesamt stetig wuchs.
- *Europa 3.0: Erweiterung.* Der Erfolg von Europa als Friedensprojekt und Wirtschaftsgemeinschaft führte dazu, dass immer mehr Länder Mitglieder des Clubs werden wollten. Sukzessiv vergrößerte sich die Gemeinschaft von ursprünglich sechs auf heute 28 Staaten. Die größte Erweiterungsrunde war die EU-Osterweiterung um insgesamt zehn Staaten im Mai 2004 – eine logische Folge der überwundenen Teilung Europas. All dies hat den Einflussbereich der heutigen EU stark erweitert und die Vielfalt im Wirtschaftsraum weiter erhöht.
- *Europa 4.0: Gemeinsame Währung.* Den bislang letzten großen Schritt brachte die Einführung des Euro im Jahr 1999. Die gemeinsame Währung war zunächst durchaus ein großer Erfolg –

auch wenn aus heutiger Sicht das institutionelle Rahmenwerk alles andere als geeignet war. Spätestens die Eurokrise hat jedoch die Grenzen der europäischen Währungsunion aufgezeigt.

Diese vier Generationen europäischer Integration zeigen, dass große Schritte möglich sind – auch wenn Erfolg und Misserfolg, Fortschritt und Scheitern oft eng beieinanderlagen und der große Wurf nicht selten überhaupt erst durch eine vorangegangene Krise möglich wurde. Entscheidend für diese großen Schritte war vor allem dreierlei: der Wille, sich mit den Fehlentwicklungen der Vergangenheit auseinanderzusetzen und aus ihnen zu lernen, die Fähigkeit, sich auf neue Rahmenbedingungen einzustellen, und nicht zuletzt ein langer Atem, um Differenzen zu überwinden und gemeinsam voranzuschreiten. Ebendies brauchen wir Europäer auch heute. Angesichts der aktuellen Blockade scheint der nächste große Schritt nach vorne im Sinne einer umfassenden Änderung der europäischen Verträge jedoch in weiter Ferne. Viel ist in diesen Tagen stattdessen von Stagnation die Rede, gar von Spaltung und Rückschritten. Angesichts der Ziele, Ideale und Visionen, die Europa einst verkörperte, und der Errungenschaften, die es nach zwei Weltkriegen hervorbrachte, können Politik, Wirtschaft und Gesellschaft dies nicht einfach hinnehmen.

Doch welche Alternative bleibt Europa, um die Blockaden zu lösen und das Versprechen von Wachstum und Wohlstand neu zu beleben? Möglicherweise liegt die Lösung näher, als wir in diesen Tagen vermuten. Der Schlüssel liegt weniger in einem neuen Vertragswerk als in einer besseren Nutzung des bestehenden institutionellen Rahmens Europas. Gelingt es den Mitgliedstaaten, ihn mit klugen Reformen, vertiefter Zusammenarbeit und gemeinsamem globalen Handeln auszufüllen, kann Europa wieder auf den Pfad des Erfolges zurückfinden und zur Vorteilsgemeinschaft von einst werden. Leicht wird all dies nicht. Dies gilt im Besonderen angesichts der großen Herausforderungen, die vor uns Europäern liegen: Die zunehmende globale Konkurrenz der Schwellenländer, die digitale Revolution und nicht zuletzt die gesellschaftliche Alterung sind Hürden, die die Wachstumsmodelle und den Wohlstand unseres Kontinents in den kommenden Jahren und Jahrzehnten fortwährend auf die Probe stellen werden. Wir sind überzeugt, dass Europa auch diese Herausforderungen bewältigen kann, wenn es sich wieder auf gemeinsame Ziele besinnt und entschlossen handelt. Europa 5.0, unser Vorschlag für ein tragfähiges und global wettbewerbsfähiges Geschäftsmodell für Europa, soll innerhalb des bestehenden Regelwerks die vorhandenen Strukturen beleben. Es soll Europa wieder neu auf die Kerninhalte ausrichten, die Raum für gemeinsames und langfristiges Wachstum geben. Unser Appell richtet sich dabei nicht allein an die Politik. Vielmehr wollen wir in diesem Buch neue Handlungsspielräume aufzeigen, sodass die Politik, die Unternehmen und die Bürger aus sich selbst heraus aus den Potenzialen des gemeinsamen Regelwerks schöpfen.

- Mit frischen und zielführenden Ideen in der *Wirtschaftspolitik*, die die richtigen Prioritäten für ein besseres Umfeld für Investitionen setzen, die klugen Köpfe Europas aktivieren und damit helfen, Europa insgesamt wettbewerbsfähiger zu machen.
- Mit *Unternehmen*, die das Potenzial des gemeinsamen europäischen Marktes besser nutzen als in der Vergangenheit und grenzüberschreitend ihre Kräfte bündeln, um im globalen Wettbewerb dauerhaft vorne dabei zu sein und die weltweite Wachstumsdynamik nach Europa zu holen.
- Und mit Initiativen, die die *Bürger* dabei unterstützen, eigenständig Vermögen aufzubauen und damit langfristig ihren Wohlstand trotz demografischer Herausforderungen zu sichern.

Unser Geschäftsmodell ist dabei kein Krisenbewältigungsansatz, der allein die aktuellen Probleme in der Eurozone adressiert – dies allein würde zu kurz greifen und angesichts des diesbezüglich gesättigten Meinungsmarktes auch kaum wirklichen Mehrwert schaffen. Unser Blick geht weit über die Herausforderungen des europäischen Währungsraums hinaus. Denn der Handlungsdruck auf Europa ist längst nicht so eindimensional, wie die Berichterstattung der vergangenen Jahre suggeriert hat. Die Veränderungen, die durch neue Kräfteverhältnisse in der Weltwirtschaft, die Digitalisierung und den demografischen Wandel auf uns Europäer zukommen, lassen sich heute bereits erahnen. Aus ihnen ergeben sich die Notwendigkeit und der Imperativ, schon heute die ungeheuren Kräfte Europas zu bündeln, um unsere Zukunft aktiv zu gestalten. *Europa 5.0*, die nächste Stufe der europäischen Integration, soll Europa aus der müden Ecke der Resignation holen und unseren Kontinent wieder zu einem führenden und lebendigen Spieler im globalen Wettbewerb machen. Dieses Buch soll diese Strategie entwerfen.

Europa 5.0 – das ist stärkere Integration unseres Kontinents im bestehenden institutionellen Rahmen. Wir haben ihn noch längst nicht ausgeschöpft. Wettbewerbsorientierte Rahmenbedingungen, die Investitionen fördern, grenzüberschreitende Zusammenarbeit europäischer Unternehmen und Vermögensbildung der breiten Bevölkerung sind die Bausteine, die das noch ungenutzte Entwicklungspotenzial Europas heben und beleben können. Im Ergebnis entsteht eine konstruktive Haltung, die sich nicht mehr daran ausrichtet, wie das Erreichte anders verteilt, sondern wie die Wertschöpfung mit neuer wirtschaftlicher und gesellschaftlicher Kraft und Engagement vergrößert werden kann. Neue Offenheit im Handeln soll helfen, Chancen zu nutzen und neue Möglichkeiten zu erschließen, um so letztlich zu wachsen und den Wohlstand zu vergrößern. Damit dies gelingen kann, braucht Europa klare Entscheidungen und entschlossenes Handeln. Hierzu wollen wir die Führungspersönlichkeiten in Wirtschaft und Politik motivieren.

Einfach wird all dies nicht. Mit 28 selbstbewussten, souveränen Staaten ist es schließlich nicht immer leicht, zu einer gemeinsamen Lösung zu finden. Sofern es jedoch ein gemeinsames Grundverständnis über gemeinsame Ziele gibt, muss ein Kompromiss nicht immer nur auf den kleinsten gemeinsamen Nenner hinauslaufen. Im Kleinen war dies auch unsere ganz eigene Erfahrung, als wir dieses Buch geschrieben haben: Wenn ein langjähriger Minister, ein Volkswirt und ein Manager aus drei verschiedenen europäischen Ländern gemeinsam in die Tasten greifen, dann führt das zwangsläufig zu Diskussionen. Doch allein die Auseinandersetzung miteinander hat uns gezeigt, dass Lösungen dann möglich sind, wenn man bereit ist, voneinander zu lernen. Um ein solches fruchtbares und langfristiges gemeinsames Lernen soll es in diesem Buch gehen. Wir sehen es als Diskussionsbeitrag, der Mut machen soll, dass Veränderungen zum Positiven möglich sind – selbst dann, wenn die Lage manchmal aussichtslos erscheint. Europa kann mehr sein als die Summe seiner Teile. Europa kann mehr sein als die Eurokrise. Wir haben die Wahl.

Dieses Buch ist in Kooperation in großen Teilen während unserer gemeinsamen Zeit in der Deutsche Bank AG entstanden. Die Strukturen und der Rahmen der Deutschen Bank haben dabei geholfen, ein Thema von dieser Breite erfolgreich zu bewältigen. Dies verdeutlicht auch, wie wichtig eine führende Institution wie die Deutsche Bank für Deutschland und Europa ist.

Ein besonderer Dank gilt unseren Mitarbeitern Christine Majowski, Daniel Pietzker, Kirsten Schäfer und Tilman Anger, ohne deren rastlosen und unermüdlichen Einsatz bei Recherche und Lektorat dieses Buchprojekt so nicht möglich gewesen wäre. Alle inhaltlichen Fehler und Mängel gehen allein zu Lasten der Unterzeichner.

Luc Frieden, Nicolaus Heinen, Stephan Leithner
London, München und Frankfurt im November 2015

II

SCHICKSALSJAHRE UND SCHICKSALSFRAGEN

- **Seit über sechs Jahren operiert Europa im Krisenmodus. Die Spätfolgen der amerikanischen Finanz- und der europäischen Staatsschuldenkrise gingen nicht spurlos an der Geld- und Wirtschaftspolitik Europas vorbei.** Rettungsmechanismen wurden aufgestellt, und die EZB wird zunehmend zum zentralen Akteur der Eurorettung. Der Preis dieser neuen Stabilität ist, dass die Reformbemühungen vieler Euroländer zuletzt nachgelassen haben.
- **Problematisch dabei ist, dass die Schwächen von heute schon bald zu Altlasten von morgen werden können.** Niedrigwachstum durch Reformstau und Investitionsschwäche, ein in Teilen noch immer fragmentierter Europäischer Binnenmarkt und eine Zentralbank, die das Zinsniveau auf Dauer niedrig hält, schränken die Wachstums- und Handlungsperspektiven ein – und gefährden die Wettbewerbsfähigkeit und den erreichten Wohlstand Europas.
- **Wenn nicht gegengesteuert wird, droht Europa eine verlorene Dekade.** Bürger stehen dabei besonders unter Druck: Noch immer schließen rigide Arbeitsmärkte viele Arbeitssuchende aus – und nehmen den Unternehmen Chancen auf Wachstum. Nicht nur die Teilhabe an Wohlstand über Lohneinkommen ist beeinträchtigt. Auch die Niedrigzinsen hemmen langfristig die Vermögensbildung weiter Teile der Bevölkerung – so sehr sie auch die gesamtwirtschaftliche Lage in der Krise stabilisieren konnten. Angesichts der trüben Perspektiven hinterfragen die Bürger zunehmend den Sinn der europäischen Integration. Populistische Parteien profitieren davon und verstärken die Blockade Europas einmal mehr.

- **Europa braucht ein passendes Geschäftsmodell, um den Herausforderungen von morgen zu begegnen.** Der Aufstieg der *Emerging Markets* zu neuen, starken Spielern in der Weltwirtschaft, die Digitalisierung der Wertschöpfungsketten und nicht zuletzt der demografische Wandel verändern das Spielfeld von morgen. Sie sind Grund und Anlass, schon heute zu überlegen, wie ein langfristig tragfähiges Geschäftsmodell für den Euroraum, für die Europäische Union, ja für ganz Europa aussehen soll. Europa hat die Institutionen, die Kraft und die Talente. Wir müssen nur noch beginnen.

Wer die heutigen Herausforderungen Europas verstehen will und eine verlässliche Strategie für deren Lösung entwerfen möchte, der muss zunächst die Ursachen der Schieflage verstehen. Hierfür müssen wir zunächst 17 Jahre zurückblicken – zurück ins Jahr 1999, das Gründungsjahr der Eurozone.

Gute Jahre

Neuanfang und Optimismus – diese Worte können die Stimmung in Westeuropa in den 1990er Jahren wohl am besten beschreiben. Der *Eiserne Vorhang* war gefallen, Deutschland wiedervereinigt, und die Länder Osteuropas orientierten sich am freiheitlichen Wirtschafts- und Gesellschaftsmodell des Westens. Im Zusammenhang mit diesen historischen Verschiebungen nahmen die zwölf Mitgliedstaaten der damaligen *Europäischen Gemeinschaft* einen weiteren Integrationsschritt in Angriff, der den Kontinent nicht nur politisch, sondern auch wirtschaftlich noch enger zusammenschweißen sollte. Neben dem gemeinsamen Binnenmarkt mit seinen vier Marktfreiheiten für Güter, Dienstleistungen, Kapital und Personen sollte Europa nun auch eine gemeinsame Währung erhalten. Der *Vertrag von Maastricht*, der 1993 in Kraft trat, gab hierfür den Fahrplan vor.

Um ein Mindestmaß an Einheitlichkeit der teilnehmenden Länder und damit die Funktionsfähigkeit der Währungsunion zu gewährleisten, legte man im Vorfeld ökonomische Beitrittskriterien fest. Drei dieser sogenannten *Maastricht-Kriterien* bezogen sich auf das langfristige Zinsniveau, die Wechselkursstabilität und die Inflation. Diese Indikatoren durften innerhalb eines Referenzzeitraums von zwei Jahren ein gewisses Toleranzmaß nicht überschreiten. Besonders bekannt sind zudem die beiden fiskalischen Kriterien, die eine Neuverschuldung von 3 Prozent und einen Schuldenstand von 60 Prozent der Wirtschaftsleistung untersagten. Schon bald stellte sich jedoch heraus, dass die Währungsunion im Startjahr 1999 nur aus vier Ländern bestanden hätte, wenn man sich strikt an diese Kriterien gehalten hätte: Finnland, Irland, Luxemburg und den Niederlanden. Folglich wurden die Kriterien tolerant ausgelegt. Und so war schon damals klar, dass der Euro primär ein politisches und weniger ein wirtschaftliches Projekt war. Am 1. Januar 1999 legten dann zunächst elf der damals 15 EU-Mitgliedstaaten ihre Wechselkurse gegenüber dem *Euro* als neuer, gemeinsamer Währung fest – es war die Geburtsstunde der *Europäischen Währungsunion*. Im Jahr 2002 folgte die Einführung des gemeinsamen Bargelds.

Gemeinhin galt das Projekt Euro als geglückt. In den ersten zehn Jahren der Währungsunion florierte der Handel zwischen den Euroländern, da Wechselkursrisiken entfielen und somit Transaktionskosten sanken. Die Laune unter den Investoren hellte sich auf. Und auch die Bevölkerung partizipierte an dem neugewonnenen Wohlstand – der Lebensstandard vieler Haushalte in Südeuropa stieg enorm. Dies verstellte jedoch von Beginn an den Blick auf fundamentale Fehlentwicklungen. Denn da die Beitrittskriterien äußerst tolerant ausgelegt worden waren, hatte sich letztlich eine sehr heterogene Gruppe von Mitgliedstaaten zusammengeschlossen. Auf die unterschiedlichen wirtschaftlichen Strukturen und Konjunkturzyklen konnte die EZB in einem gemeinsamen Währungsraum mit ihrem geldpolitischen Instrumentarium aber keine Rücksicht nehmen. Da die einzelnen Mitgliedstaaten ihre Wirtschaftspolitik zugleich nicht aufeinander abstimmten, bauten sich gravierende Ungleichgewichte auf. Und so führte der einheitliche Leitzins der EZB angesichts der unterschiedlichen Entwicklungen des Preisniveaus zwischen den Euroländern zu jeweils unterschiedlichen Realzinsen. Für einige Länder erhöhten sich somit die Zinsen gemessen am historischen Mittelwert, für andere sanken sie. Vor allem aber bildeten sich zwischen den Euroländern drei verschiedene Wachstumsmodelle heraus.

- *Exportorientiertes Wachstumsmodell.* Hierunter fallen Länder wie Deutschland, Luxemburg, die Niederlande und Österreich. Für sie lag das europäische Einheitszinsniveau nach dem Beitritt zur Währungsunion deutlich über ihrem vorherigen Level. Gemessen daran war auch der Umtauschkurs zum Zeitpunkt des Übergangs in die Währungsunion zu hoch festgelegt worden. Die Unternehmen dieser Länder gerieten unter starken Anpassungsdruck, denn das hohe Zinsniveau und überbewertete Wechselkurse zu Beginn ihrer Mitgliedschaft in der Währungsunion schränkten Finanzierungsmöglichkeiten und Exportchancen auf den Weltmärkten ein. So galt Deutschland in den ersten Jahren nach dem Beitritt zur Währungsunion noch als *kranker Mann Europas.* Doch Unternehmen und Tarifparteien reagierten pragmatisch. Mit Innovationen, Kostenkürzungen und Lohnzurückhaltung konnten sie ihre Wettbewerbsfähigkeit wiedererlangen. Und auch die Politik unterstützte mit engagierten Reformen vormals starrer Arbeits- und Gütermärkte die Wettbewerbsfähigkeit der Standorte. Besonders in Erinnerung geblieben ist die *Agenda 2010* der damaligen Bundesregierung. In den Folgejahren begünstigte sie wettbewerbsfähigere Wirtschaftsstrukturen und große Exportzuwächse.
- *Konsumorientiertes Wachstumsmodell.* Anders verhielt es sich bei Ländern wie Belgien, Frankreich oder Italien. Diese Länder hatten in der Vergangenheit ihre Wettbewerbsfähigkeit oft über Währungsabwertungen gesteigert. Dies war auch notwendig,

denn die Lohnabschlüsse der oft mächtigen Tarifparteien waren in der Regel hoch. Die Zentralbanken arbeiteten oft Hand in Hand mit der Politik und konnten den Lohndruck und seine Auswirkungen auf die Wettbewerbsfähigkeit über eine geschickte Abwertung stets etwas abmildern. Nach dem Beitritt zur Währungsunion entfiel diese Möglichkeit für eine solche kompetitive Abwertung. Die Lohnabschlüsse der Tarifparteien blieben jedoch hoch. Das stimulierte zwar die Kaufkraft und somit den Binnenkonsum. Problematisch war dabei jedoch, dass die Produktivität nicht gleichsam zunahm. In der Folge stiegen gegenüber den exportorientierten Vergleichsländern die *Lohnstückkosten* – ein Indikator, mit dem Volkswirte die Lohnproduktivität messen. Im Gegensatz zu früher konnten diese Volkswirtschaften nun nicht mehr auf ihre *Preiswettbewerbsfähigkeit* setzen – und verloren sukzessive an Marktanteilen auf den Weltexportmärkten. Denn auch ihre *Nichtpreiswettbewerbsfähigkeit*, die etwa durch hohe Qualitäts- und Technologiestandards von Gütern und Dienstleistungen oder auch der Produktpalette an sich erreicht wird, hatte auf Grund schlechter Strukturen und institutioneller Begleitumstände auf den globalen Märkten nachgelassen.[2] So büßten Frankreich und Italien zwischen 1999 und 2013 etwa gut ein Drittel ihrer Anteile auf den Weltexportmärkten ein.[3] Unter dem starken Euro wurde dies zunehmend problematisch.

- *Kreditfinanziertes Wachstumsmodell.* Eine dritte Ländergruppe konnte in den Anfangsjahren des Euro davon profitieren, dass das neue Einheitszinsniveau für ihre Maßstäbe besonders niedrig war. Dies ermöglichte den öffentlichen und privaten Haushalten einen größeren finanziellen Spielraum, den diese dann auch tatkräftig ausschöpften. Allerdings wurde das billige Geld nicht zwingend in die produktivsten Verwendungszwecke investiert – das musste es auch nicht, denn unter dem niedrigen Zinsniveau mussten die Projekte keine großen Renditen mehr abwerfen. In Ländern wie Spanien oder Irland bildeten sich alsbald Spekulationsblasen im Immobiliensektor. In Ländern wie Griechenland und Portugal hingegen waren es hingegen die öffentlichen Haushalte, die in den ersten Jahren der Währungsunion tief in die Tasche griffen und sich auf Pump verschuldeten.

Insbesondere für die Regierungen der Länder der dritten Gruppe, die auf Grund ihrer geografischen Randlage auch als *Europeripherie* bezeichnet werden, war die Neuverschuldung besonders einfach. Denn neben dem ohnehin niedrigen Zinsniveau durch die EZB-Politik hatte die Gründung der Europäischen Währungsunion auf Seiten der Investoren an den Staatsanleihemärkten – Banken, Versicherungen und Pensionsfonds – zu einem Umdenken geführt: Einen Zahlungsausfall einzelner Euroländer innerhalb des gemeinsamen Währungsraums hielten sie für äußerst unwahrscheinlich, obgleich der *Vertrag von Maastricht* eine finanzielle Unterstützung durch andere Euroländer explizit ausschloss (sog. *Nichtbeistandsklausel*). Die Unterschiede zwischen den Länderrisiken erachteten Investoren nunmehr als marginal, und die Staatsanleihen Griechenlands, Italiens, Portugals und Spaniens waren von nun an gefragte Papiere. Auch die Maßgaben des *Stabilitäts- und Wachstumspakts*, eines haushaltspolitischen Regelwerks, das die fiskalischen Beitrittskriterien der Währungsunion in einen permanenten Überwachungsmechanismus überführen und damit die Neuverschuldung der Euroländer begrenzen sollte, wurden zunehmend missachtet und schließlich auf Initiative von Deutschland und Frankreich hin aufgeweicht. Nicht zuletzt fiel die Neuverschuldung den Staaten auch deswegen so leicht, weil Staatsanleihen in den Büchern der Banken nicht mit Eigenkapital zu unterlegen waren. Auch mit den ersten Baseler Eigenkapitalvereinbarungen aus dem Jahr 1988 (*Basel I*) änderte sich daran nichts – bis heute werden Staatsanleihen als risikofreie Anlageklasse eingestuft. Investoren konnten somit den Euroländern Kredit geben, mussten diese Forderungen jedoch nicht absichern. Dies vergrößerte das Potenzial dieser Länder zur staatlichen Kreditaufnahme noch einmal mehr. Der öffentliche Schuldenstand stieg an.

Absturz und Krise

Spätestens im Sommer 2007 trübte sich das Bild ein. In Amerika war die Immobilienblase geplatzt, und da ein größerer Teil der US-amerikanischen Kreditrisiken verbrieft und auch an Banken und Investmentgesellschaften in Europa verkauft worden war, gerieten einige europäische Banken in Schieflage. Um zu verhindern, dass die Unsicherheit im Finanzsystem auf die Realwirtschaft überspringen würde, wurden mit Steuermitteln finanzierte Rettungsschirme und Abwicklungsanstalten für notleidende Banken gegründet. Noch wähnte man sich in Sicherheit.

Doch das änderte sich im September 2008, als das amerikanische Bankhaus *Lehman Brothers Inc.* in Schieflage geriet – und die US-Regierung beschloss, diese Bank nach vier bereits erfolgten Bankenrettungen nicht mehr zu stützen.[4] Weltweit war nun die Sorge groß, dass der massive Vertrauensverlust innerhalb des Finanzsystems zu einem Einbruch der Realwirtschaft führen würde. Rund um den Globus wurden daher staatliche Konjunkturprogramme aufgelegt. Auch in der Europäischen Union: Die Konjunkturprogramme aller EU-Regierungen hatten einen aggregierten Umfang von über 200 Milliarden Euro. Inflationsbereinigt entsprach das fast dem Dreifachen des *Marshallplans*. Die öffentliche Neuverschuldung schoss in die Höhe.

Mit der Ruhe war es in Europa endgültig im Oktober 2009 vorbei, als die neugewählte griechische Regierung bekanntgab, dass ihre Vorgängerregierung über Jahre hinweg falsche Defizite nach Brüssel gemeldet hatte und der Schuldenstand des Landes eigentlich viel höher lag. Für Investoren an den Kapitalmärkten war das ein Schock: Angesichts der hohen Defizite und der niedrigen Wachstumsraten des Landes wurde schnell klar, dass die Zahlungsfähigkeit Griechenlands am seidenen Faden hing. Zum ersten Mal überhaupt lag ein Staatsbankrott in der Eurozone im Bereich des Denkbaren.

In den Folgewochen brach Panik an den Finanzmärkten aus, denn Investoren erkannten plötzlich, dass sich nicht nur Griechenland, sondern auch andere Länder Europas in den letzten Jahren höher verschuldet hatten, als dies angesichts ihrer niedrigen Wachstumspotenziale überhaupt tragbar gewesen wäre – so etwa Italien und Portugal. Aber auch in Spanien und Irland waren die Staatsschulden infolge der dramatischen Immobilienkrise und umfangreichen Bankenrettung in die Höhe geschossen. Folglich trennten sich immer mehr Investoren von den Staatsanleihen einzelner Euroländer. Über Nacht hatten sie das Vertrauen in Staatspapiere als vollständig sichere Anlageklasse verloren. Die Märkte für europäische Staatsanleihen litten in der Folgezeit unter großen Schwankungen.

Nicht nur Investoren waren gegenüber der Europeripherie misstrauisch geworden. Auch Ratingagenturen wurden immer skeptischer und stuften die Staatsanleihen zahlreicher Länder reihenweise herab. Dies brachte die Stabilität des Finanzsystems dieser Länder zusätzlich ins Wanken, da Banken in erster Linie Staatsanleihen ihrer eigenen Regierungen hielten (sog. *Home Bias*). Im Falle einer Herabstufung hätten diese nicht mehr als Sicherheit für Refinanzierungsgeschäfte mit der EZB dienen können – und damit die Fähigkeit der Banken eingeschränkt, Investitionen der Realwirtschaft zu finanzieren. Folglich erlebten auch die Aktienmärkte der südlichen Europeripherie und vor allem die Aktien der Banken und Versicherer dieser Länder einen Absturz. Mehr noch: Immer mehr Anleger befürchteten nun, dass im Falle einer Staatsinsolvenz über die grenzüberschreitende Verflechtung von Finanzdienstleistern auch andere Finanzinstitute schnell in Schieflage geraten würden. Gerade deshalb waren nicht nur Griechenland, sondern auch andere Staaten im Süden Europas von Marktturbulenzen betroffen. Ökonomen sprechen hier auch von *Ansteckungseffekten*.

Rettung – und neue Unsicherheiten

Nachdem die griechische Regierung ihre desolate Haushaltslage offengelegt hatte, rissen die Panikmeldungen nicht ab. Immer größer wurde die Unruhe an den Märkten. Und so trafen die Staats- und Regierungschefs der Eurozone Ende April 2010 eine Entscheidung, die aus heutiger Sicht eine der wichtigsten Weichenstellungen in der Eurokrise war: Sie fassten den Entschluss, Griechenland mit einem gemeinsamen Rettungspaket zu helfen. Nach der umfangreichen Bankenrettung der Vorjahre sollte nun also ein ganzer Staat gestützt werden. Das erste Hilfspaket für Griechenland bestand aus bilateralen Krediten der Euroländer im Wert von 80 Milliarden Euro. Auch der *Internationale Währungsfonds* (IWF) beteiligte sich an dem Paket und steuerte noch einmal 30 Milliarden Euro bei. Die Gelder wurden bei der Europäischen Kommission gebündelt und sollten in Tranchen an Griechenland ausgezahlt werden, sofern das Land wirtschaftspolitische Bedingungen erfüllte – so jedenfalls die Vorgabe. Dieser Umweg war erforderlich, da die *Nichtbeistandsklausel* im Europäischen Vertragswerk direkte finanzielle Hilfeleistungen untersagte.

Griechenland konnte so zwar kurzfristig stabilisiert werden. Doch die Investoren zweifelten bald auch die Zahlungsfähigkeit anderer Staaten an. Und so eskalierte die Situation nur eine Woche nach der Verabschiedung des Hilfspakets für Griechenland vollends: An den Börsen Europas wurden nun nicht einmal mehr französische Staatsanleihen gehandelt – zu groß war die Anlegerpanik, und entsprechend gering war die Nachfrage.

Die damals 16 Euroländer fassten daher den Entschluss, einen Schritt weiterzugehen. Am Wochenende vom 8. bis 9. Mai 2010 beschlossen die Finanzminister der Eurozone einen umfassenden Rettungsschirm einzurichten – die sogenannte *Europäische Finanzstabilisierungsfazilität* (EFSF). Hierbei handelt es sich um eine Zweckgesellschaft mit Sitz in Luxemburg, die Garantien der Euroländer in Höhe von 440 Milliarden Euro bündelt. Im Falle weiterer Notlagen in anderen Euroländern sollte die EFSF Gelder an den Kapitalmärkten aufnehmen und an notleidende Staaten ausleihen können. Die Haftung der Euroländer orientierte sich an ihrem Anteil am Kapitalschlüssel der EZB (z.B. Deutschland mit rund 26 Prozent, Frankreich mit 20 Prozent und Österreich mit 3 Prozent). Gleichzeitig richtete die Europäische Kommission einen kleineren Rettungsschirm ein – den *Europäischen Finanzstabilisierungsmechanismus* EFSM. Dieser war mit Garantien in Höhe von 60 Milliarden Euro aus dem EU-Haushalt ausgerüstet und wurde damit auch von Nicht-Euroländern gestützt. Der IWF steuerte zusätzliche Kreditlinien in Höhe von 250 Milliarden Euro bei. Doch auch diese Maßnahmen konnten nur kurzfristig für Beruhigung sorgen: Der Vertrauensverlust an den Kapitalmärkten war inzwischen so immens, dass weitere Länder in Finanzierungsengpässe gerieten und bald unter dem Eurorettungsschirm Hilfe suchen mussten – so etwa Irland im November 2010, Portugal im April 2011 und Zypern im März 2013. Griechenland erhielt zudem ein zweites Hilfspaket im März 2012, als längst absehbar war, dass das ursprüngliche Paket nicht ausreichen würde. Private Gläubiger – Banken, Versicherer, Pensionsfonds – erlitten unter einem Umschuldungsverfahren hohe Verluste. Und auch Spanien erhielt im Juli 2012 Unterstützung aus dem Eurorettungsschirm, um seine Sparkassen zu rekapitalisieren.

Je mehr Länder den Schutz des Eurorettungsschirms suchten, desto größer wurde die Sorge, dass der Platz unter dem Schirm eng werden könnte. Die Festlegung von Haftungsobergrenzen, die einige Geberländer eingefordert hatten, um die finanziellen Risiken für die Landeshaushalte zu begrenzen, hatte zwar eine rasche Hilfe ohne Blockade durch nationale Parlamente ermöglicht. Die vermeintlich fixen Grenzen hatten jedoch zugleich auch Messlatten gelegt, anhand derer die Wirkungskraft des Rettungsschirms abzulesen war. Die Investoren an den Staatsanleihemärkten blieben daher skeptisch. Mehrfach musste der Rettungsschirm in der Folge angepasst werden. So wurde zuerst die finanzielle Schlagkraft der EFSF erhöht. Im Herbst 2011 wurde dann das Instrumentarium der

Fazilität erweitert, indem man dem Rettungsschirm fortan ermöglichte, vorbeugende Stützungskäufe an den Anleihemärkten zu tätigen und vorbeugende Kreditlinien zu vergeben. Schließlich wurde beschlossen, einen permanenten Eurorettungsschirm einzurichten, den *Europäischen Stabilisierungsmechanismus* ESM, der die EFSF im Jahr 2013 ablöste. Die ungenutzten Garantien der EFSF wurden auf den ESM übertragen, sodass dieser eine Interventionskraft in Höhe von 500 Milliarden Euro erhielt.

Die Zweifel an der strukturellen Lösung der Eurokrise konnten all diese Initiativen jedoch nur kurzzeitig einfangen. Spätestens im Sommer 2012 setzte sich die Erkenntnis an den Märkten durch, dass die Krisenländer der Eurozone in der Falle saßen: Die Spar- und Reformbemühungen reichten gemeinsam mit den Rettungsprogrammen nicht aus, um das Vertrauen der Investoren nachhaltig wiederherzustellen. Jeder noch so kleine Anlass ließ die Finanzierungsbereitschaft der Investoren einbrechen. Viele Beobachter sahen einen Käuferstreik an den Anleihemärkten kommen, der selbst größere Staaten in eine ernstzunehmende finanzielle Notlage hätte stürzen können, war doch offenkundig, dass die Interventionskraft der Eurorettungsschirme nicht für Schwergewichte wie Frankreich oder Italien reichen würde. Staatsinsolvenzen erschienen auf einmal gefährlich nah. Infolgedessen stieg bei Investoren auch die Furcht vor umfangreichen Schuldenschnitten, einer handfesten Finanzkrise und schließlich dem Auseinanderbrechen der Eurozone.

EZB gelingt Befreiungsschlag

Und so richteten sich die Hoffnungen zunehmend auf die EZB. Diese Hoffnungen waren nicht unbegründet – hatte sie doch in den Jahren zuvor ihre Geldpolitik stets an die Umstände der Eurokrise angepasst und die Rettungspolitik der Euroländer mit einem breiten Maßnahmenbündel flankiert. So hat die EZB seit Sommer 2008 den *Hauptrefinanzierungssatz* – das ist der Leitzins, zu dem sich Geschäftsbanken von der EZB Geld leihen – vom Höhepunkt von 4,25 Prozent im Juli 2008 schrittweise auf zuletzt 0,05 Prozent im September 2014 gesenkt. An der Ankündigung der EZB im Juli 2013, die Zinsen auf lange Sicht niedrig zu halten (*forward guidance*), dürfte sich auf absehbare Zeit nichts ändern. Mittelbar senkt das natürlich auch das allgemeine Zinsniveau in zahlreichen Anlageklassen – unter anderem bei den Staatsanleihen.

Weiterhin versorgt die EZB Finanzinstitute im Euroraum großzügig mit Liquidität. Jedes Kreditinstitut, das an die EZB angeschlossen ist, kann seit Oktober 2008 so viel Liquidität abrufen, wie es möchte (sog. *Vollzuteilung*). Seit 2012 versucht die EZB auch über sogenannte *langfristige Refinanzierungsgeschäfte* (LTROs, TLTROs), Geschäftsbanken zu motivieren, die Kreditvergabe an die Realwirtschaft anzukurbeln – zunächst mit nur bescheidenem Erfolg. Denn einerseits war die Kreditnachfrage der Unternehmen niedrig, andererseits beeinträchtigten höhere Eigenkapitalanforderungen sowie der allgemeine Abbau von Verbindlichkeiten (sog. *Deleveraging*) die Kreditvergabe von Banken. Einen Teil der Mittel investierten manche Finanzinstitute daher in Staatsanleihen, für die sie kein Eigenkapital hinterlegen mussten. Diese Nachfrage sorgte immerhin an den Staatsanleihemärkten für Entlastung.[5] Ferner senkte die EZB die Bonitätsanforderungen für Staatspapiere, die Banken für ihre Refinanzierungsgeschäfte mit der EZB als Sicherheit hinterlegen (sog. *Collateral*). Dies bewahrte die Finanzsysteme Südeuropas vor Liquiditätsengpässen, da sich viele Finanzinstitute fortan auch mit Staatsanleihen mit niedrigerem Rating komfortabel bei der EZB refinanzieren konnten.

Besonders kontrovers diskutiert wurden die *Anleiheaufkaufprogramme* der EZB. Im Mai 2010 nahm die EZB die Gründung der europäischen Rettungsschirme zum Anlass, in großem Stile Staatsanleihen von Krisenländern zu kaufen. Sie erwarb diese Anleihen zwar nicht von den Regierungen der Krisenstaaten selbst – dies wäre eine direkte Staatsfinanzierung gewesen. Vielmehr kaufte die EZB im

Rahmen ihres *Securities Markets Programme* die Anleihen aus der Hand von Investoren am sogenannten *Sekundärmarkt*. Insgesamt wurden Staatsanleihen im Umfang von über 210 Milliarden Euro erworben. Da die EZB die Nachfrage nach Staatspapieren auf diese Weise künstlich stabil hielt, konnte die Volatilität an den Staatsanleihemärkten reduziert werden. Folglich wurden die Finanzierungsbedingungen für Staaten enorm verbessert. Ähnliches erfolgte – wenn auch in geringerem Umfang – mit Pfandbriefen aus dem Unternehmenssektor (*Covered Bond Purchasing Programme*).

Rückblickend kann festgehalten werden, dass die neue Geldpolitik der EZB in der Tat die Lage in der Eurozone stabilisieren konnte. Die grundlegende Unsicherheit über den weiteren Zusammenhalt der Währungsunion konnte jedoch auch sie nicht dauerhaft eindämmen. EZB-Präsident Mario Draghi sah sich im Juli 2012 schließlich zum Eingreifen gezwungen. Er kündigte an, dass die EZB es nicht zuließe, dass der Zusammenhalt der Eurozone im Falle stärkerer Marktturbulenzen gefährdet werden würde. Wörtlich sagte er:

Within our mandate, the ECB is ready to do whatever it takes to preserve the euro. And believe me, it will be enough.[6]

In den Folgemonaten veröffentlichte die EZB immer weitere Details der konkreten Ausgestaltung dieser sogenannten *Outright Monetary Transactions* (OMT) – doch zu einem konkreten Beschluss des EZB-Rates kam es nie. Allein die Kraft der Worte stellte die Kapitalmärkte ruhig, denn die Investoren vertrauten darauf, dass die EZB im Falle eines Falles einschreiten würde. Ein Nebeneffekt für viele Euroländer war, dass sie sich äußerst komfortabel finanzieren konnten, denn durch die Ankündigung der EZB blieb das Zinsniveau dauerhaft niedrig. Die Worte Draghis haben ihre Wirkung nicht verfehlt. Sie konnten die Lage an den Märkten merklich entspannen und stabilisieren.

Politisch spitzte sich die Lage dennoch im Sommer 2015 erneut zu, als sich die neu gewählte populistische Regierung in Griechenland mit systematischem Blockadeverhalten international von den Gläubigern der Hilfspakete isolierte. So verweigerte die Regierung konsequent, Reformauflagen zu befolgen, die im Rahmen bestehender Hilfsprogramme mit ihren Vorgängerregierungen vereinbart worden waren. Damit nahm sie mutwillig das Ende der Finanzhilfen, einen unmittelbaren staatlichen Zahlungsausfall, den Absturz des Finanzsystems und der Binnenwirtschaft in Kauf. Freilich war die Grundstabilität der Eurozone angesichts solider Rettungsmechanismen und der pragmatischen Haltung der EZB zu diesem Zeitpunkt nicht mehr gefährdet. Größere Börsenturbulenzen blieben aus – nicht zuletzt, weil sich aufgrund zweier umfangreicher Hilfspakete der vergangenen Jahre mittlerweile über vier Fünftel der griechischen Staatsschuld in den Händen öffentlicher Gläubiger befanden. Und dennoch verlangte das Verhalten der griechischen Regierung der europäischen Politik viel Zeit und emotionale Kräfte ab, bevor ein Konsens für ein drittes Hilfspaket gefunden werden konnte – keine leichte Übung angesichts der bisweilen erratischen Verhandlungsstrategie der griechischen Regierung und ihrer medialen Reflektion. In diesem Sinne warf die Lage in Griechenland zugleich neue Fragen auf, die weniger von ökonomischer Relevanz als von politischer Brisanz geprägt waren.

Strukturelle Schwächen von heute: die Altlasten von morgen?

Trotz der Atempause, die die EZB der Eurozone verschafft hat, darf nicht übersehen werden, dass die meisten Euroländer weiterhin dringend ihre Wirtschafts- und Haushaltspolitik verändern müssen. In jedem Fall bleibt es problematisch, dass sie von einem Konsens über den weiteren politischen Kurs noch meilenweit entfernt sind. Noch immer besteht eine große Uneinigkeit mit Blick auf Ziele und Prioritäten. Für die Zukunft der Eurozone ist das eine große Hypothek.

Natürlich: Jede Krise findet eines Tages ein Ende. Nichts anderes ist auch bei der Eurokrise zu erwarten. Zwar ist noch offen, welche Lösung Europa in den nächsten Jahren finden wird, was davon erfolgreich und was weniger erfolgreich sein wird. Doch unabhängig davon, welchen Weg Europa in Zukunft gehen wird, ist eines sicher: Solange Europa seine strukturellen Schwächen von heute nicht lösen kann, werden diese die weitere Entwicklung des gemeinsamen Wirtschafts- und Währungsraums, seiner Volkswirtschaften und Gesellschaften blockieren. So werden sie zu den *Altlasten von morgen*.

Konkret lassen sich drei dieser Altlasten identifizieren.

Erste Altlast von morgen: Niedrigwachstum
durch Reform- und Investitionsstau

Eine erste Altlast von morgen ergibt sich aus der mangelnden *wirtschaftspolitischen Reformfähigkeit* in den EU-Ländern. Strukturreformen sind in den meisten Krisenstaaten zwar ersichtlich und tragen die ersten Früchte des Erfolgs. Der anhaltende Krisenmodus der Haushalts- und Wirtschaftspolitik verdrängt jedoch das Verständnis für langfristig-strategische Fragen. Dies ist mit ein Grund dafür, dass das breitere reformpolitische Momentum zuletzt nachgelassen hat – auch in vielen der übrigen Länder Europas. Die neue Sicherheit der EZB-Maßnahmen und erste Anzeichen der wirtschaftlichen Erholung verführen politisch Verantwortliche, aber auch Gewerkschaften, Arbeitgeberverbände und Kammern dazu, wichtigen Reformprojekten eine geringere Priorität beizumessen. Oft liegen politische Mehrheiten und Opportunitäten im Hier und Jetzt näher als der Wille, das Wirtschaftsmodell des eigenen Landes durch fundamentale Reformen langfristig zukunftsfähig zu machen. In einer solchen Stimmungslage fehlt der Antrieb für große Schritte – nicht zuletzt auch, um in einem unsicheren Umfeld politische Fehltritte zu vermeiden. Im kollektiven Handeln entsteht so eine

Reformträgheit, die langfristige Wirkungen weit über die aktuellen Herausforderungen der Griechenlandkrise hinaus hat. Die anhaltende Wachstumsschwäche und hohe Arbeitslosigkeit können so nicht überwunden werden.

Besserung ist kaum in Sicht. Versuche, die Wirtschaftspolitik der Euroländer über eine engere wirtschaftspolitische Koordinierung auf Reformkurs zu bringen, verliefen bislang alles andere als zufriedenstellend. Zwar wurde in den letzten Jahren schrittweise ein umfangreiches Berichtswesen entwickelt, das den Euroländern auferlegt, im Jahresturnus ihren reformpolitischen Fortschritt darzulegen (sog. *Europäisches Semester*). Über 100 verschiedene makroökonomische Indikatoren müssen die Euroländer mittlerweile dokumentieren, zu Reformempfehlungen der Europäischen Kommission Stellung beziehen und eigene Reformmaßnahmen skizzieren. Allerdings gestaltet sich diese Koordinierung als weitgehend wirkungslos: So stellte die Europäische Kommission noch im Oktober 2014 fest, dass nur rund 10 Prozent aller wirtschaftspolitischen Empfehlungen aus Brüssel von den Mitgliedstaaten auch umgesetzt wurden.[7]

Die allgemeine Reformträgheit ist wahrlich nicht auf die Staaten der Europeripherie beschränkt. Gerade auch die Länder des Eurozentrums, die vergleichsweise gesunde und strukturell wettbewerbsfähige Strukturen aufweisen, profitieren von der Geldpolitik der EZB. Ihre Exportgeschäfte innerhalb der Eurozone laufen trotz Wachstumsschwäche gut. Die Geldpolitik der EZB ermöglicht den Volkswirtschaften der Europeripherie nämlich selbst in der Krise noch eine Kaufkraft, die sie nicht hätten, wenn sie nicht Mitglied in der Eurozone wären. Und auch außerhalb der EU laufen die Exportgeschäfte für viele Länder exzellent. Besonders Unternehmen in Ländern mit vergleichsweise wettbewerbsfähigen Rahmenbedingungen profitieren von einem schwachen Euro. Ebendies lässt Deutschland und seine starken Partner im Eurozentrum in einer komfortablen Sicherheitsblase verharren – warum sollten sie an der derzeitigen Lage etwas ändern? Jüngste wirtschaftspolitische Entscheidungen – wie etwa der Mindestlohn oder die Option der Rente mit 63 in Deutschland – illustrieren, wie gering der immanente Druck zur Veränderung ist. Und sie zeigen, wie sehr auch das Eurozentrum von seiner Substanz lebt – auch, wenn das derzeit nicht auffällt.

Eine unmittelbare Folge der mangelhaften Reformbereitschaft sind niedrige *gesamtwirtschaftliche Wachstumsraten*. Denn langfristig wird Wachstum immer vom Kapitalstock einer Volkswirtschaft und dessen Produktivität bestimmt. Es sind Investitionen, die den Kapitalstock und seine Produktivität verbessern können und somit die Grundlage für langfristiges Wachstum legen – nicht jedoch öffentlicher und privater Konsum. In einem schwachen reformpolitischen Umfeld kann der Appetit des Privatsektors auf *Investitionen* aber nicht steigen – zu gering sind die Renditeerwartungen für Unternehmen. Viele Unternehmen halten sich daher zurück – sie warten auf bessere Zeiten. Global aufgestellte Unternehmen weichen hingegen auf Investitionen jenseits der Grenzen aus. Sie schichten ihre Mittel in solche Regionen der Welt um, deren wirtschaftspolitisches Umfeld vielversprechender ist und die eine höhere Wachstumsdynamik haben. Im Umkehrschluss gilt, dass die Länder Europas immer seltener zum Ziel ausländischer Direktinvestitionen werden – gerade die Europeriphere findet immer weniger die Beachtung internationaler Investoren. Entsprechend ernüchternd sind die langfristigen Prognosen internationaler Organisationen wie etwa der OECD, die das Trendwachstum Europas in den nächsten Jahren mit unter 2 Prozent niedriger ansetzen als das Wachstum der Vereinigten Staaten (2,4 Prozent) oder Chinas (6,9 Prozent).[8]

Hinter dem Reformstau und der Wachstumsschwäche stehen die Einzelschicksale von Millionen Menschen, die auf den Arbeitsmärkten kaum mehr eine Chance haben. Über 23 Millionen Menschen waren in der EU Mitte 2015 ohne Job. Grund dafür ist auch, dass in einigen Ländern die Arbeitsmärkte aufgrund enger Regulierung und starker Gewerkschaften noch immer zu unflexibel sind. Kündigungsschutzregelungen orientieren sich oft zu einseitig am

Sicherheitsbedürfnis der in geregelten Verhältnissen Beschäftigten – während Arbeitsuchende keine Lobby und damit nur geringe Chancen auf eine Festanstellung haben. Außerordentlich dramatisch ist die Lage weiterhin für junge Arbeitslose in Südeuropa: Während in Deutschland nur 7 Prozent der jungen Menschen zwischen 15 und 24 Jahren arbeitslos sind, liegt die Jugendarbeitslosigkeit in Griechenland oder Spanien bei rund 50 Prozent. Überdies wird besonders die Langzeitarbeitslosigkeit zum Problem: Über ein Drittel aller jugendlichen Arbeitslosen in Europa ist länger als ein Jahr arbeitslos. In Südeuropa ist es jeder Zweite. Gerade für die junge Generation sind die Auswirkungen fatal, denn für ihren weiteren Lebensweg besteht ein besonders hohes Risiko einer negativen Pfadabhängigkeit: Jugendliche, die längere Zeit arbeitslos sind, werden es schwer haben, im weiteren Verlauf ihres Lebens entgangene Erfahrungen, Weiterqualifizierung und Lohnlücken aufzuholen.

Im Zusammenhang schlechter Beschäftigungsbedingungen wird zudem oft übersehen, dass auch die Unternehmen hinter ihrem Wachstumspotenzial zurückbleiben: Ein rigides regulatorisches Umfeld ist ein Grund für die mangelnde Standortwettbewerbsfähigkeit vieler EU-Länder. In der Folge entgehen vielen Unternehmen nicht nur Absatzpotenziale in Europa – es fällt ihnen auch zunehmend schwerer, an der Wachstumsdynamik der Weltmärkte zu partizipieren. Nicht die Unternehmenswettbewerbsfähigkeit *per se* ist beeinträchtigt. Viele Unternehmen – auch und vor allem in den Krisenländern – haben hochqualifizierte Mitarbeiter, frische Ideen und wettbewerbsfähige Produkte. Sie sind jedoch im engen Korsett ihrer nationalen Regelwerke und wirtschaftspolitischen Rahmenbedingungen gefangen, sodass sie weder ihre Vorteile entfalten noch expandieren können. Dies gilt auch und insbesondere angesichts mangelnder grenzüberschreitender Zusammenarbeit im gemeinsamen Binnenmarkt.

Zweite Altlast von morgen: Potenziale des Binnenmarkts werden nicht ausgeschöpft

Niedrigwachstum durch Reformstau und Investitionsschwäche sind nicht die einzige Altlast, die Europa einschränkt. Problematisch ist auch, dass weite Teile der Bevölkerung Europas ihr Vertrauen in markwirtschaftliche Wirtschaftsordnungen verloren haben. Die Krise hat dazu geführt, dass viele Bürger weniger die Vorteile markt- und wettbewerbsorientierter Systeme wahrnehmen, sondern ihre Unzulänglichkeiten als unkorrigierbaren Bestandteil einer marktwirtschaftlichen Ordnung auffassen. Angesichts der Fehlentwicklungen der letzten Jahre verwundert das nicht. Denn wie unter einem Brennglas zeigen die Jahre vor der Finanzkrise, wie Märkte degenerieren können, wenn sie keiner angemessenen Aufsicht unterliegen. So zeigt etwa eine aktuelle Studie des *Instituts der Deutschen Wirtschaft* in Köln, dass insbesondere in den Krisenländern Europas das Vertrauen in marktwirtschaftliche Wirtschaftssysteme in den letzten Jahren nachgelassen hat.[9] Dies wird nicht ohne Folgen bleiben. Das wachsende Misstrauen der Gesellschaft gegenüber Marktprozessen birgt die Gefahr, dass sie aus freien Stücken planerische Elemente in ihren Wirtschaftsordnungen verankert sehen möchte. Deren vermeintliche Verlässlichkeit leitet sich jedoch allein aus einem statischen Weltbild ab. Dies mag in der tagespolitischen Debatte oft attraktiver erscheinen als die Argumente von Befürwortern marktwirtschaftlicher Ordnungen, bei denen ergebnisoffene Prozesse zum Selbstbild gehören. Und so werden Themen wie Wettbewerb und Freihandel – also das, was Europa in den letzten fünf Jahrzehnten wirtschaftlich stark gemacht hat – in der öffentlichen Debatte zunehmend skeptisch gesehen. Lautstarke Kritiker reduzieren das transatlantische Freihandelsabkommen TTIP auf Reizbilder wie das medial omnipräsente *Chlorhühnchen* und spielen mit den Ängsten vor wachsender Arbeitslosigkeit – anstatt auf die Chancen hinzuweisen, die dieses Abkommen bietet. Dass ähnliche

Angstszenarien schon bei der EU-Osterweiterung vor zehn Jahren nicht eingetreten sind, kann die Kritiker kaum beruhigen.

Dieser Paradigmenwechsel hat zugleich eine unmittelbare Auswirkung auf den gemeinsamen Binnenmarkt –, und nicht zuletzt die Fähigkeit von Unternehmen, über den Gemeinsamen Markt grenzüberschreitenden und globalen Anschluss zu gewinnen. Zahlreiche Regierungen haben in den letzten Jahren versucht, die Errungenschaften des Binnenmarktes mit protektionistischen Maßnahmen zugunsten ihrer Standorte zu untergraben. Dies geschieht nicht mehr über Zölle und Abgaben – diese sind vollständig abgeschafft – sondern über indirekte Handelshemmnisse, die ausländische Anbieter von heimischen Märkten fernhalten können – nicht selten unter dem Vorwand des Umwelt- und Verbraucherschutzes. Und auch, wenn europäische Binnenmarktrichtlinien heutzutage fast lückenlos von den Mitgliedstaaten umgesetzt werden, gelingt es vielen Regierungen nicht selten, Richtlinien im Brüsseler Gesetzgebungsprozess an solchen Stellen aufzuweichen, die heimischen Unternehmen schaden könnten. Ein prominentes Beispiel hierfür ist die *Dienstleistungsrichtlinie*, bei der eine Chance vertan wurde, grenzüberschreitenden Wettbewerb im Servicesektor wirksam zu entfesseln. Kurzfristig mag dies sicherlich den nationalen Standort stärken. Das volle Potenzial des Binnenmarktes kann sich so jedoch nicht entfalten. Ein Großteil des Handels in Europa findet so nach wie vor innerhalb nationaler Ländergrenzen statt: Die Intensität des inländischen Handels ist in den einzelnen europäischen Staaten gegenüber dem grenzüberschreitenden innereuropäischen Handel noch immer drei- bis viermal so groß wie in beziehungsweise zwischen den US-amerikanischen Bundesstaaten.[10]

Die Konsequenzen dessen sind weitaus schädlicher, als es enttäuschende Außenhandelsstatistiken allein vermuten lassen. Wo Wettbewerb im gemeinsamen Markt das Nachsehen hat, können Unternehmen ihre Wettbewerbsfähigkeit nicht voll zu ihrem Vorteil entfalten und weiterentwickeln. Mehr noch: Wo der grenzüberschreitende Austausch stagniert, denken Unternehmen oft nur noch in nationalen Kategorien und verpassen Möglichkeiten, sich jenseits der Grenzen durch Zusammenschlüsse und Kooperationen weiterzuentwickeln, um Kräfte für ihren Auftritt auf dem Weltmarkt zu bündeln. Die Heimatbasis der Unternehmen bleibt in der Regel national – nicht europäisch. Und die große Chance, innereuropäische Wertschöpfungsketten zu nutzen, wird vertan. Viele Unternehmen investieren zwar auch außerhalb Europas, um vom Wachstum dynamischer Weltregionen zu profitieren. Doch nicht wenigen fehlt es an kritischer Größe, die es ihnen nur schwer möglich macht, außerhalb Europas aus eigener Kraft dauerhaft stark zu sein und zu wachsen. Viele außereuropäische Unternehmen sind hingegen klüger: Sie machen sich die Marktfreiheiten des europäischen Marktes zunehmend zunutze. Sie nehmen die Chancen wahr, die europäische Unternehmen im gemeinsamen Markt nicht selten verschenken.

Von dem mangelnden Wachstum vieler Unternehmen ist auch die große Mehrheit all jener betroffen, die ihren Lebensunterhalt primär aus ihrem Lohneinkommen bestreiten. Nur wenn die Unternehmen in Europa Anschluss an das globale Wachstum gewinnen, haben sie überhaupt die Chance, ihre Mitarbeiter am wirtschaftlichen Erfolg teilhaben zu lassen. Unternehmen, die über viele Jahre hinweg mit einem widrigen und bisweilen überregulierten Umfeld zu kämpfen haben, fällt es jedoch schwer zu investieren, neue Arbeitsplätze zu schaffen und Löhne zu erhöhen. Chronische Unterinvestitionen und verpasste Chancen zur Weiterentwicklung lassen stattdessen ihren Kapitalstock erodieren.

Dritte Altlast von morgen: Niedrigzinsen hemmen Vermögensaufbau

Auch die EZB ist besorgt über die schwache gesamtwirtschaftliche Aktivität, vor allem, weil in zahlreichen Ländern der Eurozone die Teuerung enorm nachgelassen hat. Seit Ende 2013 liegt die jährliche Inflation in der Eurozone bei deutlich unter einem Prozent. Immer häufiger war von einer drohenden *Deflation* die Rede: In Anbetracht nachlassender Kaufkraft und in Erwartung sinkender Preise für Güter und Dienstleistungen könnten Konsumenten vermehrt dazu tendieren, ihre Kaufentscheidungen, die nicht zwingend notwendig sind, aufzuschieben. Dieser Nachfragerückgang würde die Preise noch weiter nach unten drücken – eine Abwärtsspirale wäre in Gang gesetzt. Der reale Schuldendienst würde ansteigen. Unternehmenspleiten wären die Folge, und auch Privatinsolvenzen würden in Anbetracht sinkender Löhne beziehungsweise höherer Arbeitslosigkeit bei gleichbleibender finanzieller Belastung aus festverzinslichen Darlehen und Hypotheken nicht ausbleiben. Die Kreditvergabe würde erneut stocken und die Risiken für das Finanzsystem insgesamt steigen.

Ebendiese Angst vor Deflation und ihren wirtschaftlichen Folgen nahm die EZB Anfang 2015 zum Anlass für eine erneute geldpolitische Volte: Das *Quantitative Easing* (QE). Hinter diesem Fachbegriff der Geldpolitik verbirgt sich im Kern ein gigantisches Anleiheaufkaufprogramm, mit dem die EZB seit März 2015 im großen Stil Anleihen von Euroländern und europäischen Institutionen kauft. Damit sollte die *quantitative Lockerung* der Geldpolitik bewirken, dass das frische Geld über die Anregung von Kreditvergabe und Investitionen in Unternehmensanleihen die Realwirtschaft befeuert. Zugleich entstand ein starker Abwertungsdruck auf den Euro, was zuletzt den Export zahlreicher Länder Europas befeuern konnte. Zusammen mit den fortgesetzten Aufkäufen von Pfandbriefen und verbrieften Forderungen beläuft sich das Volumen von *QE* auf monatlich bis zu 60 Milliarden Euro. Über einen Zeitraum von einneinhalb Jahren dürfte sich die Bilanz der EZB damit um über 1,1 Billionen Euro ausweiten. Die Aufkäufe beschränken sich dabei nicht auf Anleihen aus den Krisenstaaten. Vielmehr orientieren sie sich am Kapitalschlüssel der EZB und damit an der Wirtschaftsleistung der Euroländer: Bundesanleihen werden am häufigsten gekauft, gefolgt von den Anleihen Frankreichs und Italiens.

In der Tat: Rein formal betrachtet bewegt sich die EZB auch mit *QE* innerhalb ihres vertraglich vereinbarten geldpolitischen Mandats, Preisstabilität im Euroraum zu gewährleisten. Diese ist definiert als unter, aber nahe bei 2 Prozent jährlicher Inflationsrate in der mittleren Frist. Risiken und Nebenwirkungen sind jedoch nicht ausgeschlossen. Ein willkommener Nebeneffekt für die Haushaltsplanung der Euroländer ist nämlich, dass durch *QE* – ebenso wie bei früheren Anleiheaufkaufprogrammen – ein neuer struktureller Käufer am Anleihemarkt auftritt. Der Nachfrageüberhang senkt die Zinsen, die Staaten an den Kapitalmärkten zahlen müssen, wenn sie sich refinanzieren. Da dies die Finanzierung von Defiziten erleichtert, sinkt allerdings auch erneut der Spar- und Reformdruck. Eine nachhaltige Besserung der Lage ist auch deshalb aus haushaltspolitischer Sicht nicht zu verzeichnen. Am Ende steht die Erkenntnis, dass sich die EZB zunehmend in politische und faktische Abhängigkeiten begeben hat. Denn gerade weil sie in der Eurokrise der einzige Akteur ist, der selbstständig handeln kann, muss sie dort einschreiten, wo die Politik an ihre Grenzen stößt. Doch mit dieser Verpflichtung hat sich die Zentralbank ihre Freiheitsgrade gezwungenermaßen selbst beschnitten. Bei dem wichtigsten geldpolitischen Instrumentarium der EZB, dem Leitzins, dürfte es in den kommenden Jahren nur wenig Handlungsspielraum geben. Stattdessen ist die EZB ein ums andere Mal dazu gezwungen, mit unkonventionellen Maßnahmen den Bestand der Eurozone zu sichern.

Eine unmittelbare Folge der enormen Liquiditätsschübe an den Finanzmärkten ist, dass Vermögenswerte – also etwa Aktien oder Immobilien in Ballungszentren – in ihrem Wert stark gestiegen sind. Wertpapiervermögen und Immobilienbesitz in Metropolen sind jedoch nicht breit gestreut, sondern konzentrieren sich im Wesentlichen in wohlhabenderen Gesellschaftsschichten. Einer jüngeren Studie der EZB zufolge besitzen in der Eurozone unter den 20 Prozent der vermögendsten Haushalte (sog. *oberstes Quintil*) 95 Prozent eine eigene Immobilie und 59 Prozent eine Zweitimmobilie.[11] Bei den untersten 20 Prozent sind es hingegen nur 5 bzw. 2 Prozent. Auch bei den finanziellen Vermögenswerten sind die Unterschiede groß: Die Hälfte des obersten Quintils baut Vermögen über private Vorsorgeprodukte oder eine Lebensversicherung auf, ein Viertel investiert in Aktien. Im untersten Quintil sind es hingegen gerade einmal 15,9 beziehungsweise 1,2 Prozent. Angesichts steigender Immobilien- und Aktienpreise dürften sich die Ungleichheiten in der Vermögensverteilung in Europa in den kommenden Jahren also weiter vergrößern und so soziale und politische Spannungen verschärfen. Sparer, die dauerhaft unter dem Niedrigzinsniveau zu leiden haben, können sämtliche Renditeaussichten für ihre private Altersvorsorge und Lebensversicherungen begraben. Die Sorge um die finanzielle Absicherung der Lebensplanung steigt.

Eine verlorene Dekade für Europa?

Diese drei *Altlasten von morgen* muten bisweilen sehr theoretisch und abstrakt an. Dies darf jedoch nicht darüber hinwegtäuschen, dass sie breite Bevölkerungsschichten in den kommenden Jahren sehr konkret und unmittelbar betreffen werden. Wenn nicht gegengesteuert wird, dürften sich die Aussichten auf Wachstum, Wohlstand und wirtschaftliche Teilhabe breiter Bevölkerungsschichten nachhaltig verschlechtern. Und unabhängig davon, wie wir die kurzfristigen Fragen der Krise lösen und die Lage stabilisieren können, droht Europa ein verlorenes Jahrzehnt – eine *verlorene Dekade*.

Was macht diese *verlorene Dekade* mit uns Menschen? Die derzeitige Lage Europas lässt befürchten, dass mangelnde Perspektiven breiter Bevölkerungsschichten die Enttäuschung und Frustration weiter festigen. Diverse Krisenbücher, die den Zerfall des Euro oder unseres freiheitlichen Wirtschaftssystems heraufbeschwören, liefern dafür populärwissenschaftliches Futter. Viele davon präsentieren Vorschläge, wie man Kapital umverteilen könnte. Alternative Optionen, wie man den Wohlstand breiter Bevölkerungsschichten mehren kann, blenden sie dabei ebenso aus wie die möglichen

Fehlanreize, die diese Umverteilung von Vermögenswerten langfristig für ein freiheitliches Wirtschafts- und Gesellschaftssystem erzeugen würde. Eine gesamtgesellschaftlich konstruktive Strategie, die die breite gesellschaftliche Frustration über die aktuelle Lage in Europa auflösen würde, liefern sie so nicht. Mit jedem Tag des Stillstands rücken positive Perspektiven auf wirtschaftliche Teilhabe für weite Teile der Gesellschaft jedoch in immer weitere Ferne – Desillusionierung und Abstiegsangst nehmen zu.

Natürlich sind Ungleichheiten und Begehrlichkeiten elementares Kennzeichen einer freiheitlichen Gesellschaft. Sie sind das Salz in der Suppe einer marktwirtschaftlichen Wirtschaftsordnung. Solange gerechte Chancen auf wirtschaftliche Teilhabe – vor allem durch gleichberechtigten Zugang zum Bildungs- und Arbeitsmarkt – für die breite Bevölkerung gewährleistet sind, ist dagegen auch nichts einzuwenden. Doch eben diese Chancengerechtigkeit ist im aktuellen Umfeld für weite Teile der Bevölkerung immer weniger greifbar.

In einem derartigen Umfeld steht zu befürchten, dass immer größere Teile der Bevölkerung den derzeitigen Kurs und das institutionelle Gefüge Europas ablehnen. Aktuelle Umfragen von *Eurobarometer* spiegeln die volatile Stimmung in den Ländern Europas wider: So nimmt zwar das generelle Vertrauen in die europäischen Institutionen seit Mitte 2013 langsam wieder zu, nachdem es von einem Höchststand von 57 Prozent im Jahr 2007 auf 31 Prozent zwischen 2011 und Anfang 2013 eingebrochen war.[12] Doch laut *Pew Research* denkt die große Mehrheit der EU-Bürger, dass ihre Stimme und ihre Bedürfnisse von der EU unberücksichtigt blieben.[13] Und auch das Ansehen des Euro hat gelitten: Nur etwas mehr als die Hälfte der EU-Bürger (57 Prozent) spricht sich noch für die gemeinsame Währung aus – 2007 waren es immerhin 63 Prozent. Die Umfragen zeigen, dass viele Bürger die Erfolgsversprechen des Projekts Europa anzweifeln. Sie hinterfragen nicht mehr nur kritisch – dies allein wäre zu begrüßen –, sondern sie stellen den Sinn der europäischen Integration grundsätzlich in Frage.

Dem Ansehen der europäischen Institutionen ist zudem alles andere als zuträglich, dass Sparprogramme und Strukturreformen oft nicht als nationale Verantwortung verstanden, sondern als Diktat aus Brüssel empfunden werden. Nicht selten unterstützen politisch Verantwortliche diesen Eindruck, um sich selbst der Verantwortung zu entziehen. Ideen und Neuerungen aus Brüssel werden daher von vielen Bürgern und Parteien grundsätzlich erst einmal abgelehnt oder von strategischen Interessen überlagert. Verweigerung und Vermeidungsverhalten werden provoziert – und Chancen auf fruchtbaren Diskurs bleiben ungenutzt. So kann es nicht vorangehen. Wenn keiner mehr den Mut aufbringt, etwas zu verändern, wächst die allgemeine Frustration nur noch weiter.

Die Gewinner der aktuellen Lage sind viel zu oft populistische Parteien und Bewegungen. Die jüngeren Entwicklungen haben ihnen in zahlreichen Ländern Europas Auftrieb gegeben. Aus den Ängsten, Unsicherheiten und Begehrlichkeiten der Menschen schmieden sie ihre Kampagnen. Sie polemisieren und sie ideologisieren und finden damit verstärkt das Gehör der Wähler, die in Zeiten niedrigen Wachstums und hoher Arbeitslosigkeit zunehmend die handfesten wirtschaftlichen Vorteile der europäischen Integration anzweifeln und die demokratische Legitimation Brüsseler Institutionen infrage stellen.

Immerhin: Auch wenn das seit Januar 2015 regierende Bündnis links- und rechtspopulistischer Kräfte in Griechenland bei den Neuwahlen Ende September 2015 bestätigt wurde, dürften Regierungsmehrheiten populistischer Parteien in anderen Ländern Europas vorerst Ausnahmeerscheinungen bleiben. Gleichwohl sollte der indirekte Einfluss populistischer Parteien auf die Politik der etablierten Parteien nicht unterschätzt werden. Denn sie sind dazu gehalten, zu den Themen und Fragestellungen populistischer Kräfte eine inhaltliche Position zu beziehen. Da deren Rhetorik deutlich zugespitzter ist und Agenden häufig kurzfristiger orientiert sind als die der etablierten Parteien, werden die Debatten zunehmend emotionaler und polarisierender geführt. Angesichts des hohen innenpolitischen Drucks geraten die Regierungen einzelner Länder auch auf europäischer Bühne mehr noch als bisher unter Zugzwang, ihre nationalen Interessen durchzusetzen. Die Bereitschaft zu Kompromissen und gemeinsamem Handeln lässt nach, Spannungen verschärfen sich. Besonders deutlich illustriert dies die Ankündigung des britischen Premierministers Cameron, ein Referendum über die EU-Mitgliedschaft Großbritanniens abzuhalten, sollte seine Partei die britischen Unterhauswahlen im Mai 2015 gewinnen. Indem er sich so Teile der Agenda der rechtspopulistischen UKIP zu eigen machte, gelang schließlich die Wiederwahl.

All dies kann deutliche Auswirkungen auf die Reformpolitik der Staaten Europas haben, vor allem da Reformerfolge eine zeitliche Wirkungsverzögerung haben und eine Anpassungsphase zunächst bewältigt werden muss. In einer Konkurrenzsituation mit kurzfristigen Opportunitäten bleibt daher die Verschnaufpause, die die aktuelle Geldpolitik der EZB den Krisenstaaten für Reformen einräumt, von vielen Ländern ungenutzt. Werden unliebsame Reformen angesichts ihrer immanenten Notwendigkeit schließlich doch umgesetzt, verweisen die Regierungen der Mitgliedstaaten nicht selten weniger auf ökonomische Zwänge, sondern vor allem auf Brüssel als Sündenbock – und bereiten damit selbst den Kampagnen populistischer Kräfte fruchtbaren Boden. Das Blockadepotenzial ist letztlich auch mit Blick auf die notwendige institutionelle Weiterentwicklung der Europäischen Union hoch. Die Wachstumsschwäche und Interessenkonflikte, die sich aus diesem Reformstau ergeben, werden populistische Kräfte wiederum geschickt für sich zu nutzen wissen. Ihr Einfluss und ihre Stimme dürften so auf längere Zeit stark bleiben – und die politische Kultur in Europa negativ beeinflussen.

In Zeiten, in denen jene Generation abtritt, die die europäische Integration noch als Friedensprojekt schätzen gelernt hat, wiegt es umso schwerer, dass die wirtschaftlichen Erfolgsversprechen des Projekts Europa immer häufiger unerfüllt bleiben. Denn gerade wenn Bürger weder eine wirtschaftliche Perspektive noch einen übergeordneten Sinn im europäischen Projekt sehen, lässt ihre Unterstützung nach.

Neue Herausforderungen liegen vor uns

Die Konflikte und inneren Blockaden der Wirtschafts- und Währungsgemeinschaft wären weniger kritisch, wenn Europa nicht vor großen Herausforderungen stehen würde, die alle Kraft von unseren Gesellschaften verlangen werden. In den kommenden Jahrzehnten werden sich nicht nur die weltweiten wirtschaftlichen Machtverhältnisse verschieben. Auch die Digitalisierung wird die Spielregeln des globalen Kräftespiels der Wirtschaftsstandorte gehörig aufmischen. Und nicht zuletzt werden wir Europäer uns selbst durch den demografischen Wandel verändern.

Erste Herausforderung: Wachwechsel in der Weltwirtschaft

Eine erste Herausforderung ist die zunehmende Konkurrenz durch die neuen Wachstumszentren der Welt. Im Jahr 2014 ist das Gewicht der Entwicklungs- und Schwellenländer auf 57 Prozent der globalen Wirtschaftsleistung gestiegen – ein enormer Zuwachs, denn 2000 betrug der Anteil dieser Länder an der Weltwirtschaft nur 43 Prozent.[14] Allein in den letzten 15 Jahren haben die *Emerging Markets* 75 Prozent des Weltwirtschaftswachstums getragen. Die Dynamik liegt heute also außerhalb Europas.

Vor allem China bleibt langfristig ein wichtiges Wachstumszentrum. Die Wertschöpfung der chinesischen Volkswirtschaft hat sich seit dem Jahr 2007 fast verdoppelt, die der USA ist immerhin um 10 Prozent gewachsen. Die Eurozone kommt jedoch gerade einmal auf 6 Prozent Wachstum; ohne Deutschland wären es sogar nur 4 Prozent. Die Gründe für diese Entwicklung liegen sowohl in den globalen Entwicklungen als auch in den *Emerging Markets* selbst. Aus ihrer Krise Ende der 1990er Jahre hatten viele der *Emerging Markets* gelernt und verbesserten im vergangenen Jahrzehnt ihre ökonomische Fundamentallage. Dank einer soliden haushaltspolitischen Position, flexiblerer Wechselkursregimes und hoher Devisenreserven überstanden sie die Finanz- und Wirtschaftskrise 2008/09 besser als die westliche Welt. Und auch wenn die konjunkturelle Dynamik in den *Emerging Markets* zuletzt nachgelassen hat, lassen selbst die jüngsten Entwicklungen wenig Zweifel daran, dass sie in den nächsten Jahren schneller wachsen dürften als die USA und Europa. Mittlerweile ist in diesen Ländern eine große Mittelschicht entstanden, die weiter zunimmt und damit die Nachfrage stimuliert. So prognostiziert die OECD, dass die Mittelschicht Asiens von heute etwa 500 Millionen Menschen auf über 3,2 Milliarden Menschen im Jahr 2030 anwachsen wird.

Hinzu kommt eine gigantische Kräfteverschiebung der Bevölkerungsdynamik. Europa stellt heute noch rund 10 Prozent der Weltbevölkerung. Im Jahr 2050 werden es einer aktuellen Studie der Vereinten Nationen zufolge nur noch 7,4 Prozent sein – im Jahr 2100 nur noch knapp 6 Prozent.[15] Ganz anders beteiligt sich Afrika: heute mit 15,9 Prozent, 2050 mit 25 Prozent und 2100 mit 38,5 Prozent. Asiens Anteil dürfte sich von derzeit 60 Prozent bis 2050 auf 54 Prozent verringern und im Jahr 2100 auf 43 Prozent absacken. So altern etwa auch Chinas und Japans Bevölkerung. Vor allem in Indien und Südostasien bleibt die demografische Entwicklung aber positiv. Nordamerika bleibt konstant bei 5 Prozent.

All dies dürfte natürlich auch die Unternehmen vor Ort fördern. Bereits heute gibt es über 1.000 Unternehmen mit Stammsitz in den *Emerging Markets*, die jeweils einen Umsatz von mehr als einer Milliarde US-Dollar generieren. Mittlerweile kommen fast 25 Prozent der 500 umsatzstärksten Unternehmen der Welt aus den *Emerging Markets* – 1995 waren es nur 4 Prozent.[16] Freilich gelten viele dieser Unternehmen als sogenannte *Frugal Innovators*. Sie passen bekannte Technologien und Produkte an die entsprechenden Rahmenbedingungen ihrer Märkte an, etwa einer schwächeren Infrastruktur. Ein Beispiel ist die Mobiltelefonie in Afrika. Die Geräte sind weniger komplex als die fortschrittlichen Technologien in den Industrieländern. Dafür sind sie robuster und stellen eine der wichtigsten Formen im Zahlungsverkehr dar.

Natürlich bestehen auch Risiken. So fallen die Wachstumsprognosen für die *Emerging Markets* längst nicht mehr so optimistisch aus wie noch vor wenigen Jahren. Die Euphorie über die sogenannten *BRICS*-Staaten Brasilien, Russland, Indien, China und Südafrika ist der Sorge um eine weltweite Stagnation gewichen. Gerade Russland und Brasilien, aber auch Schwellenländer wie Malaysia kämpfen vor allem aufgrund struktureller Defizite und fallender Rohstoffpreise mit Kapitalflucht und Rezession. Nicht zuletzt mangelt es den lokalen Finanzmärkten an Tiefe durch eine starke heimische private und institutionelle Investorenbasis. Dies macht die Länder anfällig für globale Marktturbulenzen. Erhöht die US-Notenbank *Fed* etwa den Leitzins, ziehen die Investoren erst recht ihr Geld aus diesen Ländern ab, um es in den USA zu investieren. Ferner sind viele Länder stark von Rohstoffeinkommen abhängig. Fallen die Preise auf den Weltmärkten, geraten die öffentlichen Haushalte sehr schnell unter Druck, wie zuletzt etwa in Russland und Venezuela nach dem Ölpreisverfall. Aber auch in guten Zeiten schaffen es nur wenige Länder – wie etwa Chile –, nachhaltig mit ihren natürlichen Schätzen umzugehen und sich am Vorbild Norwegens und Australiens zu orientieren. Meist liegt das an schwachen Institutionen und Rechtssystemen. Korruption ist ausgeprägter als in den Industrieländern, und Bildungsdefizite sind oft strukturell gefestigt. Zusammen mit hohen Einkommensunterschieden kann das langfristig die politische Lage destabilisieren. Nicht zuletzt beeinträchtigen die aktuellen geopolitischen Unsicherheiten in der Ukraine und im Nahen Osten nicht nur die Wachstumsaussichten der westlichen Welt, sondern auch die der *Emerging Markets*.

Doch auch strukturelle Schwächen und wirtschaftliche Volatilität können nicht darüber hinwegtäuschen, dass viele der *Emerging Markets* in den nächsten Jahren ihre wirtschaftliche Stärke im Vergleich zum Westen weiter ausbauen werden. Eine Folge daraus ist, dass diese Länder ihre wirtschaftspolitischen Interessen zunehmend besser durchsetzen können: Ihr welt- und wirtschaftspolitischer Gestaltungswille wächst; das hat nicht zuletzt die Gründung der *Asiatischen Infrastrukturinvestmentbank* gezeigt, die von vielen Beobachtern als Gegenpol zur Weltbank und zum IWF angesehen wird. In diesem Zusammenhang bleibt abzuwarten, wie lange sie noch die aktuelle Niedrigzinspolitik der EZB und der amerikanischen *Fed* stillschweigend akzeptieren, bevor sie in der Ausgestaltung ihrer Geld- und Währungspolitik eigene Wege gehen und damit das Weltwährungsgefüge erschüttern.

Letztlich können wir Europäer es uns nicht länger leisten, unsere führende Position in der Welt als ewig gesichert zu sehen. Europa muss sich auf den Wachwechsel in der Weltwirtschaft gut vorbereiten. Dies wird alles andere als einfach, denn insbesondere das Umfeld der Unternehmen steht am Anfang eines fundamentalen Wandels, wie ihn die Wirtschaften Europas seit der industriellen Revolution nicht mehr erlebt haben.

Zweite Herausforderung: Digitalisierung verändert Spielregeln des Wettbewerbs für Unternehmen

Die Digitalisierung wird die Spielregeln für Unternehmen grundlegend und nachhaltig verändern. Dieses ist die zweite Herausforderung. Bedeutsam ist nicht nur die Durchdringung des Privatlebens – sie ist erst der Anfang. In der Unternehmenswelt stehen große technologische Veränderungen vielfach erst noch bevor. Diejenigen Unternehmen, denen es gelingt, die Chancen der Digitalisierung für sich zu nutzen, können enorme Produktivitätsgewinne erreichen – und zwar über drei Kanäle.

- *Neue Produktformate.* Schon heute werden immer mehr Dienstleistungen digital angeboten, und die Möglichkeiten, klassische Geschäfte in die digitale Welt zu überführen, nehmen weiter rasant zu. Technologische Veränderungen, die es möglich machen, dass Alltagsgegenstände und Maschinen untereinander kommunizieren, generieren vollkommen neue Geschäftsideen. Durch die schnelle und einfache Verbreitung der Informationen steht zugleich einer immer breiteren Bevölkerung umfangreiches Wissen zur Verfügung, was Ideen stimuliert und eine Innovationskultur fördert.[17]

- *Neue Grenzkostenstrukturen.* Die Kostengefüge digitaler Geschäftsmodelle weichen oft stark von klassischen Strukturen ab. Ausgaben für Innovationen nehmen in digitalen Geschäftsmodellen einen hohen Anteil ein, die variablen Kosten sind hingegen oft weitaus geringer. Etabliert sich ein Unternehmen einmal erfolgreich im digitalen Markt, kann es seine Marktmacht dadurch schnell ausbauen.

- *Neue Wertschöpfungsnetzwerke.* Die fortschreitende Digitalisierung strukturiert Wertschöpfungsketten neu und verwandelt sie in dynamische Wertschöpfungsnetzwerke. Räumliche Entfernungen spielen schon heute in der Zusammenarbeit eine immer geringere Rolle. Künftig können alle Einheiten der industriellen Wertschöpfung noch enger verzahnt werden. Ähnlich wie die Einführung der Fließbandproduktion, die vor rund 100 Jahren die Automobilindustrie umkrempelte, dürfte die Öffnung digitaler Wertschöpfungsstrukturen bald ebenfalls ganze Branchen revolutionieren. Einerseits wird dies Teile des Arbeitsmarkts unter Druck setzen. Andererseits entstehen aber auch neue Anwendungen im Wissensmanagement, der branchenübergreifende Technologietransfer wird stimuliert und experimentelle Arbeitsorganisationsformen sowie neue Geschäftsmodelle entwickeln sich.

Solche tiefgreifenden Veränderungen sind für Unternehmen nicht nur Chance, sondern vor allem erst einmal Herausforderung. Auch in der Vergangenheit haben immer wieder alteingesessene Branchengrößen technologische Sprünge verschlafen. Der Druck der Konkurrenz ist heute noch stärker als früher, da neue Märkte technologisch immer einfacher erobert werden können, sodass der Wettbewerb zwischen Unternehmen zunehmend global stattfindet. Nur wenn sich die Unternehmen dem technischen Umbruch nicht verschließen, können sie von den Produktivitätsgewinnen und Chancen neuer Geschäftsmodelle wirklich profitieren und sich gegen die globale Konkurrenz durchsetzen.

Die technologischen Veränderungen bergen zugleich das Potenzial für Fehlentwicklungen. So besteht durchaus die Gefahr, dass sich die Nutzung von Daten durch öffentliche wie private Organisationen verselbstständigt. In Antizipation hierauf könnte ein technologiefeindliches Klima entstehen, unter dessen Einfluss die Gesellschaft allein die Risiken sieht, sich jeglicher sinnvollen Nutzung von *Big Data* verschließt und Kontrolle einer freien Entwicklung vorzieht. Zwar kann eine angemessene Regulierung in diesem Bereich derartige Bedenken zerstreuen. Doch bis sie Vertrauen stiften kann, braucht es Zeit.

Doch nicht nur unser Umfeld verändert sich – auch unsere Gesellschaft ist im Wandel.

Dritte Herausforderung: Wir Europäer altern

Die Alterung unserer Bevölkerung ist eine dritte große Herausforderung für unsere Gesellschaft. Im direkten Vergleich der Kontinente und Wirtschaftsräume ist Europa jener Kontinent, der derzeit am stärksten altert. So dürfte in der EU das Durchschnittsalter von derzeit 42,4 Jahren bis 2030 auf 45,4 Jahre ansteigen.[18] In Deutschland wird ab etwa 2035 die Hälfte der Bevölkerung über 50 Jahre alt sein. In den anderen Ländern Europas sieht es nicht besser aus. Besonders problematisch ist, dass die Geburtenrate in Europa seit mehr als vier Jahrzehnten um ein Drittel unter dem Niveau liegt, das zur Bevölkerungserhaltung notwendig ist (durchschnittlich 2,1 Kinder pro Frau). Die Nachkommen ersetzen ihre Elterngeneration also nur zu etwa zwei Drittel. Gleichzeitig steigt die Lebenserwartung weiter an. Die daraus zunehmende Überalterung der europäischen Gesellschaft wird auch durch die erwartete positive Nettozuwanderung nicht aufgehalten: Während das Verhältnis der Bevölkerung im erwerbsfähigen Alter zu den über 64-Jährigen heute noch bei vier zu eins liegt, werden im Jahr 2060 nur noch zwei erwerbsfähige Personen auf einen Rentner kommen. Die öffentlichen Alterssicherungssysteme Europas mit ihrem konventionellen Umlageverfahren werden diese demografischen Verschiebungen nicht mehr alleine stemmen können.

Offen bleibt, wie sich die Alterung Europas auf die Bereitschaft der Gesellschaft auswirkt, sich auf Neuerungen einzulassen. Gelingt es der Politik nicht, dem Anspruch gerecht zu werden, generationenübergreifend gleichermaßen Bedingungen für ein angemessenes Wohlstandsniveau zu gewährleisten, ist es gut möglich, dass sich eine alternde Gesellschaft allein aus ökonomischen Zwängen eher Besitzstandsdenken zuwendet als die jungen Gesellschaften anderer Kontinente.

Neben Fragen der Absicherung im Alter deuten sich gravierende Auswirkungen auf unsere Arbeitsmärkte und die Verfügbarkeit von Fachkräften an. Allein in Deutschland könnte die Zahl der verfügbaren Arbeitskräfte bis 2030 um 15 Prozent beziehungsweise über sechs Millionen sinken. Schon heute klagt die Wirtschaft über Engpässe bei der Fachkräfteversorgung. Diese Lücke bei qualifizierten Arbeitskräften mutet umso dramatischer an, als zugleich ein großer Teil der jugendlichen Bevölkerung im Süden unseres Kontinents arbeitslos ist und wichtige Jahre beruflicher Erfahrung verliert. Gerade deshalb ist der Handlungsdruck groß – auch und vor allem, weil Unternehmen sich noch immer schwertun, Sprachbarrieren für Migranten abzubauen und unzureichend qualifizierte junge Menschen mit einer gemeinsamen Qualifikationsoffensive besser auszubilden. Auch herrscht in vielen Ländern Europas noch nicht das Bewusstsein dafür vor, dass die Erwerbsquote Älterer – also der Anteil der Erwerbstätigen zwischen 55 und 64 Jahren – noch einiges an Potenzial nach oben bietet. Ausgerechnet Deutschland hat hier mit der Möglichkeit der vorzeitigen Verrentung zuletzt ein gegenteiliges Signal gesendet.

Schicksalsjahre voraus – Zukunftskonzepte händeringend gesucht

Wer heute nach Auswegen aus der aktuellen Lage Europas sucht, darf nicht zu klein denken. Die letzten Jahre haben eine Vielzahl sinnvoller und umsetzbarer Reformvorschläge hervorgebracht, die von Wirtschaft, Wissenschaft und Politik mal mehr, mal weniger überzeugend vorgetragen wurden. Ein Großteil von ihnen kam jedoch nie über das Debattenstadium hinaus. Sie wurden niemals umgesetzt und verschwanden bald wieder im breiten Rauschen des Marktes der politischen Ideen und Konzepte. Dies liegt weniger daran, dass sie alle schlecht durchdacht oder nicht umsetzbar gewesen wären – nicht selten ist das Gegenteil der Fall. Vielmehr werden sie allzu oft auf dem freien Markt der Meinungen und in Abwehrgefechten mit organisierten Interessen aufgerieben. Wer beispielsweise heute die Flexibilisierung der europäischen Arbeitsmärkte fordert, hat nicht nur bald Gewerkschaften, sondern auch Vertreter des gesamten Parteienspektrums gegen sich. Wer etwa in der Stärkung des Haftungsprinzips die beste Prävention gegen hohe Haushaltsdefizite sieht und einen Insolvenzmechanismus für Staaten vorschlägt, darf sich auf kräftigen Gegenwind von institutionellen Investoren und der Politik gefasst machen. Und was mit Befürwortern einer beherzten Spar- und Reformpolitik passiert, wissen wir spätestens seit den jüngsten Wahlen in Griechenland, Italien und Spanien: Sie erleiden Stimmverluste, verlieren Macht und können ihre Ziele somit nur noch begrenzt erreichen. In diesem Sinne verstärken sich die multiplen Herausforderungen im Währungsraum gegenseitig. Auch die großen Visionäre, die – ganz in der Tradition eines Winston Churchills – einen Quantensprung in der europäischen Integration hin zu den *Vereinigten Staaten von Europa* fordern, müssen sich heute oft den Vorwurf der Traumtänzerei und Realitätsferne gefallen lassen.

Dies bedeutet jedoch keinesfalls, dass es sich nicht lohnt, Debatten über die Zukunft Europas zu führen – im Gegenteil: Nie wurden in Europa tragfähige Zukunftskonzepte händeringender gesucht als heute. Nicht nur die Altlasten der Krisen auf dem europäischen Kontinent fordern die Gemeinschaft heraus. Die Welt um uns steht nicht still. Der Wandel schreitet in den kommenden Jahren und Jahrzehnten unaufhaltsam fort. Die eigene Unabhängigkeit in einem solchen dynamischen globalen Umfeld durch Nicht-Handeln und nationalstaatliches Denken bewahren zu können, ist eine Illusion und grenzt an Selbstbetrug. Politischer und gesellschaftlicher Autismus können Anpassungszwänge allenfalls vorübergehend ausblenden und hinauszögern – jedoch nicht dauerhaft umgehen. Letzten Endes sorgen ökonomische Zwänge stets dafür, dass Anpassung stattfindet – uns bleibt dabei jedoch die Wahl: Begegnen wir dem Wandel proaktiv und gestaltend oder passiv und fremdbestimmt?

Offenheit für den Wandel wird für Europa in Zukunft daher immer wichtiger sein. Denn langfristig werden andere Kontinente und Wirtschaftsräume immer mehr an wirtschaftlicher Wirkkraft und politischer Gestaltungsmacht gegenüber dem alternden Europa gewinnen. Umso notwendiger ist es für uns Europäer, uns neuen Entwicklungen gegenüber nicht zu verschließen – sondern ihnen gemeinsam entgegenzutreten. Europa wird es sich in den kommenden Jahrzehnten nicht erlauben können, so zerstritten und uneins zu sein wie heute. Denn wie in unserem Planetensystem gelten im weltweiten Handel ebenso wie im politischen Kräftespiel die Gesetze der Schwerkraft: Große Länder und Wirtschaftsräume können mehr bewegen als kleine. Sie können die Herausforderungen gemeinsam besser meistern, globale Entwicklungen wirksamer mitgestalten, und ihre Standards erfolgreicher durchsetzen. Je länger die Länder Europas heute noch der Souveränitätsillusion ihrer Vergangenheit nachhängen, desto weniger werden sie an den globalen wirtschaftlichen wie politischen Entwicklungen teilhaben und sie gestalten können. Mehr noch: Wenn in einem solchen Umfeld nicht mehr viel vorangeht, dürften sich Isolierung und Reformblockaden erst recht potenzieren – und Anlass zu erneuter Integrationsverweigerung geben. Europa muss deshalb offen für den Wandel bleiben. Entscheidend bleibt dabei unsere Neugier und Bereitschaft zum offenen Diskurs, bei der sich die langfristig besten Ideen und Lösungen durchsetzen – und nicht das, was einzelne Parteien und Interessengruppen kurzfristig für sich beanspruchen.

Mehrheiten für den Wandel zu gewinnen wird indes alles andere als einfach sein. Ein europäisches Geschäftsmodell für den gemeinsamen Wirtschaftsraum braucht deshalb kurzfristig Perspektiven auf Wachstum, mittelfristige Flexibilität und Ergebnisoffenheit der Entwicklungen und langfristige Aussichten auf wirtschaftliche Teilhabe für die breite Bevölkerung. Wenn es gelingt, Europa mit einem solchen Geschäftsmodell wieder zu der Erfolgsgemeinschaft werden zu lassen, die es einst war, dann dürften sich Blockaden und Zerwürfnisse schnell auflösen. Und Europa würde ebendiese innere Stärke zurückerlangen, die es braucht, um auch im globalen Wettbewerb weiter führend zu sein.

Spätestens an dieser Stelle wird deutlich, dass das Geschäftsmodell für Europa für weit mehr als höhere Wachstumsraten oder eine solide Basis unseres Wohlstands steht. Diese mögen der *Zweck* des neuen *Willens zum Wandel* sein – aber bei weitem nicht der *Sinn*. Der *Sinn* ist unsere politische, ökonomische und gesellschaftliche Selbstständigkeit und Handlungsfreiheit. Mit ihr allein können wir unseren Willen, unseren Einfallsreichtum, unser Wissen und Können in die Tat umsetzen – und eigenverantwortlich Probleme lösen. Nur dann liegt die Zukunft in unserer Hand. Nur dann können wir sie gestalten.

Die künftige Unabhängigkeit Europas ergibt sich daher aus bewusster und reflektierter Anpassung. Inspiration bieten die Wirtschafts- und Verwaltungsstrukturen aller 28 Mitgliedstaaten wahrlich genug – sie sind ein großer Fundus an *Best Practices* und *Worst Practices*. Inspiration für den Wandel kann manchmal näher liegen, als man glaubt. Wenn wir bereit sind, von anderen zu lernen, dann können wir die Umwelt zu unseren Gunsten mitgestalten und verändern. Im Ergebnis gewinnen wir doppelt an Freiheit. Wir gewinnen an *Handlungsfreiheit*, weil bessere Rahmenbedingungen und höhere Wachstumsraten uns einen neuen Spielraum zum Handeln eröffnen. Und wir gewinnen auch an *Willensfreiheit*, denn wir treffen Entscheidungen bewusster – ohne uns aus Angst vor dem Abstieg oder in wechselseitigen Begehrlichkeiten aufzureiben.

Auf diese Unabhängigkeit und Freiheit kommt es an. Ohne sie wäre jede materielle Sicherheit sinn- und wertlos. Wer seine unsichere Umwelt annimmt und versucht, sie aktiv mitzugestalten, genießt letztlich eine vielfach größere Freiheit als derjenige, der versucht, in Isolation zu planen. Diese Einsicht führt im Ergebnis dazu, dass wir innerhalb der Unsicherheit, die uns umgibt, mit neuer Flexibilität neue Chancen nutzen können und wollen. An die Stelle der Angst, dass der eigene Anteil am gemeinsamen Besitzstand verloren geht, tritt die Erkenntnis, dass allein mit Zusammenarbeit und Lernbereitschaft vieles vorangeht. Diese Freiheit zu haben, zu halten und zu gestalten wird in der Zukunft der eigentliche Reichtum einer alternden Gesellschaft sein.

Ein Geschäftsmodell nicht nur für die Eurozone, sondern für ganz Europa

Europa geht bald ins siebte Krisenjahr. Dank der pragmatischen Intervention der EZB konnte der Abwärtstrend in der Eurozone vorerst gebrochen werden. Doch die Lage hat sich in Europa nur vordergründig beruhigt – denn vor allem drei Folgen aus der Krise dürften als *Altlasten von morgen* die Handlungsfähigkeit der Regierungen langfristig einschränken: Niedrigwachstum durch

Reformstau und eine allgemeine Investitionsschwäche, ein Binnenmarkt, dessen Potenzial nicht voll ausgeschöpft wird, und ein allgemeines Zinsniveau, das in den kommenden Jahren niedrig bleiben dürfte, sind nicht allein schwerer Ballast für den gemeinsamen Währungs-, sondern auch für den europäischen Wirtschaftsraum. Sie trüben die Zukunftsperspektiven für Bürger wie für Unternehmen ein. Diese drei Altlasten von morgen wiegen schwer, wenn es darum geht, *künftige Herausforderungen* zu meistern – die Verschiebung der weltwirtschaftlichen Kraftverhältnisse, die Digitalisierung und den demografischen Wandel. Dabei fordern die *Altlasten* und *Herausforderungen von morgen* nicht nur unseren gemeinsamen Währungsraum. Diese Herausforderungen zu lösen, ist die Mission Europas.

Die gute Nachricht ist: *Europa kann es besser.* Denn eines haben die letzten 70 Jahre Integrationsprozess in Europa gezeigt: Gemeinsame Ziele, Kompromissbereitschaft und die Bereitschaft zum Wandel ließen eine Vorteilspartnerschaft entstehen, die dem Wandel offen gegenüberstand. Diese Vorteilspartnerschaft war über Jahrzehnte hinweg weitgehend stabil: Alle maßgeblich Beteiligten kooperierten in dem Interesse und dem Wissen, dass sie eine Schicksalsgemeinschaft bildeten, deren Chancen sie gemeinsam nutzen und nicht in Alleingängen gefährden wollten.

Zu ebendiesem positiven Gleichgewicht müssen wir heute wieder zurückfinden. Die Erkenntnis und das Wissen, welche Herausforderungen auf uns Europäer in den kommenden Jahren warten, sind ein Grund und Anlass mehr, sich heute Gedanken zu machen, wie ein langfristig tragfähiges Geschäftsmodell für den Euroraum, für die Europäische Union, ja, für ganz Europa aussehen soll. Dieses Geschäftsmodell sollte zwei Ziele verfolgen. Es muss neue Quellen für *Wachstum* erschließen und langfristig den *Wohlstand* der Gesellschaften Europas gewährleisten. Mit den richtigen Anstößen können wir den notwendigen Wandel einleiten – und verhindern, dass Europa die nächsten Jahre verspielt. Denn eine *verlorene Dekade* können wir Europäer uns nicht leisten. Europa hat hierfür die Institutionen, die Kraft und die Talente. Wir müssen nur noch beginnen.

Ist ein langfristig tragfähiges Geschäftsmodell für Europa denkbar? Welche Elemente sollte es enthalten? Und wie ließe es sich umsetzen? Das nächste Kapitel soll erste Antworten auf ebendiese Fragen geben.

III

EUROPA 5.0: EIN GESCHÄFTSMODELL FÜR UNSEREN KONTINENT

- **In Zeiten des Wandels gibt es viele Optionen.** Allerdings ist auch das Risiko für falsche Weichenstellungen groß, die dann in wenigen Jahren zu umso gravierenderen Fehlentwicklungen führen können. Befürworter einer vollständigen oder teilweisen Auflösung der Eurozone unterschätzen etwa die schädliche Wirkung auf Finanz- und Realwirtschaft – ebenso wie die destruktive politische Signalwirkung, die davon ausgehen kann. Ähnliches gilt für das Ansinnen, neues Wachstum durch schuldenfinanzierte Ausgabenprogramme zu fördern: So zeigt doch Griechenland als Paradebeispiel, dass die öffentliche Überschuldung der sicherste Weg ist, die Unabhängigkeit zu verlieren. Vielmehr braucht Europa ein Geschäftsmodell, das sich dem Wandel gegenüber nicht mehr verschließt, sondern ihn aktiv gestaltet.
- **Ein langfristig tragfähiges Geschäftsmodell für Europa sollte drei Bausteine umfassen.** Am Anfang stehen stabile wirtschaftspolitische Rahmenbedingungen. Sie sorgen für mehr Wettbewerbsfähigkeit und führen dazu, dass die Länder Europas über eine stärkere Exportorientierung Wachstum aus den neuen wirtschaftlichen Kraftzentren der Welt importieren. Zweitens müssen europäische Unternehmen ihre Kräfte grenzüberschreitend bündeln. Nur so können sie die notwendige Gravitation aufbauen, um weltweit erfolgreich zu sein. Und drittens kann eine stärkere grenzüberschreitende Integration der Kapitalmärkte Vorsorgesparern dabei helfen, das andauernde Renditetief zu bewältigen, und zugleich dazu bei-

tragen, die Investitionsschwäche in Europa zu überwinden. So kann der gemeinsame Wohlstand langfristig gesichert werden.

- **Diese drei Bausteine können das Leistungs- und Erfolgsversprechen Europas erneuern.** Sie schaffen Wachstumsaussichten und eine vorteilhafte Perspektive des Wandels – und sind damit das beste Mittel gegen Zukunftsängste, aus denen populistische Kräfte in diesen Tagen ihre Stärke ziehen. Mit ihnen können breite gesellschaftliche wie politische Koalitionen für einen wirklichen Wandel geschaffen werden.

Es steht außer Zweifel, dass Europa ein großer Schritt nach vorne gelingen kann. Denn gemessen an früheren Problemen, die die Gesellschaften unseres Kontinents gemeistert haben, muten die strukturellen Schwächen der Europäischen Union von heute doch recht beherrschbar an. Was sind die jüngsten Bemühungen für mehr Investitionen im Vergleich zu der gigantischen Wiederaufbauleistung der Nachkriegszeit? Was sind die dringend erforderlichen Strukturreformen verglichen mit den Strapazen des wirtschaftlichen Transformationsprozesses und Strukturwandels, den viele Regionen Europas in den letzten Jahrzehnten erfolgreich durchlaufen haben? Und was ist die dringend notwendige Öffnung der europäischen Dienstleistungsmärkte im Vergleich zu den tektonischen Verschiebungen, die die wirtschaftliche Integration nach dem Fall des Eisernen Vorhangs für die jungen Marktwirtschaften Osteuropas brachte?

Es besteht also aller Grund zu Optimismus, dass Europa sich auf ein Geschäftsmodell einigen kann. Allerdings: Sich einigen zu *können* ist etwas anderes, als sich einigen zu *wollen* – und genau dies ist heute eine besondere Hürde. Denn wenngleich die heutige Lage Europas schwer ist, so unterscheidet sie sich doch von früheren Schieflagen. Ein Neuanfang zwischen allen Beteiligten ist nämlich immer dann besonders einfach, wenn ihm ein substanzieller Strukturbruch vorangegangen ist, in dem sich Einzelinteressen noch einmal neu ausrichten können. Dies soll uns freilich nicht dazu verleiten, einen Krieg, eine Währungsreform oder eine Revolution herbeizuwünschen. Wahr bleibt aber, dass ein Neuanfang nach einem historischen Wendepunkt ungemein leichter fällt als im Konsens am runden Tisch. Zwar ist die Ausgangslage zunächst komfortabler, weil keiner der Beteiligten existenzielle Not leidet. Doch ebendies verleitet die Verhandlungsparteien oft dazu, ihre eigenen Positionen kompromisslos durchsetzen zu wollen – und letztlich eine dauerhafte Blockade zu riskieren.

Doch nicht nur das Risiko für eine dauerhafte Blockade ist hoch. Gerade in Zeiten, in denen ein großer Wurf eingefordert wird, ist auch das Risiko für falsche Weichenstellungen groß, die dann schon bald zu umso gravierenderen Fehlentwicklungen führen können. Daher müssen wir alle unsere weiteren Überlegungen einer kritischen Prüfung unterziehen – und mögliche Fehlentwicklungen schon heute identifizieren.

Euro-Nihilismus: Auflösung der Währungsunion ist keine Option

Eine erste Option, die auch heute noch in einigen Kreisen diskutiert wird, wäre, die Eurozone teilweise oder sogar ganz aufzulösen. Befürworter eines Euro-Exits nehmen die strukturellen Probleme des gemeinsamen Währungsraums als Anlass, die europäische Währungsintegration insgesamt infrage zu stellen. Wir finden sie in der Wissenschaft ebenso wie in manchen Wirtschaftsverbänden und mittlerweile auch im gesamten Parteienspektrum. Ihre Argumente klingen zunächst bestechend einfach und muten vor allem sehr pragmatisch an. Ihrer Ansicht nach könnte beispielsweise die Option einer Aufteilung des heutigen Euro-Währungsraums in eine Nordeurozone und eine Südeurozone es den schwachen Ländern erlauben, mit einer Weichwährungspolitik wieder wettbewerbsfähiger zu werden. Auch die komplette Auflösung der Eurozone und die

Rückkehr zu nationalen Währungen werden in diesem Zusammenhang diskutiert. Nähere Überlegungen zeigen jedoch, dass die Befürworter einer Euroteilung die wirtschaftlichen Risiken völlig unterschätzen. Hierzu beispielhaft einige Überlegungen, die im Falle einer Zweispaltung des Währungsraumes in Nord- und Südeuro, wie sie oft diskutiert wird, gelten würden:

- *Länder unter einem schwachen Südeuro* würden einerseits zwar von dem geringeren Außenwert der Währung profitieren. Vor allem die Unternehmen könnten leichter exportieren. Der Anpassungsdruck wäre jedoch allenfalls kurzfristig gemindert. Denn einerseits sind Schätzungen für Exporterfolge unter einer Währungsabwertung ohnehin häufig überoptimistisch, denn sie lassen meist unberücksichtigt, dass insbesondere technologieintensive Unternehmen ausländische Vorleistungen weiterhin importieren müssten – und das geht nur mit harten Devisen. Andererseits würden infolge der Währungsabwertung die privaten und öffentlichen Schulden in Fremdwährung enorm ansteigen – eine hohe Bürde für einen Neustart. Schuldenschnitte und Insolvenzen im Finanzsektor wären wahrscheinlich. In der Folge würde auch die Kreditversorgung der Realwirtschaft zusammenbrechen. Eine drohende Kapitalflucht aus der Südeurozone würde die Lage nochmals verschlechtern. Je geringer das Vertrauen in den neuen Südeuro, desto höher wäre auch die Wahrscheinlichkeit, dass der starke Nordeuro auch im Süden Europas weiterhin als inoffizielles Zahlungsmittel genutzt würde – ganz so, wie der US-Dollar heute in vielen Entwicklungsländern als parallele Ankerwährung dominiert. So würde ein Zweiwährungssystem entstehen, unter dem Ungleichheit und Korruption erst recht aufblühen würden. Die strukturellen Probleme dieser Staaten wären mit einer Teilung der Währungsunion also nicht gelöst.
- *Länder unter einem starken Nordeuro* würden zunächst eine enorme Aufwertung ihrer Währung erfahren. Wenn die Investoren an den Finanzmärkten ihre liquiden Vermögenswerte massiv aus

dem Südeuroraum in den Norden verlagern würden, stünde zu befürchten, dass die Aufwertung weit über das Niveau steigen würde, das der realen Wettbewerbsfähigkeit der Nordeuroländer entspräche. Der Aufwertungsdruck könnte die Volkswirtschaften empfindlich treffen. Nach außen würde die Wettbewerbsfähigkeit nachlassen, nach innen würden Vermögenspreisinflation und Blasenbildung drohen. Der Norden Europas müsste – wie die Südeurozone – mit starken Kapitalverkehrskontrollen reagieren, die wiederum zu größeren Turbulenzen im Finanzsystem führen würden.

Unabhängig von diesen Überlegungen wäre das stärkste Argument gegen eine Aufspaltung der Eurozone, dass Europa damit Handlungsschwäche signalisieren würde. Mehr noch: Gerade jene Werte, die Europa nach außen immer geprägt und attraktiv gemacht haben – Stabilität, Verlässlichkeit und Solidarität – wären fundamental infrage gestellt. Ein Währungsraum, der freiwillig seine Währung aufgibt, anstatt seine eigenen Probleme pragmatisch anzugehen – welche Signale würde ein solcher *Euro-Nihilismus* mit Blick auf die Handlungsfähigkeit für künftige Herausforderungen senden?

Weder eine Spaltung noch eine Auflösung der Eurozone würde auch nur im Mindesten die Anforderungen erfüllen, die ein tragfähiges Geschäftsmodell für Europa auszeichnen würden. Der Konvergenzprozess der Länder Europas wäre aufgehalten, vermutlich sogar umgekehrt. Die *Wachstumsperspektiven* wären auf lange Sicht eingetrübt. Und auch das Ziel, den *Wohlstand* Europas in der langen Frist zu sichern, würde bei einer Auflösung des Währungsraumes verspielt.

Wachstum auf Pump: ebenfalls keine tragfähige Lösung

Ganz anders argumentieren jene, die in Zeiten niedrigen Wachstums auf eine stärkere Rolle des Staates setzen – und große, schuldenfinanzierte Investitionsprogramme der öffentlichen Hand sehen wollen. Der dadurch angeregte Binnenkonsum würde zusätzliche Steuereinnahmen sprudeln lassen und diese Programme zum Selbstläufer machen – soweit die Theorie. Nicht selten wird der *Marshallplan* als Namenspatron für solche Initiativen vereinnahmt.

Sicherlich ist es möglich, mit staatlichen Mehrausgaben die Konjunktur kurzfristig zu stimulieren. Langfristig können derartige Maßnahmen ihre Wirkung jedoch nur dann hinreichend entfalten, wenn sie auf effiziente Märkte und funktionierende Institutionen treffen. Doch wie bereits diskutiert, hakt es in den Euroländern und im europäischen Binnenmarkt in dieser Hinsicht noch auf breiter Linie. In einem solchen Umfeld bleiben die Renditeerwartungen der Unternehmen auch unter staatlichen Konjunkturprogrammen begrenzt. Die erhofften zusätzlichen privaten Investitionen durch Unternehmen als Multiplikatoren staatlicher Programme werden sich so nicht entfalten können. Das Argument, dass die Maßnahmen sich langfristig selbst tragen würden, greift im aktuellen Umfeld also nicht. Nicht zuletzt kann nicht ausgeschlossen werden, dass die Mittel dann nicht den gesamtwirtschaftlich sinnvollsten Vorhaben, sondern den politisch opportunsten Projekten zugewiesen werden. Finanzielle Ressourcen würden so verschwendet und Verteilungskonflikte unnötigerweise geschürt.

Regierungen sollten also von dieser Option Abstand nehmen. Denn auch wenn das niedrige Zinsniveau zuletzt den haushaltspolitischen Spielraum der meisten Länder Europas wieder vergrößert hat, schränkt der Schuldendienst langfristig die Handlungsfähigkeit der Staaten empfindlich ein. Das gilt vor allem in einer alternden Gesellschaft, in der die Schuldenlast pro Erwerbstätigem steigt. Der Anteil der Zinszahlungen an den öffentlichen Ausgaben wächst und verkleinert damit den Spielraum für die Finanzierung von Projekten, die das Wachstum langfristig steigern – wie etwa Bildung, Grundlagenforschung und Infrastruktur. Hohe Defizite und ein hoher Schuldenstand erfordern früher oder später dann auch Steuererhöhungen. In der Folge schränken Verbraucher ihren Konsum ein. Unternehmen halten sich mit Investitionen zurück, bilden Rückstellungen oder verlagern ihre Aktivität ins Ausland. Die Standortattraktivität sinkt.

Schuldenfinanzierte Konjunkturprogramme können deshalb keine Grundlage für ein langfristig tragfähiges europäisches Geschäftsmodell bilden. Nachhaltige *Wachstumschancen* können sich aus den genannten Gründen nicht entfalten. In einem solchen Umfeld hätten europäische Unternehmen nur noch wenig Freiraum, um neue Wertschöpfungsmodelle zu erschließen. Und auch von *Wohlstandssicherung* könnte angesichts hoher Verbindlichkeiten der öffentlichen Hand nicht mehr die Rede sein, da diese letztlich von Haushalten und Unternehmen über höhere Steuern und Abgaben beglichen werden müssten.

Letztlich hemmen Konjunkturprogramme auf Pump so auf lange Sicht nicht nur nachhaltiges Wachstum sondern gefährden den Wohlstand. So zeigt doch die Erfahrung in Griechenland als Paradebeispiel, dass die öffentliche Überschuldung der sicherste Weg ist, die Unabhängigkeit zu verlieren.

Welche Option verbleibt dann?

Europa 5.0: Geschäftsmodell für Wachstum und Wohlstand

Weder die Auflösung der Eurozone noch schuldenfinanzierte Ausgabenprogramme sind für Europa zum gegenwärtigen Zeitpunkt – und noch viel weniger in der langen Frist – hilfreich. Die erste Option würde einer Kapitulation gleichen, die zweite lediglich den

Status quo wahren. Was Europa heute stattdessen braucht, ist vorwärtsgerichteter, nachhaltiger Wandel. Dieser Wandel muss unabhängig von den drei Altlasten machbar sein, die wir im letzten Kapitel beschrieben haben. Mehr noch: Wir müssen Ergebnisse erzielen, die am Ende dafür sorgen, dass die Altlasten nicht mehr so schwer wiegen wie heute.

Was also ist zu tun? Ein vorgezeichnetes Bild der Zukunft entwerfen zu wollen ist wenig dienlich. Wir Europäer begegnen der Zukunft besser nicht mit dem Wunsch, alles im Detail zu planen, sondern allein mit Flexibilität, dem Willen zur Zusammenarbeit und der Bereitschaft zur Anpassung. Große Strategien mögen zum Entwurfszeitpunkt noch so gut durchdacht sein – sie bleiben ein statisches Konstrukt. Weil die Welt sich aber weiterdreht, sind gerade die ausgefeiltesten Pläne oft bereits nach kurzer Zeit überholt.

Deshalb muss eine glaubwürdige Strategie dem Anspruch genügen, sowohl dynamisch anpassungsfähig als auch langfristig robust zu sein. Erfolgreich und langfristig robust waren schon frühere Muster der Koordinierung und Zusammenarbeit in Europa. Wir haben die bisherigen Stufen der europäischen Integration in der Einleitung dieses Buchs diskutiert: *Europa 1.0*, das Friedensprojekt, *Europa 2.0*, die wirtschaftliche Integration, und *Europa 3.0*, die Erweiterung. Die vierte Stufe der europäischen Integration, *Europa 4.0*, die gemeinsame Währung, mag nicht so ganz in diese Erfolgsreihe passen, leidet sie doch unter einem entscheidenden Geburtsfehler: dem Fehlen einer gemeinsamen Finanz- und Wirtschaftspolitik. Ein nächster großer Integrationsschritt sollte die logische Antwort auf die Krise von heute sein. Im aktuellen Umfeld ist dies aber kaum umsetzbar. Zu gering ist der Wille vieler Länder, ihre Souveränität weiter einzuschränken, und zu gering die Schnittmenge gemeinsamer Präferenzen und Interessen. Jeder Versuch einer weitergehenden politischen Integration durch eine umfassende Änderung der europäischen Verträge dürfte derzeit immer nur auf den kleinsten gemeinsamen Nenner hinauslaufen – der große Wurf zur Lösung der multiplen Konflikte in Europa ist so nicht in Sicht.

Das bedeutet jedoch nicht, dass alles im Stillstand verharren muss. Bevor wir jedoch weitere Schritte der institutionellen Integration überhaupt erst in Betracht ziehen können, müssen wir über ein gemeinsames *Geschäftsmodell* nachdenken, das es uns erlaubt, die Blockaden von heute zu überwinden und langfristig Wachstum und Wohlstand zu schaffen. *Europa 5.0,* die nächste Stufe europäischer Integration, muss dafür neue Wege gehen. Kühne Pläne allein reichen hierfür nicht aus, denn Reformpolitik findet nicht im luftleeren Raum statt. Damit sie umgesetzt werden kann, muss sie in erster Linie mehrheitsfähig sein. Dies gelingt, wenn sie Perspektiven auf materielle Erfolge liefert. Hierzu ist die wirtschaftliche und gesellschaftliche Teilhabe der beste Schlüssel. Ein langfristig tragfähiges Geschäftsmodell Europas muss daher den individuellen und gesamtgesellschaftlichen Wohlstand der Bürger ganz besonders stark im Blick haben – auf dass die Zuversicht in die Kraft und den gemeinsamen Erfolg der Europäischen Union wiederbelebt wird.

Damit unterscheidet sich *Europa 5.0,* unser Vorschlag für ein langfristig tragfähiges Geschäftsmodell für Europa, deutlich von früheren Ansätzen europäischer Integration. Um seine Erfolgsversprechen einzulösen, braucht Europa nämlich vorerst keine neuen Verträge. Wir brauchen allein den gemeinsamen Handlungswillen, den vorhandenen Handlungsspielraum des bestehenden europäischen Vertragswerks besser auszuschöpfen, um die Versprechen von Wachstum und Wohlstand mit den Bordmitteln von heute neu zu beleben.

Wie können wir das erreichen?

Drei Bausteine: Europa als Erfolgspartnerschaft wiederbeleben

Ein Geschäftsmodell für Europa sollte dreierlei Punkte gewährleisten, wenn es Aussicht auf Erfolg haben will.

- *Glaubwürdige wirtschaftspolitische Rahmenbedingungen* für *Wachstum* und *Vollbeschäftigung* stärken die Akzeptanz für den Wandel und bereiten damit weiteren Reformen den Boden.
- *Langfristig wettbewerbsfähige Unternehmen* können diese Rahmenbedingungen zu ihrem Vorteil nutzen. Sie können flexibel auf Veränderungen reagieren und im Gemeinsamen Markt Europas grenzüberschreitend von Zusammenschlüssen und Kooperationen mit ihren Wettbewerbern profitieren.
- *Perspektiven auf Vermögensbildung und -sicherung in einer alternden Gesellschaft* stärken Konsens und Zusammenhalt in der Bevölkerung und können das Geschäftsmodell so langfristig mehrheitsfähig halten.

Diese drei Punkte finden sich in drei Bausteinen wieder, die das Geschäftsmodell *Europa 5.0* im Folgenden skizziert. Der Ansatz integriert darin Politik, Unternehmen und Bürger als handelnde Akteure. Erstere setzen den Rahmen, letztere füllen ihn aus. Den Rahmen zu setzen heißt, mit einer gezielten Verbesserung der gesamtwirtschaftlichen Rahmenbedingungen Wachstumshemmnisse zu beseitigen, Kooperationsmöglichkeiten auszubauen und Perspektiven der finanzielle Teilhabe und Absicherung zu verbessern. Den Rahmen auszufüllen bedeutet, Chancen proaktiv zu erkennen und Potenziale offensiv zu nutzen.

Perspektiven auf Wachstum und Vollbeschäftigung

Stabile Mehrheiten für eine Reformagenda entstehen dann, wenn *Wachstumsperspektiven* greifbar sind, also vor allem dann, wenn deren Vorteile sich über die Arbeitsmärkte für breite Bevölkerungsschichten bemerkbar machen.

Allein – wie entsteht Wachstum? Einige grundsätzliche Überlegungen fernab der Schlagwörter der öffentlichen Debatte können hierzu zunächst hilfreich sein. Gesamtwirtschaftliches Wachstum ist langfristig stets das Ergebnis eines immer intensiveren und effizienteren Einsatzes der *Produktionsfaktoren.* Volkswirte unterscheiden dabei in erster Linie zwischen *Arbeit* (also dem, was Menschen leisten), *Kapital* (das, was Finanzmittel bewegen und Maschinen verrichten), *Technologie* (Wissen, wie man Arbeit und Kapital besser einsetzt) und *Institutionen* (z.B. politische, administrative und regulatorische Rahmenbedingungen). In dieser vereinfachten Welt kann gesamtwirtschaftliches Wachstum über zwei Effekte entstehen.

- *Statische Wachstumseffekte* entstehen, wenn Produktionsfaktoren intensiver genutzt werden. Zum Beispiel beim Faktor Arbeit: Wir erhöhen die Zahl der aggregierten Arbeitsstunden etwa mit einer Öffnung der Arbeitsmärkte, mit mehr Zuwanderung oder einer Verlängerung der Lebensarbeitszeit. Statische Wachstumseffekte durch den Produktionsfaktor Kapital erzielen wir, indem wir Ersparnisse für Investitionen in den Aufbau des Kapitalstocks nutzen, also etwa unsere Maschinenparks erweitern. Der höhere Faktoreinsatz steigert die gesamtwirtschaftliche Leistungsfähigkeit und führt zu einem höheren *Produktionsniveau.* Um jedoch langfristige Wachstumseffekte zu erzielen, ist mehr nötig als nur der intensivere Einsatz von Ressourcen.
- *Dynamische Wachstumseffekte* sind davon zu unterscheiden. Sie entstehen vor allem dann, wenn Produktionsfaktoren effizienter eingesetzt werden. Unternehmen bilden ihre Mitarbeiter fort, modernisieren ihren Kapitalstock oder investieren in Forschung und Entwicklung. Technischer Fortschritt macht Maschinen schneller und fehlerärmer – und damit ebenfalls produktiver. Das *Produktivitätswachstum* steigt. Dabei kann der Staat helfen: Mit Privatisierung und Wettbewerb in ausgewählten Märkten können neue, produktivere Unternehmen in Märkte eintreten. Sie verdrängen unproduktive Konkurrenten oder veranlassen sie dazu, modernere Technologien zu verwenden, um weiter bestehen zu können.

Schaffen wir Bedingungen für statisches und dynamisches Wachstum, produzieren Unternehmen mehr. Ihre Nachfrage nach Arbeit steigt, die Arbeitslosenzahlen sinken, *Vollbeschäftigung* kann folgen und Löhne steigen. Breite Teile der Bevölkerung können am höheren Wachstum partizipieren.

Freilich decken diese Überlegungen nur die *Angebotsseite* einer Volkswirtschaft ab – die *Nachfrageseite* betrachten sie nicht. In Europa stellt sich jedoch die drängende Frage, woher zusätzliche Nachfrage kommen könnte. Angesichts von weit über 20 Millionen Arbeitslosen braucht es vor allem Arbeitsplätze, um neue Perspektiven auf wirtschaftliche Teilhabe und Vermögensbildung zu öffnen. Solange diese aber nicht in Sicht sind, sind größere zusätzliche Nachfrageimpulse vonseiten der Verbraucher nicht zu erwarten. Auch die meisten Regierungen Europas müssen sich angesichts engerer Budgets mit ihren Ausgaben zurückhalten. Mit soliden Wachstumsaussichten, dem aktuell niedrigen Zinsniveau und einer vergleichsweise günstigen Finanzlage könnte Deutschland es sich zwar erlauben, seine Ausgaben zu steigern, doch es ist fraglich, ob eine starke öffentliche Ausgabenpolitik tatsächlich positiv auf andere Länder abstrahlen könnte. Auch die Demografie als strukturelle Quelle höheren Wachstums fällt in Europa langfristig aus. Denn eine alternde Gesellschaft neigt trotz des vorhandenen Wohlstands eher zu fallenden Konsumausgaben. Dies unterscheidet unseren Kontinent von den Vereinigten Staaten, die von einer konstanten Zuwanderung qualifizierter Arbeitskräfte profitieren und traditionell infolge hoher schuldenfinanzierter Konsumquoten über eine stärkere Nachfragebasis verfügen. Aus dem Inneren des *alten Kontinents* sind substanzielle Nachfrageimpulse als Quelle neuen Wachstums also kaum zu erwarten, insbesondere solange die Arbeitslosigkeit auf ihrem derzeitigen Niveau verharrt.

Woher kommen die notwendigen Impulse dann?

Erstens: Stärkere Exportorientierung schafft
dauerhaftes Wachstum in Europa

Bereits im letzten Kapitel haben wir gesehen, dass sich in Europa drei dominante Wachstumsmodelle herausgebildet haben – das kreditfinanzierte Modell der Krisenstaaten im Süden Europas, das konsumorientierte Modell Frankreichs, Italiens und Belgiens und das exportorientierte Wachstumsmodell Deutschlands, Luxemburgs, der Niederlande und Österreichs. Mit Blick auf die Zukunft ist davon das exportorientierte Wachstumsmodell erfolgversprechender. Der Grund dafür liegt primär in unserer Demografie. Eine hohe Bevölkerungsdynamik ist ein wichtiger Wachstumstreiber: Junge Menschen haben ihr Leben noch vor sich – die Kosten des Wandels sind für sie noch niedrig. Für sie lohnt es sich besonders, zu lernen und sich zu verändern. Sie investieren in ihre Zukunft – in Bildung, Konsumgüter und schließlich in das Eigenheim. In alternden Gesellschaften lässt diese Dynamik indes nach. Ihr mangelt es an jungen, kreativen Köpfen, an Menschen, die sich ihr Leben erst noch aufbauen und mit einer lebhaften Nachfrage das Binnenwachstum stimulieren. Zugleich belasten die steigenden Kosten der Alterssicherungs- und Gesundheitssysteme Arbeitnehmer und Unternehmen. Steigende Sozialabgaben drücken auf die Löhne und bedrohen so den individuellen und gesellschaftlichen Wohlstand.

Alternde Volkswirtschaften müssen ihr Wachstum daher langfristig aus jenen Ländern und Märkten importieren, die eine bessere Demografie aufweisen. Voraussetzung für den Erfolg auf den Weltmärkten ist, dass Volkswirtschaften insgesamt produktiver und effizienter werden, ihre Produkte also besser und günstiger als ihre Wettbewerber auf den Weltmärkten anbieten können. Dies gelingt, wenn sie

- ihren *Kapitalstock* mit Investitionen erweitern und modernisieren,
- es Unternehmen ermöglichen, den *Faktor Arbeit* effizienter einzusetzen – etwa durch flexiblere Arbeitsmärkte und mit einem

gut ausgebildeten Arbeitnehmerpotenzial, das sich in alternden Gesellschaften vor allem auch aus lebenslangem Lernen schöpft.

Beides ist vor allem unter einer *modernen und verlässlichen Wirtschaftspolitik* möglich, die ein Umfeld schafft, in dem Unternehmen besonders gut wirken können.

Eine hohe Exportorientierung führt in der Regel zu Leistungsbilanzüberschüssen. Eine Verurteilung exportstarker Länder, wie sie innerhalb Europas nicht selten zu vernehmen ist, ist jedoch angesichts des demografischen Wandels nicht angebracht. Sie mutet geradezu vermessen an. Denn gerade alternde Gesellschaften können nachhaltig davon profitieren, wenn sie ihre Leistungsbilanzüberschüsse in Investitionsprojekten anlegen. Diese müssen sich nicht auf Europa beschränken, sondern bieten auch in Schwellen- und Entwicklungsländern hohe Renditepotenziale. Diese Renditen sind es, die den alternden Kontinent Europa künftig unterstützen können, wenn der demografische Wandel ab 2020 deutlich spürbar wird. Die Hinwendung zu exportorientierten Wachstumsmodellen in Europa ist daher nicht einer ideologischen Debatte zwischen Nord und Süd, sondern allein der wirtschaftlichen Notwendigkeit geschuldet, einer alternden Gesellschaft langfristig verlässliche Wachstumsperspektiven zum Erhalt eines angemessenen Lebensstandards zu geben. Wettbewerbsfähigkeit, die die Vorbedingung für Exporterfolge ist, ist dann kein Nullsummenspiel zwischen den Euroländern, sondern eine notwendige Bedingung für nachhaltigen Wohlstand für ganz Europa.

Nicht nur die Eurozone, sondern ganz Europa muss daher alles tun, um Unternehmen ein fruchtbares Umfeld für die Chance auf weltweiten Erfolg zu bieten. Nur dann kann Europa vom Kapital und von der Dynamik globaler Wachstumszentren profitieren. Voraussetzung hierfür sind wirtschaftspolitische Rahmenbedingungen, unter denen Unternehmen in ihren Kapitalstock und ihre Arbeitskräfte investieren, weil es sich für sie langfristig lohnt. Ihre Wettbewerbsfähigkeit steigt und erlaubt die Expansion auf den globalen Märkten. Gelingt es Europa, exportfördernde Wirtschaftsstrukturen zu stärken, wird es leichter fallen, einen Teil der weltweiten Wachstumsdynamik zu importieren. Frische Nachfrageimpulse regen die Produktion an. Neue qualifizierte Arbeitsplätze entstehen. In einem gemeinsamen europäischen Arbeitsmarkt, in dem Menschen immer mobiler werden, profitieren selbst jene Arbeitskräfte aus Ländern, die aus einer schwächeren Ausgangslage starten und zunächst noch stärkere Anstrengungen unternehmen müssen, um ihre Wirtschaftsstrukturen anzupassen.

Gleichwohl: Trotz des positiven Trendwachstums in den *Emerging Markets* haben wir gesehen, dass die dortigen Entwicklungen durchaus volatil und von einer hohen Unsicherheit geprägt sind. Wir müssen sie deshalb insgesamt sehr viel differenzierter betrachten als in den vergangenen Jahren geschehen. Sich allein auf den Export zu fokussieren, wäre daher zu kurz gedacht. Allerdings gilt: Ein exportorientiertes Wachstumsmodell, das seine Stärke auf den Weltmärkten nicht nur aus seiner Preiswettbewerbsfähigkeit zieht, sondern das auf einem modernen Kapitalstock und qualifizierten Arbeitskräftepotenzial fußt, sorgt nicht allein für Erfolge der exportorientierten Branchen und Unternehmen. Es ist in sich fundamental solide, da passende wirtschaftspolitische Rahmenbedingungen letztlich auch die Binnenwirtschaft stärken, die mit wettbewerbsfähigen Unternehmen und guten Arbeitsplätzen Wachstum und Wohlstand auch zu Hause sichert. Langfristig wäre die strukturelle Wachstumsschwäche Europas – die erste Altlast der Eurokrise – so überwindbar.

Die Einzelheiten und Voraussetzungen stärker exportfördernder Wirtschaftsstrukturen für Europa werden wir in Kapitel 4 erläutern. Dies ist der erste Baustein unseres Geschäftsmodells.

Zweitens: Unternehmen müssen ihre Kräfte im gemeinsamen Markt bündeln

Mit den passenden Rahmenbedingungen ist es freilich nicht getan. Vielmehr muss das exportorientierte Geschäftsmodell aktiv betrieben und ausgefüllt werden. Dies wird nicht nur von einem modernen Kapitalstock abhängen, sondern auch und vor allem von organisatorischen Ideen und strategischen Fähigkeiten. Eine zentrale Rolle spielen dabei die Unternehmen. Mit ihrer Neugier, ihren Investitionen und ihren Innovationen gestalten sie die Zukunft des Wirtschaftsstandorts. Damit das gelingt, müssen sie langfristig wettbewerbsfähig sein, um im globalen Wettbewerb zukünftig nicht zurückzufallen. Starke, wettbewerbsfähige Unternehmen sind immer noch das wirksamste Mittel, um Wohlstand für die breite Bevölkerung zu erreichen – denn ihren Lebensunterhalt verdient die Mehrheit mit der eigenen Arbeit, und nicht mit Kapitaleinkünften. Aber nur wenn Unternehmen in Europa Anschluss an das globale Wachstum gewinnen, haben sie überhaupt die Chance, ihre Mitarbeiter am Erfolg teilhaben zu lassen.

Die gute Nachricht: Die Ausgangslage ist für Europas Unternehmen günstig. Der gemeinsame europäische Markt bietet mit seinen vier Marktfreiheiten für Waren, Dienstleistungen, Kapital und Personen zahlreiche Gestaltungsmöglichkeiten und vielfältige Formen der Zusammenarbeit. Diese müssen die Unternehmen gerade in Zeiten der digitalen Umwälzung nutzen.

Die Digitalisierung verändert Geschäftsmodelle nämlich radikal und lässt neue Wertschöpfungsnetzwerke entstehen – zugleich besitzt sie noch eine weitere, fundamentale Dimension: Sie wandelt den Wettbewerb und erhöht den internationalen Konkurrenzdruck durch sinkende Eintrittsbarrieren in neue Branchen und Märkte. Die klassische Idee eines wettbewerblichen Umfelds mit vielen kleinen Unternehmen verliert damit zunehmend an Bedeutung, denn die Konkurrenz globaler Konzerne ist für diese einfach zu stark. In diesem neuen Umfeld geraten Europas nationale Unternehmen in

Schwierigkeiten, sich zu behaupten. Daraus folgt, dass die europäische Unternehmenswelt kollektive Stärke entwickeln muss, wenn sie nicht den Anschluss an das dynamische globale Geschäftsumfeld verlieren und langfristig wettbewerbsfähig bleiben will. Dies können sie dann, wenn sie nationale Denkweisen ablegen und den europäischen Markt als Fundament ihrer strategischen Ausrichtung begreifen. Gemeinsame Strategien – sei es in Form von Zusammenschlüssen oder Kooperationen – generieren Effizienzgewinne, die im globalen Wettbewerb entscheidende Vorteile bringen. Gemeinsam finanzierte Investitionsprojekte und grenzüberschreitender Austausch der Wissens- und Technologievielfalt Europas bilden neue Schnittstellen sowohl innerhalb der Unternehmenswelt als auch mit der angewandten Wissenschaft und liefern neue Innovationsimpulse. Erkennen Europas Unternehmen die Notwendigkeit zur Zusammenarbeit und nehmen gemeinsame Chancen wahr, können sie ihre Wettbewerbsfähigkeit steigern und im weltweiten Konkurrenzkampf gegen internationale Konzerne bestehen.

Ein solches konstruktives Miteinander verspricht im Zeitalter der Digitalisierung vor allem dann weltweiten Erfolg, wenn sich europäische Unternehmen darauf fokussieren, neue Technologien in jenen Feldern zu integrieren und weiterzuentwickeln, in denen ihre traditionellen Stärken liegen. Nur wenn Europas Unternehmen sich auf die eigenen Stärken besinnen, ihre Kräfte bündeln und über Ländergrenzen hinweg zusammenarbeiten, können sie sich auf ihrem Heimatmarkt behaupten und zugleich die notwendige globale Gravitation aufbauen, um auf den Weltmärkten künftig dauerhaft eine wichtige Rolle zu spielen. Aus dieser kollektiven Zusammenarbeit entsteht dann ein reger und grenzenloser Austausch von Gedanken, Ideen und *Best Practices*. Nutzen Europas Unternehmen das Zusammenspiel dieser Faktoren, gewinnen sie langfristig an Wettbewerbsfähigkeit, mit der sie im weltweiten Wettstreit punkten können.

Unternehmen werden so selbst zu den zentralen Akteuren, Mitgestaltern und Botschaftern struktureller Veränderungen. Sie stehen gleichzeitig in der Verantwortung, die Möglichkeiten, die Europa ihnen bietet, auszuschöpfen und zu gestalten, damit das europäische Geschäftsmodell dynamisch bleibt und Wachstum und Wohlstand dauerhaft Bestand haben. Die zweite Altlast der Eurokrise – die drohende Fragmentierung des gemeinsamen Marktes – ließe sich so umkehren, und das Vertrauen in die europäische Wirtschaftsintegration könnte endlich wiederhergestellt werden. Wir werden darauf in Kapitel 5 näher eingehen. Dies ist der zweite Baustein unseres Geschäftsmodells für Europa.

Was fehlt?

Drittens: Privaten Vermögensaufbau über die Kapitalmärkte stärken

Die ersten beiden Ziele unseres Geschäftsmodells werden den Gesellschaften Europas viel abverlangen. Der strukturelle Wandel hin zu einem exportorientierten, wettbewerbsfähigen und wettbewerbswilligen Wirtschaftsraum ist zu schaffen – doch er wird im Übergang mit einigen Kosten und Anstrengungen verbunden sein. Umso wichtiger ist es, dass letztlich die breite Bevölkerung von ihm profitiert und ihre Zukunft gesichert sieht. Deshalb brauchen wir, um den Zusammenhalt der Gesellschaft langfristig zu gewährleisten, greifbare Perspektiven auf wirtschaftliche Teilhabe durch gute Arbeitsplätze und individuelle Vermögensbildung.

Im aktuellen Umfeld sind die Möglichkeiten der Teilhabe durch Vermögensbildung für breite Schichten nicht immer gegeben. Die aktuelle Geldpolitik der EZB und anderer Zentralbanken befeuert zwar die Vermögenspreise. Doch die breite Bevölkerung sieht von diesen Zugewinnen nur wenig bis gar nichts. Dies liegt vor allem auch daran, dass Ersparnisse noch immer gerne auf Bankkonten geparkt werden – obgleich Sparguthaben im aktuellen Niedrigzinsumfeld nur äußerst geringe Verzinsungen erfahren. An den Aktien- und Immobilienmärkten, die höhere Renditen abwerfen, ist die breite Bevölkerung hingegen vergleichsweise wenig beteiligt. In der Folge entwickeln sich die Vermögen zunehmend ungleicher. All dies dürfte mittelfristig zu größeren Spannungen führen. Debatten über die Umverteilung von Vermögen sind jedoch wenig gewinnbringend. Stattdessen bedarf es konstruktiver Ideen, wie man breite Teile der Bevölkerung an der Kapitalproduktivität teilhaben lassen kann – damit auch im aktuellen Umfeld wirtschaftliche Teilhabe nicht nur über den Arbeitsmarkt, sondern auch über private Vorsorge und Kapitalmärkte möglich ist.

Wie können wir das erreichen? Der Baustein der Strategie, der hier eine Lösung verspricht, ist die Förderung privater Vermögensbildung als elementares Mittel zur persönlichen Vorsorge. Gerade das Feld der betrieblichen Altersversorgung bietet großes Potenzial, Arbeitnehmer dabei zu unterstützen, Vermögen aufzubauen. Und andersherum gilt: Das für Unternehmensfinanzierungen notwendige Kapital ist im Privatsektor reichlich vorhanden. Auf knapp 34 Billionen Euro beläuft sich schätzungsweise das Privatvermögen aller Haushalte in der Eurozone. Finanzielle Mittel dürften dabei rund 6,3 Billionen Euro ausmachen.[19] Ebendieses Kapital müssen wir aktivieren.

Dafür bedarf es effizienter Wege, das (Vorsorge-)Kapital für die Finanzierung von Unternehmensinvestitionen zu nutzen, damit Vorsorgesparer von höheren Renditen und Unternehmen von besseren Finanzierungsmöglichkeiten profitieren können. Mit einer solchen gezielten Kanalisierung ließe sich beispielsweise auch die private Finanzierung von Infrastrukturprojekten verbessern. Besonders vielversprechend ist die Aussicht für solche Investitionen grenzübergreifend im gemeinsamen europäischen Markt – nicht zuletzt, weil dies auch eine breite Risikostreuung bei den Anlagezielen ermöglichen würde. In einigen Ländern Europas gibt es bereits erfolgreiche Modelle, die es ermöglichen, die staatlich geregelte Altersvorsorge mit betrieblicher und privater Vorsorgeleistung sinnvoll und vor allen Dingen sicher zu ergänzen. Länder wie die Niederlande zeigen, wie sich in eine starke, exportorientierte Volkswirtschaft ein nachhaltig robustes Altersvorsorgeschema integrieren lässt, das breiten Teilen der Bevölkerung zugutekommt.

Freilich müssen derartige Schritte regulatorisch vorbereitet und begleitet werden. Ein Blick auf die letzten Jahre zeigt jedoch, dass

Projekte der Finanzmarktregulierung – wie etwa die *Europäische Bankenunion* – von großem Erfolg gekrönt sein können, wenn der politische Wille für ein konstruktives Regelwerk vorhanden war. Einen ähnlichen Erfolg gilt es nun bei der Konstruktion einer *Europäischen Kapitalmarktunion* zu wiederholen. Neue Wege, privates Kapital und Investitionsmöglichkeiten zusammenzubringen, würden den Vermögensaufbau für weite Teile der Gesellschaft erleichtern – und zugleich einen konstruktiven Ausweg aus der aktuellen Niedrigzinsfalle vorzeichnen. Gelingt diese nachhaltige Erfolgspartnerschaft zwischen Arbeitnehmern und ihren exportorientierten Unternehmen, dann kann auch der Zusammenhalt der Gesellschaft wieder wachsen. Dieser dritte Baustein ist somit der Erfolgsgarant für das gemeinsame Geschäftsmodell – und entschärft zugleich auch die dritte Altlast der Eurokrise: die mangelnde Fähigkeit breiter Gesellschaftsteile, in der aktuellen Niedrigzinsphase ihr Vermögen zu mehren.

Auf diesen letzten Baustein unseres Geschäftsmodells für Europa kommen wir in Kapitel 6 zurück.

Europa 5.0 schafft neue Dynamik

Europa 5.0 ist unser Beitrag für einen neuen Integrationsschub in Europa. Ausgehend von unseren Erkenntnissen aus dem letzten Kapitel haben wir drei Bausteine entwickelt, die zentrale Elemente unseres Geschäftsmodells für Europa sind. Sie schaffen Perspektiven auf eine vorteilhafte Gestaltung des Wandels für mehr Wachstum und Wohlstand – und sind damit das beste Mittel gegen Zukunftsängste, aus denen populistische Kräfte in diesen Tagen ihre Stärke ziehen. Mit ihnen können breite Koalitionen für einen wirklichen Wandel nachhaltig geschaffen werden.

In den nächsten drei Kapiteln wollen wir diese drei Bausteine näher diskutieren.

IV

INVESTITIONEN, JOBS UND WACHSTUM MIT EXPORTORIENTIERTEM WACHSTUMSMODELL SICHERN

- Die Volkswirtschaften Europas müssen an Wettbewerbsfähigkeit gewinnen, um über Erfolge auf den Exportmärkten stärker an
  der globalen Wachstumsdynamik teilhaben zu können. Zusätzliche *Nachfrage* nach europäischen Produkten und Dienstleistungen wird von den Weltmärkten nur kommen, wenn diese auf ein
  attraktives *Angebot* trifft. Doch gerade auf der Angebotsseite sind
  europäische Unternehmen und Volkswirtschaften in vielen Bereichen schlecht aufgestellt. Produktivität und Wettbewerbsfähigkeit
  bleiben seit Jahren unter ihrem Potenzial. Der *Kapitalstock* der Unternehmen Europas ist von jahrelangen Unterinvestitionen gekennzeichnet, die sich seit dem Ausbruch der Wirtschafts- und Finanzkrise erneut verschärft haben. Auch das *Arbeitskräftepotenzial*
  unseres Kontinents wird nicht vollständig genutzt. Handlungsbedarf besteht daher auf drei Feldern, die besonders stark auf das
  Konto der globalen Wettbewerbsfähigkeit einzahlen. Langfristige
  Reformperspektiven schaffen Rückhalt für Investitionen, stärken
  das exportorientierte Wachstumsmodell und ziehen letztlich ausländische Direktinvestitionen an.
- **Erstes Handlungsfeld: Moderner Kapitalstock.** Bessere Bedingungen für Innovationen und Investitionen können den Kapitalstock
  unserer Volkswirtschaften nachhaltig modernisieren und Unternehmen wettbewerbsfähiger werden lassen. Hierzu gehören vor

allem öffentliche Investitionen in die grenzüberschreitende Infrastruktur, die digitale Infrastruktur und die Wissensinfrastruktur.

- **Zweites Handlungsfeld: Arbeitskräftepotenzial nutzen.** Neue Dynamik an den Arbeitsmärkten kann Unternehmen helfen, Arbeitskräfte besser einzusetzen und neue Arbeitsplätze zu schaffen. Besonders wichtig ist es, Arbeitsmärkte zu öffnen, um sie durchlässiger für Arbeitssuchende zu gestalten. Dies erfordert zugleich, Arbeitssuchende durch Bildungsoffensiven und Anreize zu qualifizieren und zu aktivieren. Zuletzt müssen Arbeitskräfte noch stärker europaweit mobilisiert werden, um die europäischen Arbeitsmärkte effizienter und stabiler zu machen.

- **Drittes Handlungsfeld: Förderung des Außenhandels.** Dies umfasst im Besonderen eine koordinierte Exportstrategie, ein aktives Engagement der Politik für internationalen Freihandel und Investitionsschutz sowie eine dazu komplementäre Währungspolitik. In Verbindung mit neuer innerer Wettbewerbsfähigkeit und Stärke können wir Europäer besseren Anschluss an die Weltmärkte gewinnen, um Wachstum und Wohlstand langfristig zu sichern.

- **Bleibt die Frage: Was braucht es, damit diese Strukturreformen auch umgesetzt werden?** Auf Ebene der EU gibt es eine Mehrheit für einen solch reformpolitischen Kurs, auf Ebene der Nationalstaaten jedoch nicht immer. Letztere haben aber in vielen der relevanten Bereiche die Entscheidungskompetenz. Ein Blick in die Reformgeschichte Europas zeigt zwar, dass Reformen letztlich oft umsetzbar waren. Dort, wo jedoch politischer Wille, Führungsstärke oder Konsens der Sozialpartner fehlen, können stattdessen Reformverträge wirksame Anreizstrukturen schaffen, damit souveräne Regierungen im Eigeninteresse Reformen für Wachstum und Wohlstand tragen.

Warum Exportorientierung? Ein wichtiger Grund ist die ungünstige Demografie unseres Kontinents. Die gesellschaftliche Alterung dürfte die Wachstumsaussichten Europas auf Dauer belasten. Denn mit nachlassender Bevölkerungsdynamik kann eine dauerhaft höhere Nachfrage nicht allein vom *Binnenkonsum* kommen – die Konsumentenzahl sinkt und damit auch die Nachfrage nach neuen Gütern. Verstärkt wird die Nachfrageschwäche auch, weil die soziale Aufwärtsmobilität in Europa angesichts der Alterung der Bevölkerung nachlässt. Wo die Aussichten auf sozialen Aufstieg gering sind, neigen Verbraucher dazu, sich mit Neuanschaffungen zurückzuhalten. In diesem Umfeld wiederum kann der Appetit von Unternehmen auf Investitionen kaum steigen. Eine dauerhaft höhere Nachfrage muss deshalb vor allem auch von außen, aus den Wachstumsregionen der Welt kommen, denn dort findet sich im Vergleich zu den westlichen Ländern langfristig eine höhere Bevölkerungs- und Wachstumsdynamik.

Der internationale Handel auf den Weltmärkten ermöglicht es den Ländern, ihre Ressourcen auf die Wirtschaftszweige zu verwenden, in denen sie besonders wettbewerbsfähig sind. Für das rohstoffarme Europa sind das vor allem hochverarbeitete Industriegüter und wissensintensive Dienstleistungen. Globale Märkte verheißen hier eine größere Nachfrage, bessere Absatzmöglichkeiten – und nicht zuletzt dauerhafte und schnelle Impulse, die Rückmeldung geben, wo strukturelle Schwächen liegen und Europas Unternehmen sich weiter verbessern müssen.

Allerdings: Zusätzliche *Nachfrage* nach europäischen Produkten und Dienstleistungen wird von den Weltmärkten nur kommen, wenn diese auf ein attraktives *Angebot* trifft. Doch gerade auf der Angebotsseite haben europäische Unternehmen und Volkswirtschaften in einigen Bereichen Schwächen. Produktivität und Wettbewerbsfähigkeit bleiben seit Jahren unter ihrem Potenzial, auch weil Unternehmen zu wenig investieren. Die notwendigen Impulse können öffentliche Investitionsprogramme allein auf Dauer nicht liefern, vor allem nicht, wenn diese schuldenfinanziert sind und letzten Endes künftige Generationen belasten, die ohnehin unter der Last des demografischen Wandels schwer zu tragen haben. Öffentliche Investitionen können stattdessen nur dann nachhaltig die Produktivität einer Volkswirtschaft steigern, wenn sie in einem wirtschaftspolitischen Rahmen getätigt werden, in dem sie komplementär und verstärkend zu privaten Investitionen der Unternehmen wirken können.

Aus all dem folgt, dass die Volkswirtschaften Europas an Wettbewerbsfähigkeit gewinnen müssen, wenn sie über Erfolge auf den Exportmärkten wieder stärker an der globalen Wachstumsdynamik teilhaben möchten. Wettbewerbsfähig ist eine Volkswirtschaft dann, wenn sie über Innovationen steigende Einkommen bei hohem Beschäftigungsstand erreichen und ihre Produkte erfolgreich am Weltmarkt absetzen kann.

Wie wir globale Wachstumsdynamik nach Europa holen

Für ein exportorientiertes Wachstumsmodell muss Europa das Rad nicht neu erfinden. Vielmehr präsentieren wir im Folgenden verschiedene Fallstudien aus den Mitgliedstaaten, die als *Best Practices* zeigen, welche Rezepte zum Erfolg führen können. Wir diskutieren insbesondere solche wirtschaftspolitischen Maßnahmen, die notwendig sind, um ein Umfeld zu schaffen, in dem Unternehmen aus eigenem Antrieb investieren wollen. Denn ein Blick auf die derzeitige Lage der Volkswirtschaften unseres Kontinents zeigt, dass der Handlungsbedarf groß ist.

Der *Kapitalstock* Europas ist von jahrelangen Unterinvestitionen gekennzeichnet, die sich seit dem Ausbruch der Wirtschafts- und Finanzkrise erneut verschärft haben. Als *Kapitalstock* oder auch *Bruttoanlagevermögen* wird der Neuanschaffungswert aller produktiv verwendeten Vermögensgegenstände einer Volkswirtschaft bezeichnet, ohne dabei Abschreibungen zu berücksichtigen. In der gesamten Europäischen Union ist der Wert des Kapitalstocks seit 2008 um gut 14 Prozent von ca. 2,6 auf 2,3 Billionen Euro gesunken – in der Eurozone von ca. 2 Billionen auf 1,7 Billionen Euro.[20] Natürlich finden seit einigen Jahren mit dem dringend notwendigen öffentlichen Schuldenabbau und den strukturellen Veränderungen zeitintensive Prozesse innerhalb der Unternehmen Europas statt, die in Verbindung mit der vorherrschenden Unsicherheit den Investitionsdrang der privaten Unternehmen dämpfen. Doch auch schon vor der Krise war die EU geprägt von einer unterdurchschnittlichen Investitionsintensität. So investierten die EU-Mitgliedstaaten zwischen 1999 und 2007 durchschnittlich rund 7 Prozent des Wertes ihres Kapitalstocks in dessen Erhalt. Das waren jährlich 1,5 bis 2 Prozentpunkte weniger als in den übrigen Ländern der OECD – kumuliert über neun Jahre entspricht dies insgesamt 16,5 Prozentpunkten oder umgerechnet 6,2 Billionen Euro.[21] Der reale Kapitalstock in Deutschland wuchs in diesem Zeitraum jahresdurchschnittlich nur um 1,3 Prozent, in Italien um 2 Prozent und in Frankreich um 2,4 Prozent. In den USA hingegen betrug der jährliche durchschnittliche Zuwachs 3,2 Prozent. Allein Irland und Spanien zeichneten sich in diesen Jahren durch ein höheres Wachstum des Kapitalstocks aus – der hohe Zuwachs in diesen Ländern dürfte jedoch durch die Immobilienblasen bedingt sein.[22] Letztlich kann diese anhaltende Investitionsschwäche nicht allein mit dem Übergang europäischer Volkswirtschaften zu Dienstleistungsgesellschaften erklärt werden. In Zeiten rekordtiefer Zinsen können die Ursachen der geringen Investitionstätigkeit der Unternehmen ebenso wenig nur in mangelnden Finanzierungsmöglichkeiten liegen. Vielmehr wirtschaften viele Unternehmen unter wirtschaftspolitischen und regulatorischen Rahmenbedingungen, die ihnen keine klaren Investitionsanreize setzen. Wenn der Kapitalstock jedoch vernachlässigt wird, verschlechtern sich dauerhaft die Chancen, Produktionsprozesse an den neuesten Stand der Technik anzupassen. Unterinvestitionen im Kapitalstock schränken so langfristig die Produktionsmöglichkeiten und Leistungsfähigkeit der Unternehmen ein. Wachstumspotenziale werden verschenkt – auch und vor allem auf Auslandsmärkten.

Auch das *Arbeitskräftepotenzial* unseres Kontinents wird nicht vollständig genutzt. Zwar wurden in den letzten Jahren die Arbeitsmarktbedingungen für Frauen, ältere Arbeitnehmer und Zuwanderer verbessert, um ihre Chancen auf Teilnahme am Arbeitsmarkt zu steigern. In vielen Ländern besteht aber weiterer Handlungsbedarf. Neben einer teilweise noch immer geringen Erwerbsbeteiligung bestimmter Gruppen sind die Arbeitslosenzahlen in vielen Ländern Europas dramatisch hoch. Die Ursache dafür liegt nicht allein in der derzeitigen Konjunkturschwäche vieler Länder. In Zeiten einer noch fragilen wirtschaftlichen Erholung halten auch rigide Arbeitsgesetze und starre Arbeitsmärkte Unternehmen von raschen Neueinstellungen ab. Denn trotz des starken Fachkräftemangels sehen sie oft mehr die Risiken als die Chancen von Neueinstellungen. Sie warten lieber ab, bis die Konjunkturaussichten robuster werden – und tragen so ungewollt selbst dazu bei, dass sich die Wirtschaft nur langsam erholt. All dies beeinträchtigt Unternehmen in ihrer Fähigkeit, Arbeitskräfte produktiv einzusetzen. Insbesondere das Potenzial junger Arbeitskräfte wird so auf Dauer verschenkt. Denn je rigider die Arbeitsmarktstrukturen sind, desto schwerer fällt gerade ihnen in einer Phase der Konjunkturschwäche der Einstieg in den Arbeitsmarkt. Ihre Praxiskompetenz leidet darunter ebenso wie ihre Planung für den weiteren Lebensweg und den persönlichen Vermögensaufbau.

Angesichts langjähriger Unterinvestition in den Kapitalstock und mangelhafter Ausschöpfung des Arbeitskräftepotenzials können viele Unternehmen Europas ihr Produktivitätspotenzial nur schwer entfalten. Solange die strukturellen Schwächen der Länder auf die Wettbewerbsfähigkeit ihrer Unternehmen abfärben, werden sie nur in geringem Maße von der globalen Wachstumsdynamik profitieren können.

Was also ist zu tun? Die EZB kann mit ihrer Politik des billigen Geldes und dem gegenwärtig schwachen Euro die grundlegenden Schwächen der Volkswirtschaften unseres Kontinents allenfalls kurzfristig verdecken – jedoch nicht dauerhaft heilen. Eine strukturelle Verbesserung der Wettbewerbsfähigkeit kann letztlich nur von der Wirtschaftspolitik der einzelnen Mitgliedstaaten kommen.

Als Fundament erfordert ein nachhaltig wirtschaftsfreundliches Umfeld grundsätzlich zunächst stabile politische Strukturen, solide Staatsfinanzen, Rechtsstaatlichkeit und eine kluge und verlässliche Wirtschaftspolitik. Aber auch der soziale Zusammenhalt und die Lebensqualität des Standorts sind fundamental – sie ergeben sich in der Regel von selbst, wenn Institutionen und Wirtschaft funktionieren. Im Folgenden wollen wir uns deshalb auf drei Handlungsfelder einer klugen Wirtschaftspolitik konzentrieren, die für die globale Wettbewerbsfähigkeit von besonderer Bedeutung sind.

- *Moderner Kapitalstock.* Bessere Bedingungen für Investitionen und Innovationen legen die Grundlage für einen moderneren Kapitalstock unserer Volkswirtschaften – und lassen Unternehmen produktiver und folglich wettbewerbsfähiger werden.
- *Arbeitskräftepotenzial besser ausschöpfen.* Neue Dynamik an den Arbeitsmärkten kann Unternehmen helfen, Arbeitskräfte besser einzusetzen und im nächsten Schritt neue Arbeitsplätze zu schaffen. Dies gelingt, wenn neue Anreize und Bildungsoffensiven ungenutztes Arbeitskräftepotenzial aktivieren.
- *Förderung des Außenhandels.* Die Ausweitung des Freihandels mit Drittländern, eine koordinierte Exportstrategie und eine darauf abgestimmte Währungspolitik ermöglichen Unternehmen einen besseren Anschluss an die Weltmärkte.

In der Gesamtschau verbessert engagiertes Handeln in diesen drei Feldern die *Angebotsstruktur* ganzer Volkswirtschaften und damit ihre Positionierung auf den Weltmärkten nachhaltig. Indem der Staat dabei die richtigen Impulse setzt, um die Rahmenbedingungen für Kapital, Arbeit und Außenhandel zu verbessern, investieren auch Unternehmen wieder mehr. Allein schon die Perspektive auf bessere wirtschaftspolitische Rahmenbedingungen verleitet Unternehmen dazu, in ihren Kapitalstock zu investieren. Und allein die Perspektive auf eine bessere Dynamik am Arbeitsmarkt veranlasst Unternehmen dazu, neue Arbeitskräfte einzustellen. Denn sie erzeugen Erwartungen – positive Renditeerwartungen, die als *self-fulfilling prophecy* auch und gerade im Wirtschaftsleben eine fundamentale Rolle spielen. So zeigen die Konjunkturfrühindikatoren großer Wirtschaftsforschungsinstitute regelmäßig, dass sich Veränderungen wirtschaftspolitischer Rahmenbedingungen unmittelbar auf die Investitionsaktivität auswirken – selbst wenn die Maßnahmen noch nicht umgesetzt, sondern nur beschlossen wurden.[23] Gleiches gilt im Übrigen auch für die Ratingagenturen, die ihre Urteile basierend auf Erwartungen für die Bonität ganzer Wirtschaftsräume anpassen. Je förderlicher die allgemeinen wirtschaftlichen Rahmenbedingungen, je moderner der Kapitalstock einer Volkswirtschaft und je stärker und besser ausgebildet die Arbeitskraft, desto besser können die Unternehmen mit ihrem Angebot auf den weltweiten Märkten überzeugen – und desto leichter können wir Europäer die Wachstumsdynamik aus der Welt nach Europa importieren. Unternehmen gewinnen Wettbewerbsfähigkeit und neuen Optimismus. Sie investieren, sie exportieren und sie expandieren.

Die drei Handlungsfelder einer standortbewussten Wirtschaftspolitik – ein moderner Kapitalstock, offene Arbeitsmärkte mit gut qualifizierten und mobilen Arbeitskräften und eine förderliche Außenhandelspolitik – wollen wir im Folgenden näher betrachten. Beispiele und Fallstudien sollen dabei praxistaugliche Handlungsoptionen aufzeigen – und zwar zunächst auf der Angebotsseite der Volkswirtschaften unseres Wirtschaftsraums.

Moderner Kapitalstock: Bedingungen für Investitionen und Innovationen optimieren

Beginnen wir zunächst mit dem passenden Umfeld für Investitionen auf Basis eines modernen Kapitalstocks. Sicherlich unterscheiden sich die Herausforderungen, mit denen Unternehmen in Europa derzeit konfrontiert sind, in Ausprägung und Intensität von

Land zu Land. Dennoch gibt es zahlreiche Ansatzpunkte, an denen eine pragmatische Wirtschaftspolitik die Bedingungen für Unternehmen verbessern könnte – nicht zuletzt, um diesen neue Anreize zu geben, wieder verstärkt zu investieren. Das dafür notwendige Investitionsumfeld privater Unternehmen verbessern wir vor allem dann, wenn wir

- die grenzüberschreitende Infrastruktur ausbauen, um die Regionen Europas noch besser und enger miteinander zu verbinden,
- die digitale Infrastruktur mithilfe öffentlicher Investitionen modernisieren und
- die Wissensinfrastruktur stärken, indem mehr in den Wissenstransfer zwischen angewandter Forschung und Entwicklung und Unternehmen investiert wird.

Grenzüberschreitende Infrastruktur verbessern

Immer, wenn die öffentliche Debatte den Kapitalstock der europäischen Volkswirtschaften ins Auge fasst, fällt auch der Bereich der Infrastruktur als Schlagwort. Dies mag zunächst naheliegen, denn Investitionen in die Infrastruktur sind in der Regel sofort sichtbar – und deshalb als Wahlkampfhilfe oft nützlich. Ob Investitionen in die Infrastruktur jedoch unter Wachstumsgesichtspunkten sinnvoll sind, hängt vom Einzelfall ab. So zeigt doch das Schicksal zahlreicher unterausgelasteter Regionalflughäfen in Deutschland, dass öffentliche Infrastrukturvorhaben nicht immer nach Effizienzkriterien, sondern viel zu häufig auch als politische Prestigeprojekte geplant werden.[24] Weiterhin haben insbesondere jene Staaten Südeuropas, die derzeit unter einer massiven Wettbewerbsschwäche leiden, bereits heute eine sehr gute Infrastruktur. Ihr Ausbau wurde in den letzten Jahrzehnten intensiv mit Mitteln der europäischen Struktur- und Kohäsionsfonds gefördert. So weist Portugal heute die meisten Autobahnkilometer pro Kopf in Europa auf. Und Spanien verfügt über ein hochmodernes Schnellzugstreckennetz. Neue Investitionen in die Infrastruktur wären in diesen beiden Ländern wohl vornehmlich ein Rettungsprogramm für die notleidende Bauindustrie – und hielten damit insbesondere in Spanien den notwendigen Strukturwandel nach der Immobilienblase nur noch weiter auf. Da der Grenznutzen zusätzlicher Investitionen in Autobahnen, Eisenbahnen und Landebahnen angesichts der bereits weit entwickelten nationalen Verkehrswegenetze gering ist, würde ein weiterer Ausbau vergleichsweise geringe Wachstumsimpulse bringen.

Ein nicht annähernd so hoher Sättigungsgrad ist hingegen bei der gemeinsamen grenzüberschreitenden Infrastruktur festzustellen. Noch immer wird ein Großteil europäischer Infrastrukturprojekte national entworfen, ausgeschrieben und ausgeführt. Umso lohnenswerter erscheint daher ein beherzter Ausbau der sogenannten *Transeuropäischen Netze (TEN)* – und damit der gemeinsamen grenzüberschreitenden Verkehrssysteme zu Lande, zu Wasser, auf der Schiene und in der Luft – um den Austausch von Personen, Gütern, Energie und Nachrichten innerhalb des Binnenmarktes zu verbessern. In vielen Bereichen gibt es hier noch Nachholbedarf. Im Schienenverkehr sind beispielsweise europäische Schnellstrecken wie die Verbindung Madrid–Barcelona–Südfrankreich (600 Kilometer in ca. 2:30 Stunden), oder Brüssel–Paris (300 km in ca. 1:20 Stunden) noch die Ausnahme. Reguläre Verbindungen brauchen für dieselbe Streckenlänge ein Vielfaches an Zeit. Eindrückliches Beispiel für die in Teilen marode Schieneninfrastruktur ist etwa die Strecke Berlin-Breslau. In den 1930er Jahren fuhr der sogenannte *Fliegende Schlesier* die 329 Kilometer in 2:30 Stunden. Der Eurocity benötigt heute aufgrund veralteter Schienennetze und schlechten Ausbaus hingegen knapp fünf Stunden. Der Nachholbedarf bei der grenzüberschreitenden Verkehrsinfrastruktur bleibt allgemein groß. Im Rahmen des Ausbaus der Transeuropäischen Netze plant die Europäische Kommission entlang von neun Hauptkorridoren Verkehrsinfrastrukturprojekte mit einer Gesamtlänge von 15.000 Kilometern bis zum Jahr 2030. Im Finanzierungszeitraum von 2014 bis 2020 steuert sie dafür 14,9 Milliarden Euro aus dem EU-Verkehrshaushalt zur Kofinanzierung bei. Ob diese Mittel ausreichen, um ausreichend öffentliche und private Investitionen zu aktivieren, wird sich zeigen. Schätzungen gehen davon aus, dass insgesamt bis zu 250 Milliarden Euro investiert werden müssten, um die ambitionierten Ziele der Kommission zu erreichen.[25]

Moderne digitale Infrastruktur ausbauen

Hoher Handlungsbedarf besteht aber nicht nur in der Verkehrs-infrastruktur, sondern auch hinsichtlich der digitalen Infrastruk-tur, die in der Vergangenheit nur eine niedrige Priorität besaß und dementsprechend kaum finanziell gefördert worden ist. Dabei ist gerade die Digitalisierung eine der großen Herausforderungen für Europa. Damit die Unternehmen sie meistern können, ist ein funktions- und leistungsfähiges digitales Netzwerk unabdingbar – nur so können die Unternehmen die Potenziale grenzenloser Zusammen-arbeit auch wirklich nutzen, die wir in Kapitel 5 noch näher aufzeigen werden.

Allein schon ein Blick auf die privaten Internetanschlüsse zeigt, wo die Schwächen Europas liegen. Ein Drittel (31 Prozent) der Bürger verfügt über einen Breitband-Internetzugang – damit liegt Europa zwar weltweit im guten Mittelfeld hinter Kanada (34 Prozent) und Korea (38 Prozent) und vor den USA (30 Prozent) und Japan (28 Prozent), allerdings bestehen mit Blick auf die Internetgeschwindigkeit deutliche Defizite.[26] Nur rund 6 Prozent der europäischen Bevölkerung haben Zugang zu einem Anschluss mit einer Geschwindigkeit von mindestens 30 Megabit pro Sekunde. Auch bei den Glasfaser-Breitband-Verbindungen, mit denen eine Geschwindigkeit von 100 Megabit pro Sekunde möglich ist, hinkt Europa im internationalen Vergleich hinterher.[27] Während im europäischen Durchschnitt nur 2 Prozent der Haushalte mit Internetanschluss einen solchen Zugang besitzen, sind es 9 Prozent in den USA und sogar rund 70 Prozent in Korea und Japan.[28] Auch beim mobilen Internet ist die schnellste Variante – LTE (*Long Term Evolution*, die Bezeichnung für den Mobilfunkstandard der vierten Generation, *4G*)

– noch nicht weit verbreitet. Zwar sind mittlerweile 60 Prozent der Fläche der Europäischen Union mit LTE-Netzempfang abgedeckt. Im Vergleich zu 98,5 Prozent LTE-Netzabdeckung in den USA ist das jedoch ausbaufähig. Die Auswirkungen der schlechten Versorgung mit leistungsstarken Internet-Netzwerken sind auch für die Wirtschaft spürbar, denn die Digitalisierung führt dazu, dass immer mehr Geschäftsaktivitäten online und über Ländergrenzen hinweg abgewickelt werden, sei es innerhalb von Unternehmen oder aber in dynamischen Wertschöpfungsnetzwerken. Eine fortschrittliche digitale Infrastruktur ist da unerlässlich. Das betrifft auch und gerade ländliche Gebiete, die unter einem hohen Bevölkerungsschwund leiden.

Um den öffentlichen Kapitalstock Europas fit für den Wandel hin zur digitalen Wirtschaft zu machen, braucht Europa umfangreiche öffentliche Investitionen in moderne Glasfasernetze und mobile Internettechnologien. Dass das möglich ist, zeigt ein Land in besonderem Maße.

Fallstudie Digitalisierung: Dänemark mit Abstand vorne. Kein anderes Land ist in der digitalen Infrastruktur so fortschrittlich wie Dänemark. Im *ICT Development Index* der Vereinten Nationen nimmt das Land den ersten Platz vor Korea und Schweden ein.[29] Auch im neuen Digital-Index der Europäischen Kommission sind die Dänen Spitzenreiter. Die Kommission misst darin zahlreiche Faktoren wie etwa die Netzabdeckung oder die Nutzung digitaler Dienste durch Unternehmen und öffentliche Einrichtungen. So beträgt die LTE-Netzabdeckung 93 Prozent und liegt damit deutlich über dem europäischen Durchschnitt. Bürokratische Strukturen sind weitgehend digitalisiert: Behörden versenden mittlerweile 90 Prozent ihrer Briefe digital, postalisch wird nur noch in Ausnahmefällen kommuniziert. Ebenso im Gesundheitswesen: 92 Prozent der Ärzte tauschen Patientendaten über das Internet aus. Und auch ein großer Teil des Handels wird mittlerweile digital abgewickelt: So beträgt der Umsatz, den dänische Unternehmen online erzielen, das Doppelte des EU-Mittelwerts.[30]

Diese Zahlen sind das Ergebnis einer digitalen Strategie, die Dänemark bereits seit dem Jahr 2001 verfolgt und mit immer neuen Zielsetzungen kontinuierlich weiterentwickelt. So wurde 2011 eine eigens abgestellte Agentur ins Leben gerufen, die dafür sorgen soll, dass bis 2015 80 Prozent aller behördlichen Dienstleistungen digital abgewickelt werden – im Jahr 2014 war bereits ein Wert von 69 Prozent erreicht. Eine weitere Initiative, die Dänemarks digitale Vorreiterrolle sichern soll, zielt darauf ab, bis 2018 einen flächendeckenden Internetzugang von 50 Megabit pro Sekunde möglich zu machen. Zudem treibt das sogenannte *MindLab*, eine ministerienübergreifende und in dieser Form weltweit einmalige Organisation, öffentliche Innovationen voran und entwickelt neue Ideen, wie der öffentliche Sektor noch fortschrittlicher werden kann. Für diese Strategie der öffentlichen Digitalisierung stellt Dänemark reichlich Mittel zur Verfügung: Beispielsweise investierte 2011 kein anderes europäisches Land so viel Geld pro Einwohner in den Einkauf von Informations- und Telekommunikationsdienstleistungen.[31]

Dänemarks Beispiel zeigt, dass mit einer klugen Strategie und den entsprechenden finanziellen Mitteln innerhalb weniger Jahre eine zukunftsfähige digitale Infrastruktur realisierbar ist, mit der neue Schnittstellen der Innovation geschaffen und eine höhere Produktivität erreicht werden. Eine solche Digitalisierungsstrategie braucht es europaweit, damit der Kontinent als Ganzes eine Vorreiterrolle in Sachen Digitalisierung übernehmen und diese als Vorteil seines exportorientierten Wachstumsmodells nutzen kann.

Wissensinfrastruktur: Grundlagenforschung stärken, Austausch
zwischen Wissenschaft und Unternehmen fördern

Die Umbrüche sowohl in der Digitalisierung als auch in anderen Branchen vorneweg mitzugestalten gelingt nur in einem hochinnovativen Umfeld. Dieses kann gefördert werden, wenn der Wissenstransfer zwischen Wissenschaft und Praxis funktioniert – und so Forschung und Entwicklung auch in und mit den Unternehmen anregt. Aus der Entwicklung neuer Produkte und Geschäftsideen werden so wiederum viele neue Investitionsmöglichkeiten für Unternehmen angestoßen. Im Wettbewerb bringt eine solche Dynamik entscheidende Vorsprünge gegenüber der Konkurrenz.

Gemessen an den eigenen Zielen besteht in Europa nach wie vor ein großer Handlungsbedarf. So setzte sich die EU im Jahr 2000 im Rahmen ihrer sogenannten *Lissabon-Strategie* zum Ziel, die öffentlichen und privaten Ausgaben für Forschung und Entwicklung bis zum Jahr 2010 auf 3 Prozent der Wirtschaftsleistung anzuheben. Noch ist die EU mit rund 2 Prozent weit davon entfernt – allein Dänemark, Finnland und Schweden erfüllen im Jahr 2013 diese Quote. Deutschland erreicht immerhin 2,8 Prozent, doch andere Länder wie Frankreich (2,2 Prozent), Spanien oder Italien (je 1,2 Prozent) liegen weit dahinter. Zum einen sind die öffentlichen Haushalte in diesen Ländern krisenbedingt stark in ihrem Handlungsspielraum eingeschränkt. Zum anderen verspüren auch die Unternehmen im aktuell unsicheren Umfeld wenig Anreiz, selbst zu forschen. Bezeichnend dafür ist auch das Ergebnis des *Global Innovation Index,* einer jährlichen Erhebung mehrerer Forschungsinstitute, die anhand von 81 Kriterien über 143 Länder auf ihre Innovationsleistung untersuchen.[32] Die gute Nachricht ist: Europäische Länder befinden sich noch immer in der Spitzengruppe. Die schlechte Nachricht: Innerhalb dieser Spitzengruppe sind sie zuletzt abgestiegen – so etwa Deutschland, das im Jahr 2009 noch den zweiten Platz hinter der Schweiz belegte, mittlerweile jedoch auf Platz 13 zurückgefallen ist. Europa bleibt auch hier unter seinen Möglichkeiten.

Was kann getan werden? Ein Schritt in die richtige Richtung wäre, die öffentlichen Mittel für Bildung und Forschung auszuweiten. Obwohl allgemeiner Konsens darüber herrscht, dass solche Investitionen sowohl ökonomisch als auch sozial besonders nachhaltig und renditeträchtig sind – es also sinnvoll ist, gerade diesen Bereich von Haushaltssanierungen auszunehmen –, tut sich die Politik schwer, die öffentlichen Ausgaben für diese Zwecke signifikant auszuweiten. Ein Grund dafür mag sein, dass Forschungsinvestitionen, die sich oft erst langfristig auszahlen, in Zeiten knapper Kassen gegenüber kurzfristigen Transfers politisch an Priorität verlieren. Dies entschuldigt aber nicht die vorhandenen Finanzierungsdefizite im Bildungs- und Forschungswesen. In diesem Zusammenhang stellt sich aber auch die verteilungspolitische Frage, wie die Mittel für verschiedene Bildungs- und Forschungszwecke effizient verwendet werden können. Umgehen könnte man solche Konflikte in der Verteilung öffentlicher Gelder, wenn etwa steuerliche Abschreibungsmöglichkeiten für privat finanzierte Forschungs- und Entwicklungsprojekte ausgeweitet würden. Vor allem die steuerliche Förderung von Forschungskooperationen zwischen Unternehmen und Forschungsinstituten würde dazu beitragen, dass Unternehmen ihre produktnahe, angewandte Forschung schnell ausweiten – und so letztlich ihre Produktivität erhöhen. Wie es gelingen kann, den produktiven Nutzen öffentlich und privat geförderter Forschung zu steigern, verdeutlicht das Beispiel der Fraunhofer-Gesellschaften, das wir in Kapitel 5 noch einmal aufgreifen werden.

Neben der steuerlichen Förderung von Forschungskooperationen zwischen Wissenschaft und Wirtschaft sollte die produktive Vielfalt der Wissenschaftssysteme Europas über grenzüberschreitende Zusammenarbeit von Forschungseinrichtungen aktiviert werden. In einem *europäischen Forschungsraum für Grundlagenforschung* könnten Forschungsinstitute aus den verschiedenen europäischen Staaten zusammenarbeiten und so in einen engen Austausch von

Ideen, Methoden und Wissenschaftlern treten. Die Vorteile enger Kooperation in Forschungsfragen liegen auf der Hand:

- *Höhere Qualität.* Der grenzüberschreitende Wettbewerb sowie die verstärkte Zusammenarbeit erhöhen Qualität und Mehrwert der Forschung. Der kontinuierliche Erfahrungsaustausch bringt fortwährend Inspiration zu neuen innovativen Ansätzen.
- *Einfachere Realisierung.* Eine bessere Vernetzung, stärkere Koordination, gemeinsame Nutzung von technischer Ausstattung und eine kritische Masse an Akteuren erhöhen die Chancen auf eine nachhaltige und dauerhafte Umsetzung größerer Forschungsvorhaben und erleichtern deren Finanzierung.
- *Größere Mobilität der Wissenschaftler.* Ein einfacherer Austausch von Wissenschaftlern könnte es erleichtern, qualifiziertes wissenschaftliches Personal dort einzusetzen, wo es benötigt wird. Gleichzeitig erhöht dies die Attraktivität des Berufs durch größere Karrierechancen und ein internationales Umfeld.

Im Ergebnis könnte ein *europäischer Forschungsraum* die Fragmentierung der europäischen Grundlagenforschung überwinden. So ließen sich etwa nationale und europäische Förderinstrumente sinnvoll aufeinander abstimmen, wodurch ein produktives Miteinander entstehen könnte, das den Forschungsstandort Europa nicht nur attraktiver und wettbewerbsfähiger machen würde, sondern im Idealfall weitere Spitzenwissenschaftler anderer Kontinente anziehen würde. Warum sollten sich die transatlantischen Wanderungsbewegungen hochqualifizierter Wissenschaftler nicht umdrehen lassen?

Wie eine solche koordinierte Zusammenarbeit aussehen kann, zeigt die *Max-Planck-Gesellschaft (MPG)* in Deutschland. Unter dem Dach der Gesellschaft sind 83 eigenständige Institute zusammengefasst, die Grundlagenforschung in den Feldern der Natur-, Geistes- und Sozialwissenschaften betreiben. Seit der Gründung 1948 brachte die Gesellschaft 18 Nobelpreisträger hervor. Heute arbeiten über 15.000 Wissenschaftler und Doktoranden in den *Max-Planck-*

Instituten. Die *MPG* hat mit ihren Forschungsinstituten ein Netzwerk geschaffen, in dem interdisziplinäre Grundlagenforschung über den Austausch von Ideen und Methoden besonders produktiv ist. Die gemeinsame Organisation macht zudem die Verteilung der Fördergelder effizienter und erhöht so die Effektivität der eingesetzten Mittel.

Die fundierten Erkenntnisse, die aus einem gemeinsamen Forschungsraum und durch europäische Organisationen nach Vorbild des *MPG* im Grundlagenbereich entstehen, können auch in angewandten Forschungsbereichen angewendet werden, um schließlich wieder den Bogen von der Wissenschaft zur Praxis zu schlagen. Eine solche Initiative zeigt das Beispiel der TU München.

Fallstudie forschungsnahe Gründungen: Transfer zwischen Wissenschaft und Praxis. Nicht selten gründen sich im Umfeld technischer Hochschulen forschungsstarke Jungunternehmen, die anspruchsvolle und industrienahe Dienstleistungen entwickeln. Hochschulkooperationen mit Wirtschaftsförderungsgesellschaften und Kammern sind besonders vielversprechend, um potenziellen Gründern das notwendige Wissen und den Mut zur Unternehmensgründung zu vermitteln. Ein Beispiel ist das Strategiekonzept *TUMentrepreneurship* der Technischen Universität München. Mit dem Ziel, die Anzahl von Gründungen wachstumsorientierter Technologieunternehmen aus der Wissenschaft zu steigern, fördert die TU München junge Wissenschaftler aus den zukunftsträchtigen Bereichen Medizintechnik, *Clean Tech* und Informations- und Kommunikationstechnologie. Um junge Wissenschaftler zu motivieren, technologische Jungunternehmen (sog. *Start-ups*) zu gründen, unterstützt das Programm sie bei allen wichtigen Schritten des Gründungsprozesses. In einem ersten Schritt werden die Akademiker überhaupt erst mit Blick auf mögliche Geschäftsideen, die sich aus ihrer Forschung ergeben könnten, beraten und zur praktischen Umsetzung motiviert. Steht das Geschäftsvorhaben, betreut die Hochschule die Gründer umfassend: Sie berät in betriebswirtschaftlichen Fragen, gewährt Zugriff auf ein großes Entrepreneur-Netzwerk und leitet anhand von *Best Practices* an. Zudem unterstützt sie die Gründer aktiv, indem sie Räume zur Verfügung stellt und die zeitliche Vereinbarkeit von universitären Aufgaben und der Unternehmensgründung erleichtert. So schafft sie ein innovatives, gründungsfreundliches Umfeld. Über die TU München erhalten die unternehmerischen Talente zusätzlich Zugang zu einem starken unternehmerischen Netzwerk auf regionaler, nationaler und internationaler Ebene. Die hohe Zahl an erfolgreichen Unternehmensgründungen aus der Initiative – jährlich sind es 40 bis 50 neue Jungunternehmen – verdeutlicht die Erfolgschancen dieses Ansatzes.

Die Verflechtung von Forschung und Unternehmertum kann so ein fruchtbareres Umfeld für Innovationen schaffen. Denn damit sich Gründer neu auf den Markt wagen, brauchen sie nicht nur eine gute Geschäftsidee und finanzielle Starthilfen, wie sie über öffentliche Mittel relativ leicht zugänglich sind. Gerade in forschungs- und technologieintensiven Branchen brauchen sie zunächst einen Raum, in dem sie ihre Ideen ausprobieren und entwickeln können und in dem sie von technischer Ausstattung, Wissensaustausch und Netzwerken profitieren können. Hochschulnahe Jungunternehmen können genau diese Vorteile nutzen und so zu innovativen und radikalen Veränderungen beitragen. Nicht nur können sie mit ihren neuen oder verbesserten Produkten und Dienstleistungen Dynamik und Fortschritt in die Märkte bringen. Sie können auch die Investitionstätigkeit der Volkswirtschaft insgesamt befeuern, denn gerade in der Aufbauphase eines Unternehmens ist die Investitionstätigkeit besonders hoch. Junge Unternehmen investieren nicht einfach nur in einen bestehenden Kapitalstock, sondern müssen diesen erst noch aufbauen. Zugleich zwingen sie als neue Wettbewerber etablierte Unternehmen dazu, ihren Kapitalstock zu erneuern. Für die

Modernisierung einer Volkswirtschaft spielt das Gründerwesen in wissens- und technologieintensiven Bereichen somit eine zentrale Rolle.

Aus einem solchen innovativen, forschungsbasierten Unternehmertum mit vitalem Technologietransfer kann jene Wettbewerbsstärke erwachsen, von der ein exportorientiertes Wachstumsmodell lebt. Zusammen mit einer modernen grenzüberschreitenden und digitalen Infrastruktur gibt sie ständig Impulse für neue Innovationen. Der lebhafte Wettbewerb verstärkt die Investitionstätigkeit und hilft dabei, den Kapitalstock zu modernisieren.

Eine moderne Wissensgesellschaft mit exportorientiertem Wirtschaftsmodell braucht aber nicht nur einen moderneren Kapitalstock. Sie benötigt darüber hinaus vor allem auch kluge und qualifizierte Köpfe, die die Möglichkeiten auf dem Arbeitsmarkt möglichst frei wahrnehmen können.

Arbeitskräftepotenzial besser nutzen: flexible Arbeitsmärkte, Qualifizierung und Mobilisierung

Neben stärkeren Investitionen in den Kapitalstock sind funktionierende Arbeitsmärkte entscheidend dafür, Volkswirtschaften wettbewerbsfähiger zu machen. Denn wenn die Rahmenbedingungen am Arbeitsmarkt stimmen, fällt es Unternehmen leichter, die vorhandene Arbeitskraft ihrer Mitarbeiter effizienter einzusetzen. So steigt die Produktivität, neue Arbeitsplätze können entstehen. Daraus ergeben sich wiederum neue Dynamiken, die letztlich das Wachstumspotenzial einer Volkswirtschaft insgesamt steigern können.

Doch gerade an den Arbeitsmärkten beobachten wir heutzutage eine geradezu paradoxe Lage: Auf der einen Seite sehen wir ein Heer von über 25 Millionen Arbeitslosen. Die Zahl der Langzeitarbeitslosen und arbeitslosen Jugendlichen ist in vielen Ländern Europas dramatisch hoch. Auf der anderen Seite gibt es einen großen Fachkräftemangel. Dieser zeigt sich auch darin, dass schätzungsweise zwei Millionen Stellen in Europa unbesetzt sind.[33] 40 Prozent der europäischen Unternehmen geben gar an, Schwierigkeiten damit zu haben, Mitarbeiter mit passender Qualifikation und Kompetenz zu finden.[34]

Die qualifikationsbedingten Engpässe auf dem Arbeitsmarkt dürften sich angesichts der demografischen Entwicklung noch verschärfen. Europaweit rechnet die Europäische Kommission zwischen 2023 und 2060 mit einem Rückgang des Arbeitskräfteangebots um 8,2 Prozent oder 19 Millionen Arbeitskräfte. Selbst unter Berücksichtigung der steigenden Erwerbsbeteiligung von älteren Arbeitnehmern und Frauen, von Zuwanderung und sinkenden Arbeitslosenzahlen fehlen der EU im Jahr 2060 rund 13 Millionen Beschäftigte gegenüber 2015. Exemplarisch dafür ist die Situation in Deutschland: Mit Blick auf die MINT-Berufe (Mathematik, Informatik, Naturwissenschaften, Technik/Ingenieurswesen) meldet das *Institut der Deutschen Wirtschaft* für das Frühjahr 2015 eine Fachkräftelücke von 137.000 Personen. Allein bis 2030 könnte sich die Lücke auf über 1,5 Millionen mehr als verzehnfachen.[35] All dies hat unmittelbare Auswirkungen auf Investitionen und Wachstumsperspektiven. Denn Unternehmen, die nicht die passenden Fachkräfte finden, die sie suchen, können nicht expandieren und werden sich folglich auch mit weiteren Investitionen in ihren Kapitalstock zurückhalten. Ihre Wettbewerbsfähigkeit leidet. Noch schwieriger wird es für Unternehmen, in einem solchen Umfeld Arbeitsplätze zu besetzen und neu zu schaffen, wenn Arbeitsmärkte überreguliert und Arbeitnehmer wenig mobil sind.

Mit Blick auf die Arbeitsmärkte braucht es deshalb ein Bündel abgestimmter Maßnahmen, die zum einen erreichen, dass die Arbeitskraft unseres Kontinents stärker und effizienter genutzt wird, und zum anderen sicherstellen dass die Arbeitslosigkeit sinkt. Arbeitsmärkte werden dann dynamischer, wenn

- Arbeitsmärkte geöffnet werden, damit sie für Arbeitssuchende durchlässiger werden,

- Qualifizierungs- und Aktivierungsmaßnahmen die Beteiligungs-chancen am Arbeitsmarkt steigern und
- ungenutztes Arbeitskräftepotenzial mobilisiert wird, um dem Fachkräftemangel und dem Abtreten der geburtenstarken Jahr-gänge schon heute entgegenzuwirken.

Arbeitsmärkte durchlässiger für Arbeitssuchende gestalten

Starre Arbeitsmarktstrukturen sind einer der wesentlichen Gründe, warum Unternehmen oft nur unzureichend auf Konjunktur- und Produktionszyklen reagieren können. Vor allem die Rigiditäten im Arbeitsrecht behindern für Arbeitssuchende die Chancen auf ei-nen Einstieg. So konzentrieren sich die Arbeitsmarktpolitik und die Gewerkschaften in vielen Ländern zu einseitig darauf, bereits Be-schäftigte im Job zu halten anstatt Arbeitssuchenden beim Einstieg zu helfen. Insbesondere für Arbeitssuchende und Berufseinsteiger wird so die Chance auf Arbeit erschwert. Relativ unproduktive Ar-beitnehmer bleiben hingegen angesichts eines unverhältnismäßig hohen Kündigungsschutzes, der mit Dauer der Betriebszugehörig-keit oft noch größer wird, fest angestellt. Da es die Kostenstruktur der meisten Unternehmen nicht zulässt, neue Arbeitnehmer einzu-stellen ohne unproduktive Stellen freizumachen, bleibt Arbeitssu-chenden im besten Falle nichts anderes übrig, als befristete Arbeits-verträge anzunehmen. Insbesondere für junge Arbeitssuchende ist in diesem System die Aussicht auf berufliche Entwicklung ebenso wie eine langfristige Lebensplanung eingetrübt.

Abhilfe versprechen vor allem drei Maßnahmen.

- *Flexibilität und Möglichkeiten für Änderungskündigungen.* Auch wenn ein gelockerter Kündigungsschutz bei vielen Arbeitneh-mern Ängste vor unsicheren Arbeitsverhältnissen weckt, ver-spricht er doch auch für sie positive Effekte.[36] Denn mehr Flexibi-lität im Arbeitsrecht liefert Unternehmen Anreize, schneller neue Arbeitsplätze zu schaffen, und erhöht so insbesondere für Jugendliche und Arbeitssuchende die Chancen auf den Arbeitsmarkteinstieg. Vor allem sinkt so auch das Risiko für Langzeitarbeitslosigkeit. Freilich kann nicht ausgeschlossen werden, dass es innerhalb einer Anpassungsphase durchaus zu mehr Entlassungen käme. Die hieraus resultierende Arbeitslosigkeit dürfte jedoch mehr als ausgeglichen werden, wenn Unternehmen im Zuge ihrer hinzugewonnenen Effizienz wieder mehr Spielräume für Investitionen und die Schaffung neuer Arbeitsplätze hätten. In der Regel dürfte ein flexibleres Arbeitsrecht damit nicht zu Kündigungen, sondern allenfalls zu Änderungskündigungen führen, die eine bessere Fluktuation an den Arbeitsmärkten bewirken. Gesamtwirtschaftlich kann ein hoher Wechsel von Arbeitnehmern zwischen Unternehmen zudem sowohl Prozess- als auch Produktinnovationen fördern, da sich stets neue Schnittstellen und Chancen zur Inspiration und zum Austausch bieten, Arbeitsabläufe verändert und verbessert werden und Wissen weiter und schneller verbreitet wird. Dass ein flexibles Arbeitsrecht von breiten Mehrheiten akzeptiert werden kann, wenn es zugleich gute Chancen auf dem Arbeitsmarkt ermöglicht, zeigt das Beispiel Dänemarks.

Fallstudie Dänemark: *Flexicurity-Ansatz* **garantiert Akzeptanz flexibler Arbeitsmärkte.** Im Rahmen des sogenannten *Flexicurity-Ansatzes* ist der Kündigungsschutz in Dänemark einerseits durch kurze Kündigungsfristen und geringe Abfindungen sehr locker reguliert. Dies trägt zur hohen Flexibilität des Arbeitsmarktes bei, was sich in einer hohen beruflichen Mobilität widerspiegelt. Jährlich wechseln 700.000 Dänen ihre Arbeitsstelle – das entspricht etwa 25 Prozent der Erwerbstätigen.[37] Unter dieser hohen Fluktuation ist die Arbeitslosigkeit üblicherweise nur von kurzer Dauer. Zudem werden im Übergang großzügige Sicherungsleistungen gewährt, sodass der lockere Kündigungsschutz sowohl von Arbeitnehmer- als auch Gewerkschaftsseite akzeptiert und sogar befürwortet wird.

- *Flexibilität in der Arbeitszeitregelung.* Damit Unternehmen besser auf konjunkturbedingte oder branchenspezifische Schwankungen reagieren können, ohne dabei viele Mitarbeiter entlassen zu müssen, sind Modelle der flexiblen Arbeitszeitregelung sinnvoll. So könnten etwa die in Hochphasen aufgebauten Überstunden im Abschwung mit Arbeitszeitverkürzungen ausgeglichen werden. Unternehmen bliebe damit auch in schwierigen Zeiten die Möglichkeit, ihre Mitarbeiter samt deren für den Betrieb so wertvollen Humankapital zu halten. In bestimmten Branchen und Unternehmen wird dieser Ansatz bereits erfolgreich praktiziert. Eine solche Flexibilität könnte aber auch anderen Branchen zugutekommen, wenn eine entsprechende gesetzliche Regulierung dies zuließe. Zeitlich befristete staatliche Lohnsubventionen würden solche Modelle zusätzlich unterstützen. Sie entlasten Unternehmen, die konjunkturell bedingt unter Druck geraten sind, und sichern Arbeitnehmern die Lohnfortzahlung. Wie dies zur Stabilisierung und raschen Erholung der Wirtschaft beitragen kann, zeigen die Erfahrungen im Rahmen der Kurzarbeitsregelungen, von denen viele deutsche Unternehmen in den Jahren 2009 und 2010 Gebrauch machten. Das Beispiel hat zudem einmal mehr gezeigt, dass Unternehmen – entgegen der allgemeinen Auffassung – auch in schwierigen Zeiten versuchen, ihr Arbeitskräftepotenzial zu erhalten, sofern die jeweiligen Rahmenbedingungen solche Spielräume erlauben.
- *Flexible Lohnsetzungsverfahren, die zum Arbeitsmarktumfeld passen.* Flächendeckende Mindestlohnregelungen, die derzeit auf dem Vormarsch sind, mögen jenen zugutekommen, die bereits in der Berufswelt angekommen sind, während sie für Arbeitssuchende eine Hürde sind, überhaupt auf dem Arbeitsmarkt Fuß zu fassen. Vor allem Geringqualifizierten droht, in die Arbeitslosigkeit zurückversetzt oder gar nicht erst eingestellt zu werden, wenn Unternehmen nicht in der Lage sind, ihnen einen Lohn zu zahlen, der sich nicht mit ihrer Produktivität, also dem, was sie in der Lage zu produzieren sind, deckt. Um die in vielen euro-

päischen Ländern geltenden Mindestlohnbestimmungen jedoch möglichst verträglich mit der Wirtschaftskraft der einzelnen Unternehmen zu gestalten, sollte zumindest eine Orientierung an regional- und branchenspezifischen Bändern diskutiert werden.

Die hier aufgezeigten Wege mögen bei Einigen Sorgen um die sozialen Folgen solcher Arbeitsmarktreformen wecken. Sicherlich sind Anpassungen nie gänzlich frei von Kosten. Unterm Strich profitieren aber nicht nur Unternehmen, sondern vor allem auch die arbeitende Bevölkerung, wenn offene und flexible Arbeitsmärkte dazu beitragen, dass mehr Arbeitsplätze entstehen. Eine bessere Vermittlung und Aufklärung solcher ökonomischen Zusammenhänge und Wirkungsmechanismen sollte deshalb in der öffentlichen Debatte eine stärkere Beachtung finden. Damit eine stärkere Fluktuation an den Arbeitsmärkten aber weniger als Gefahr, dauerhaft in die Arbeitslosigkeit zu rutschen, sondern vielmehr als Chance, einen passenden Arbeitsplatz rascher zu finden, wahrgenommen werden kann, sind hohe Qualifikationen gerade in einer wissensbasierten Gesellschaft besonders wichtig.

Hieraus ergibt sich zwangsläufig ein weiteres Handlungsfeld.

Ungenutztes Arbeitskräftepotenzial aktivieren

Überdurchschnittlich oft sind Menschen ohne Berufsausbildung oder mit geringer Qualifikation von Arbeitslosigkeit betroffen. Andere leiden darunter, dass ihre Qualifikationen in einer Welt im Wandel nicht mehr zeitgemäß sind, weil sich ihre Branchen grundlegend verändert haben. Zu Qualifikationsmaßnahmen, die Arbeitsuchenden den Anschluss auf den Arbeitsmärkten erleichtern können, zählt neben fachspezifischer Weiterbildung die Vermittlung ganz allgemeiner Grundkenntnisse, etwa von Anwenderkenntnissen moderner Betriebssysteme und dem Umgang mit dem Internet. Denn manchmal kann die Jobsuche schon an ganz banalen Hindernissen scheitern, wie eine Umfrage von *TNS Infratest* im Auftrag der *Deutschen Bank* zeigt:[38] So besitzt fast jeder dritte Deutsche ohne Arbeitsstelle keinen Internetanschluss. Unter den Erwerbstätigen sind es nur rund 7 Prozent. In einem Zeitalter, in dem weit über die Hälfte aller Arbeitsstellen online ausgeschrieben wird, darf die Arbeitssuche nicht allein auf die analoge Welt beschränkt bleiben. Allein einen Internetanschluss als Teil der Arbeitslosenunterstützung zu gewährleisten, dürfte jedoch nicht ausreichen, um den bisherigen Nichtnutzern die Vorteile und Möglichkeiten des Internets nahezubringen. Dafür braucht es das Angebot ebensolcher Kurse, die einen kompetenten Umgang vermitteln. Aber auch andere grundlegende Fähigkeiten sind heute auf dem Arbeitsmarkt gefragt, etwa grundlegendes betriebswirtschaftliches Wissen, Sprachkompetenzen oder einfach auch Bewerbungshilfen.

Grundsätzlich gilt: Anstatt die Symptome der Langzeitarbeitslosigkeit, für die Geringqualifizierte besonders anfällig sind, mithilfe höherer Transferzahlungen zu überdecken, sollten Mittel vordringlich in Qualifizierungs- und Weiterbildungsmaßnahmen fließen. Im Mittelpunkt von Qualifizierungsoffensiven sollten insbesondere ebensolche Maßnahmen stehen, die betriebsnahe Erfahrungs- und Kompetenzbildung – zugeschnitten auf den Bedarf der jeweiligen Unternehmen – ermöglichen. Insbesondere jüngere Arbeitslose in den südlichen Ländern Europas haben in ihrer Ausbildung kaum Praxiserfahrung sammeln können. Für sie sowie für Schulabgänger empfehlen sich daher Ausbildungsgänge, die schulische mit praktischen Elementen enger verzahnen. Auch wenn das deutsche *Duale System* der Berufsausbildung aufgrund länderspezifischer Besonderheiten nicht eins zu eins auf andere Länder übertragen werden kann, so zeigt es doch, wie erfolgreich Ansätze in der Berufsausbildung sein können, die im nicht-akademischen Bereich einen Einstieg in die Berufswelt vermitteln. So verzeichnen Länder, in denen die Berufsausbildung einem dem *Dualen System* vergleichbaren Muster folgt, durchschnittlich eine geringere Arbeitslosigkeit. Besonders merklich ist der Unterschied bei der Jugendarbeitslosigkeit: Steigt der Anteil der dual ausgebildeten Bevölkerung um 10

Prozent, sinkt die Jugendarbeitslosigkeit im Gegenzug um durchschnittlich 2 Prozent.[39] Das *Duale System* hat sich also als erfolgreich erwiesen und könnte in Südeuropa dabei helfen, viele der jungen Arbeitslosen wieder an die Beschäftigung heranzuführen und ihrem Mangel an Praxiserfahrung zu begegnen.

Für die Qualifizierung durch Praxisnähe im Bereich geringqualifizierter Arbeitnehmer können auch Lohnsubventionen eine unterstützende Rolle spielen. Öffentliche Lohnzuschüsse können die Attraktivität gering qualifizierter Arbeitnehmer für Unternehmen steigern. Die Vorteile liegen auf der Hand: Einerseits profitieren Transferempfänger von der praktischen Erfahrung, die den dauerhaften Wiedereinstieg in die Berufswelt vereinfacht. Andererseits haben Unternehmen die Möglichkeit, die Beschäftigten betriebsnah und auf die eigenen Anforderungen zugeschnitten auszubilden und ihnen somit eine Aussicht auf Festanstellung zu bieten. Und auch staatliche Stellen profitieren, da Lohnzuschüsse weniger kosten als Arbeitslosengeld. Fehlanreize für Unternehmen im Niedriglohnsektor, reguläre Arbeitsplätze durch subventionierte Stellen zu ersetzen, können mithilfe von Auflagen beseitigt werden. So könnte die Lohnsubvention etwa befristet oder an eine Teilnahme an Weiterbildungs- und Qualifizierungsmaßnahmen gekoppelt werden. Profitieren können so letztlich beide, Unternehmen ebenso wie Beschäftigte.

> **Fallstudie Hartz-IV-Aufstocker: Kombilohn erleichtert Weg zurück in den Arbeitsmarkt.** Positive Erfahrungen ließen sich in Deutschland etwa bei der Hartz-IV-Aufstockung und einigen regionalen Kombilohnmodellen beobachten. Sie haben gezeigt, dass lohnsubventionierte Stellen den Sprung zurück auf den Arbeitsmarkt erleichtern – und schließlich auch dauerhaft den Schritt in die reguläre Beschäftigung ermöglichen. So zeigt eine Studie des Instituts der Deutschen Wirtschaft, dass jährlich ein Viertel aller Niedriglohnempfänger den Aufstieg zum Normalverdiener schafft, während nur 5 Prozent wieder in die Arbeitslosigkeit zurückkehren.[40]

Die Öffnung der Arbeitsmärkte einerseits und eine Qualifizierungs-offensive andererseits sollten ergänzt werden um einen dritten Faktor.

Mobilisieren. Hin zu einem vollständig europäischen Arbeitsmarkt

Der dritte Schritt führt über die weitere Mobilisierung von Bevöl-kerungsgruppen, deren Beschäftigungspotenzial nicht voll genutzt wird. Dynamik auf dem Arbeitsmarkt kann nämlich weiterhin ge-fördert werden, indem mehr Menschen ein besserer Zugang zum Arbeitsmarkt ermöglicht wird. Freilich könnte die derzeit hohe Ar-beitslosigkeit in vielen Ländern durchaus als ein Zeichen missver-standen werden, dass die Arbeitsmärkte gesättigt seien. Doch die-se Momentaufnahme darf nicht darüber hinwegtäuschen, dass ein erhöhtes Arbeitskräfteangebot das Wachstumspotenzial insgesamt anheben kann. Denn auch wenn eine Vergrößerung des Arbeits-kräfteangebots in der kurzen Frist kontraintuitiv anmutet, ist es an-gesichts der mittel- und langfristigen Probleme unabdingbar, un-genutztes Arbeitskräftepotenzial zu aktivieren. Der allgemeine Fachkräftemangel dürfte sich spätestens nach dem Abtreten der ge-burtenstarken Jahrgänge ab dem Jahr 2025 spürbar verschlimmern. Und nicht zuletzt dürfte der technische Fortschritt in Zukunft eine immer höher qualifizierte Arbeitnehmerschaft erfordern. Daher empfiehlt sich eine Mobilisierung in drei Feldern.

- *Ältere Arbeitnehmer* sollten eine finanziell lohnende Perspektive erhalten, auch nach Erreichen des gesetzlichen Rentenalters be-ruflich tätig zu sein.
- *Eltern* sollten stärker von einem Ausbau der Kinderbetreuung profitieren, damit sie ihre Arbeitszeiten flexibler gestalten und am Arbeitsleben teilhaben können.
- *Qualifizierte Zuwanderer* können dabei helfen, den Fachkräfte-mangel zu bewältigen.

Mit einer höheren Erwerbsbeteiligung steigen zunächst der wirtschaftliche Ertrag und das Gesamteinkommen, woraus sich mehr Investitions- und Konsummöglichkeiten ergeben. Steuereinnahmen steigen und soziale Sicherungssysteme werden entlastet. Damit diese Dynamik gelingt und Unternehmen die verstärkte Nachfrage nach neuen Arbeitskräften tatsächlich in neue Arbeitsplätze umsetzen können, braucht es jedoch die bereits diskutierten offenen Arbeitsmärkte.

Die Öffnung der Arbeitsmärkte kann im gemeinsamen Markt noch viel mehr bewirken. Je offener und flexibler die Arbeitsmärkte auch grenzüberschreitend sind, desto besser können sie dabei helfen, strukturelle und konjunkturelle Friktionen wie regionale Arbeitslosigkeit und Fachkräftemangel auszugleichen. Dabei gibt es auf europäischer Ebene durchaus vielversprechende Initiativen, die darauf abzielen, sowohl die Mobilität innerhalb des Europäischen Binnenmarktes als auch die qualifizierte Zuwanderung aus Drittländern zu stärken.

Fallstudie *Blue Card:* **Europäische** *Green Card* **für hochqualifizierte Zuwanderer kann ihr Potenzial bislang nicht entfalten.** Seit dem Sommer 2011 gibt es in der Europäischen Union einen gemeinsamen Aufenthaltstitel für Staatsbürger aus Nicht-EU-Ländern, der auf bis zu vier Jahre befristet ist. So sollen insbesondere hochqualifizierte Zuwanderer unkompliziert in der EU arbeiten können. Um die Blue Card in Anspruch nehmen zu können, muss ein Arbeitsvertrag oder Jobangebot vorliegen und die Bezahlung das 1,5-fache des Durchschnittsgehalts des Mitgliedstaats betragen – in Branchen mit Fachkräftemangel jedoch weniger. Dies ist ein großer Sprung, denn alte Regelungen sahen etwa in Deutschland eine deutlich höhere Gehaltsbarriere vor. So mussten früher IT-Experten 66.000 Euro jährlich verdienen, heute reichen 33.000 Euro, um einwandern zu dürfen. Somit bietet die Blue Card zumindest auf dem Papier einen einfacheren Zugang für hochqualifizierte Zuwanderer aus Drittstaaten. Doch die Praxis sieht anders aus: Die Anzahl tatsächlich vergebener Blue Cards blieb bislang weit hinter den optimistischen Erwartungen zurück. Im Jahr 2013 wurden insgesamt nur 16.600 Blue Cards genehmigt – 85 Prozent davon in Deutschland. Neuere Daten liegen nicht vor. Dies liegt vor allem daran, dass neben der europäischen Blue Card-Richtlinie in vielen Ländern weitere Regelungen auf nationaler Ebene existieren, um hochqualifizierte Zuwanderer zu gewinnen. Während Deutschland die Blue Card als zentrale Säule der deutschen Arbeitsmigrationspolitik integrierte, wurde sie in vielen anderen Mitgliedstaaten gegenüber nationalen Regeln nachrangig behandelt – so etwa der Fall in Österreich, Frankreich und Schweden.[41] Wo jedoch nationale Vorgaben dominieren, können Fachkräfte innerhalb Europas nur schwer wandern. Dies gilt nicht zuletzt auch deshalb, weil auch die Blue Card selbst noch Schwächen hat: So gilt sie zunächst nur für das ursprüngliche Einwanderungsland, ein unkomplizierter Arbeitsplatzwechsel innerhalb der EU ist noch immer nicht möglich. Hierfür müssen erst wieder neue Hürden überwunden werden. Als Zielregion für hochqualifizierte Zuwanderer bleibt Europa daher aufgrund der vielen und oft nationalen Regelungen vergleichsweise unattraktiv. Das oft niedrige Qualifikationsniveau unterstreicht dies: In Kanada haben 64 Prozent der Zuwanderer aus Drittstaaten einen Universitätsabschluss, in Frankreich dagegen nur 30 Prozent und in Italien lediglich 10 Prozent. Auch wenn die europäische Initiative für Blue Cards einen ersten Ansatz für eine vereinfachte Zuwanderung liefert, zeigt das Beispiel doch, dass es Europa nach wie vor schwer fällt, substanzielle Fortschritte bei einer flächendeckenden Einwanderungspolitik zu erzielen. Hier besteht noch großes Aufholpotenzial.

Innerhalb der EU könnte sich das Potenzial der Arbeitsmigration als Ausgleichsventil für effizientere Arbeitsmärkte mittels vereinfachter grenzüberschreitender Anerkennung von Qualifikationen, eines leichten Zugangs zu Informationen über ausländische Arbeitsmärkte und der finanziellen Förderung von Mobilität besser entfalten. Hierzu gehören auch weitere Maßnahmen wie etwa eine verbesserte Fremdsprachenausbildung, die zumindest erweiterte Grundkenntnisse in Englisch vermittelt. Vergleichsuntersuchungen zeigen, dass ein gemeinsames Mindestniveau im Sprachunterricht europaweit nicht immer gegeben ist.

Fallstudie Mobilitätsstipendien: Erfolgsmodell *Erasmus-Förderung* auf Arbeitssuchende ausweiten. Bildungs- und Mobilitätsstipendien können insbesondere jungen Menschen in den Krisenländern helfen, europaweit Erfahrungen zu sammeln, ihre Kenntnisse und Fähigkeiten zu erweitern und im Hinblick auf ihre spätere berufliche Tätigkeit von ihrer internationalen Vernetzung zu profitieren. So leistet das *Erasmus-Programm* als Mobilitätsstipendium für Studenten hervorragende Dienste. In den letzten 25 Jahren wurde darüber über vier Millionen Studenten ein gebührenfreies Auslandsstudium ermöglicht, einschließlich eines Lebenshaltungs- und Reisekostenzuschusses. Um den Austausch junger Menschen möglichst früh und breit zu fördern, sollten bereits Schülern und auch Auszubildenden bezuschusste Bildungs- und Praxisaufenthalte in ganz Europa ermöglicht werden. Auch Arbeitssuchende könnten von solchen Vorteilen profitieren. Denn was spräche gegen die Einführung eines Programms, das sich auf die Mobilität von Arbeitslosen spezialisiert und ihnen hilft, in schwierigen Zeiten ihren persönlichen und beruflichen Horizont zu erweitern? Dies hätte sowohl einen gesellschaftlichen als auch volkswirtschaftlichen Nutzen. Gesellschaftlich, weil das Sammeln von Erfahrungen und Erkenntnissen im Ausland die grenzüberschreitende Verständigung fördert. Volkswirtschaftlich, weil so der Mangel an Fachkräften in Deutschland und anderen Ländern kompensiert und die Arbeitsmärkte

in Ländern mit hoher Arbeitslosigkeit entlastet werden könnten. Finanzierbar wären Mobilitätszuschüsse für Arbeitssuchende ohne Weiteres – die Ressourcen sind im Haushalt der
EU vorhanden, etwa im Europäischen Sozialfonds (ESF), der
mit einem jährlichen Volumen von 10 Milliarden Euro europaweit arbeitsmarktbezogene Projekte mit dem Ziel fördert, insbesondere (Langzeit-)Arbeitslosen, jungen Menschen und Migranten den Zugang zum Arbeitsmarkt zu erleichtern.

Letztlich sprechen für solche Programme für europaweite Bildungs-
und Arbeitsmobilität nicht nur ökonomische Argumente. Vielmehr
hilft der grenzüberschreitende Austausch vor allem auch dabei, die
europäische Identität zu stärken – und so die Idee von Wachstum
und Wohlstand als gemeinsames Projekt zu etablieren. Dies erfordert nicht einmal einen sonderlich großen Mitteleinsatz. Zum
Vergleich: Auf jeden Euro, der über Erasmus in die Förderung von
Studierenden fließt, kommen im EU-Haushalt über 130 Euro für
Agrarhilfen. Eine Gesellschaft, die ihre Zukunft in einem wissensbasierten Wirtschaftsraum sieht, sollte ihre Finanzierungsprioritä-
ten noch einmal überdenken.

Bessere Rahmenbedingungen für Unternehmen: Wirtschaftspolitik in der Pflicht

Wir haben auf den letzten Seiten zahlreiche Möglichkeiten kennengelernt, wie Europa seinen *Kapitalstock* modernisieren und die *Arbeitskraft* seiner Bürger aktivieren und effizienter einsetzen kann.
Mit diesen gezielten wirtschaftspolitischen Handgriffen kann die
Produktivität und die Wettbewerbsfähigkeit ganzer Volkswirtschaften und ihrer Unternehmen erhöht werden. Die Nachfrage nach
den Produkten und Dienstleistungen der Unternehmen steigt und

macht den Weg frei für neue Arbeitsplätze, sofern die Lohnentwicklung mit der Produktivität im Gleichgewicht bleibt.

Alle diese Maßnahmen setzen nachhaltige Anreize für Investitionen, die langfristig den Kapitalstock der Volkswirtschaft stützen und stärken. Sie verbessern das Umfeld und die Renditeaussichten für Unternehmen. Falsch liegen diejenigen, die in Produktivitätssteigerungen allein das Ziel ablesen, immer billiger zu produzieren – das Gegenteil ist der Fall. Denn insbesondere, wenn Maschinenparks mit Investitionen modernisiert werden, und wenn offene Arbeitsmärkte schnelle Reaktionen auf Auslastungsspitzen zulassen, wird das Angebot von Unternehmen höherwertig – und damit vor allem auf Exportmärkten weniger preissensitiv. Unternehmen können sich so aus einem destruktiven Unterbietungswettbewerb der Preise verabschieden und in einen konstruktiven Leistungswettbewerb der Qualitätsstandards eintreten. So kann fleißig exportiert werden.

Mit einer hohen Exportaktivität können wettbewerbsfähige Länder eine größere Volumenwirkung ihrer komparativen Vorteile erzielen. Das importierte Wachstum sorgt dann für eine Dynamik, die sich selbst verstärkt – mit mehr Investitionen, neuen Arbeitsplätzen, höheren Steuereinnahmen – und neuem Zukunftsvertrauen. Es geht vorwärts.

Allerdings: Damit sich alle diese Effekte innerhalb der neuen Rahmenbedingungen voll entfalten können, muss auch das weitere wirtschaftspolitische Umfeld stimmen. Eine besondere Rolle spielt dabei die Steuerpolitik.

Exkurs: Steuerpolitik kann Arbeitsmärkte und Erneuerung des Kapitalstocks unterstützen

Wie eng die *Arbeitsmärkte* und der *Kapitalstock* als elementare Produktionsfaktoren der europäischen Volkswirtschaften miteinander verbunden sind, zeigt ein Blick auf die Steuerpolitik. Mit niedrigeren Steuersätzen kann die Nachfrage der Unternehmen auf den Arbeitsmärkten und nach Investitionen in den Kapitalstock gefördert werden.[42]

Das gilt zunächst für die *Steuern auf Arbeitseinkommen*, die eine unmittelbare Auswirkung auf die Arbeitsbereitschaft von Arbeitnehmern haben. Werden Lohnsteuern erhöht, sinkt das Interesse von Arbeitnehmern an Mehrarbeit und die Bereitschaft dazu. Arbeitnehmer und Arbeitgeber suchen nach Strategien, diese Steuern zu umgehen. Ganz offensichtlich ist dies bei illegalen Aktivitäten wie Schwarzarbeit: Hier wird das komplette Einkommen verschwiegen und dem Staat so jegliche Möglichkeit der Besteuerung genommen. Auch für die gesamte Volkswirtschaft sind die Konsequenzen langfristig ungünstig, denn wenn Einkommen nur eingeschränkt beim Arbeitnehmer ankommen, sinken die extrinsischen Anreize für die individuelle Fort- und Weiterbildung. In diesem Zusammenhang hat sich die Erkenntnis durchgesetzt, dass nicht nur Steuern, sondern auch Sozialabgaben progressiv gestaltet werden könnten. Dies würde die Neueinstellung niedrigqualifizierter Arbeitsloser erleichtern.

Ähnliches gilt auch für die *Steuern auf Kapitaleinkommen*. In der Tat erlebt die Besteuerung von Kapitalstock und Kapitaleinkünften in diesen Tagen eine politische Renaissance – obwohl die Nebenwirkungen sehr schädlich sein können. Denn oft wird übersehen, dass gerade Kapital sehr mobil ist, also sehr leicht in anderen Anlageformen oder Regionen angelegt werden kann. So haben etwa die Höhe der Körperschaftssteuer und die Ausgestaltung der Bemessungsgrundlagen für Unternehmen einen großen Einfluss auf die Standortwahl, wie die vielen Niederlassungen internationaler Unternehmen etwa in Irland oder den Niederlanden zeigen. Zwar hat sich mittlerweile auch in der Politik die Ansicht durchgesetzt, dass man betriebliche Einkommen und Vermögen von einer intensiveren Besteuerung ausnehmen müsse. Allerdings übersieht die Politik in diesem Zusammenhang, dass auch private Einkommen und Vermögen letztlich als Eigen- oder Fremdkapital dem Wirtschaftsleben zugutekommen können. Anstatt Unternehmensvermögen und Gewinne höher zu besteuern, sollte stattdessen etwa die Möglichkeit von gezielten Sonderabschreibungsmöglichkeiten für Unternehmen ins Auge gefasst werden, um kurzfristig deren Kapitalstock zu stärken und das Investitionsumfeld zu bessern. Zeitlich befristete Abschreibungsmöglichkeiten haben den Vorteil, dass sie Investitionstätigkeit unmittelbar, zeitnah und vor Ort fördern – im Gegensatz zu allgemeinen Steuersenkungen, die weniger zielgerichtet sind.

Eine höhere *Besteuerung des Konsums* – etwa mittels einer höheren Mehrwertsteuer – wäre dagegen vergleichsweise wachstumsverträglich. Denn während eine höhere Einkommensteuer die Arbeitsbereitschaft dauerhaft senkt und eine höhere Kapitalsteuer die Investitionsneigung langfristig abschwächt und somit in beiden Fällen das zukünftige Wachstumspotenzial der Wirtschaft hemmt, verzerrt eine Konsumsteuer die Zukunftsentscheidungen der Haushalte nicht. Wenn die Einkommensteuern, wie gefordert, bei einer Erhöhung der Mehrwertsteuer sinken, müsste sich die kumulierte Steuerbelastung der Haushalte nicht erhöhen. Das Steuersystem wäre dann bei gleicher Belastung effizienter, da der Anteil verzerrender und vermeidbarer Einkommensteuern geringer und der neutraler Konsumsteuern höher läge. Steuervermeidung durch Schlupflöcher und Schwarzarbeit ließe nach. Richtig bleibt jedoch die Kritik, dass eine höhere Mehrwertsteuer insbesondere einkommensschwache Haushalte belasten würde, weil deren Konsum einen vergleichsweise hohen Anteil am Einkommen ausmacht, sie aber kaum von einer Senkung der Einkommensteuer profitieren würden. Deshalb empfiehlt es sich, bestimmte Produktgruppen wie etwa Grundnahrungsmittel von höheren Mehrwertsteuersätzen auszunehmen. Für untere Einkommensklassen könnten sich zudem höhere Freibeträge oder Transferzahlungen anbieten, damit ihr Konsumbudget nicht zu stark belastet wird.

Was aus wachstumsfördernder Sicht sinnvoll ist – nämlich die Faktoren *Arbeit* und *Kapital* geringer zu belasten als den *Konsum* –, ist jedoch nicht immer politisch durchsetzbar. Bei der Besteuerung von Unternehmensgewinnen wäre indes eine europäische Lösung hilfreich, um Bedenken vor einem schädlichen Unterbietungswettbewerb zu zerstreuen. Um den Standortwettbewerb innerhalb des europäischen Binnenmarkts jedoch nicht abzuwürgen, ihn zugleich aber fair zu halten, eignen sich Bänder für Körperschaftssteuern mit festen Ober- und Untergrenzen und eine gemeinsame Bemessungsgrundlage. Ein solcher Ansatz würde den Weg hin zu einer teilweisen Harmonisierung der Steuersysteme ebnen und zur Entlastung der Wirtschaft beitragen.

Anschluss an die Weltmärkte sicherstellen: gemeinsame strategische Außenhandelspolitik

Gute wirtschaftspolitische Rahmenbedingungen, wie wir sie in diesem Kapitel beschrieben haben, reichen für den Erfolg auf den Exportmärkten noch nicht aus. Vielmehr muss der Zugang zu den Weltmärkten auch institutionell vereinfacht werden – mit Abkommen für Freihandel, wechselseitigem Investitionsschutz und Doppelbesteuerung und nicht zuletzt mit einer gemeinsamen Exportstrategie und einer darauf abgestimmten Währungspolitik.

Abkommen für Freihandel und Investitionsschutz forcieren

In unserer globalisierten Welt geht die Grundorientierung der Außenhandelspolitik immer stärker in Richtung offener Märkte. Mittels Freihandelsabkommen werden Handelshemmnisse abgebaut, um so den Austausch zwischen Wirtschaftsräumen zu erleichtern und Wachstum und Wohlstand für alle Partner zu steigern. Zölle oder Importquoten schrittweise zu senken und schließlich abzuschaffen mutet wie eine einfache Aufgabe an, wenn man sie mit dem Erfordernis vergleicht, sogenannte *nicht-tarifäre Handelshemm-*

nisse zu beseitigen. Dies sind Handelsschranken in Form von Produktkennzeichnungspflichten, Sicherheitsstandards, Zulassungsverfahren oder Umweltstandards, welche nationale Anbieter latent begünstigen. Der Prozess der Harmonisierung mag zunächst kostspielig und langwierig sein, erzeugt langfristig aber hohe Effizienzgewinne von Investitionen innerhalb von Firmen und Branchen.

Eng verbunden mit den Freihandelsabkommen sind *Investitionsschutzabkommen*. Ihr Hauptzweck ist der Schutz international agierender Unternehmen vor Willkür der Zielländer ihrer Investitionen. Sie schützen vor Enteignung, ungleicher Behandlung und unerwarteten Änderungen rechtlicher Rahmenbedingungen. In einem solchen sicheren Umfeld mit höherer Planungssicherheit nehmen Direktinvestitionen zu. So beziffern Studien den Anstieg der Kapitalflüsse innerhalb von zwei Jahrzehnten auf nun rund 9 Prozent.[43] Beachtet werden muss dabei freilich, dass hierbei nur die direkten Kapitalflüsse gemessen werden – nicht jedoch die zusätzlichen Wachstumseffekte, die sich aus dem Investitionsschutz selbst ergeben. Sie dürften die direkten Effekte noch weit übersteigen.

Besonders entfalten können sich diese sogenannten *Zweitrundeneffekte* dann, wenn wechselseitige Investitionen von *Abkommen zur Vermeidung der Doppelbesteuerung* flankiert werden. Diese tragen dazu bei, dass Unternehmen oder Institutionen, die in mehreren Ländern Einkünfte erzielen, nicht in beiden Wirtschaftsräumen besteuert werden. In den teilnehmenden Ländern wird somit die Steuerunsicherheit für international agierende Unternehmen minimiert und der Geschäftsverkehr bilateral gefördert. Besonders in exportorientierten Volkswirtschaften wirkt sich die Beseitigung der wettbewerbsverzerrenden Einflüsse internationaler Doppelbesteuerung positiv auf die Konkurrenzfähigkeit der Unternehmen aus. Der grenzübergreifende Handel wird damit begünstigt. Er fördert Wirtschaftswachstum und Beschäftigung einmal mehr. Firmeninterne Wertschöpfungsketten können weiterhin über die Gründung von Tochterunternehmen im Ausland effizienter gestaltet werden. Ohne steuerliche Doppelbelastung werden weiterhin ausländische

Direktinvestitionen stimuliert und alternative Finanzierungsmöglichkeiten aus dem Ausland ermöglicht. Nicht nur die Unternehmen profitieren von Doppelbesteuerungsabkommen. Auch die Staaten können über den Austausch von Informationen Steuerflucht und Steuervermeidung vorbeugen.

Fallstudie TTIP mit Wachstumspotenzialen, aber politischen Widerständen. Seit Mitte 2013 verhandeln die USA und Europa über ein Freihandelsabkommen unter dem Namen *Transatlantische Handels- und Investitionspartnerschaft* (TTIP). Bisher fanden zahlreiche Verhandlungsrunden statt, bei denen es um den Abbau von Zöllen und nicht-tarifären Handelshemmnissen geht. Das Ziel des Abkommens ist eine stärkere Öffnung beider Märkte – es sollen Einschränkungen für kommerzielle Dienstleistungen verringert, Investitionssicherheit und Wettbewerbschancen verbessert und der Zugang zu öffentlichen Aufträgen auf allen staatlichen Ebenen vereinfacht werden. Die transatlantische Freihandelszone wäre riesig: 800 Millionen Menschen leben und konsumieren dies- und jenseits des Atlantiks. Zusammen machen EU und USA fast 50 Prozent der Weltproduktion, ein Drittel des Waren- und Dienstleistungshandels, knapp 60 Prozent des Bestands weltweiter Direktinvestitionen und ein Drittel der weltweiten Patentanmeldungen aus. Die Skaleneffekte des Gemeinsamen Marktes wären entsprechend gigantisch. Optimistische Szenarien gehen von 400.000 neuen Arbeitsplätzen in Europa aus. Dies ginge langfristig einher mit einer Einkommenssteigerung von 2,6 bis 9,7 Prozent in den EU-Ländern und 13,4 Prozent in den USA.[44] Teile der Politik und Zivilgesellschaft bleiben jedoch skeptisch. Größte Kritikpunkte sind Qualitätsstandards und der Investorenschutz – hier wird im Besonderen befürchtet, dass Schiedsgerichte letztlich zu Ungunsten von Umweltauflagen und Sozialstandards entscheiden könnten.

Ob TTIP am Ende die Ratifizierung der Parlamente aller teilnehmenden Staaten und des Europaparlaments erfährt, wird letztlich davon abhängen, wie sehr die Argumente der Befürworter überzeugen können. Die Intensität der Diskussion bedeutet jedoch nicht, dass eine erfolgreiche Außenhandelspolitik bei internationalen Abkommen für Handel, Besteuerung und Investorenschutz endet – im Gegenteil: Hier fängt sie erst an.

Gemeinsame Exportstrategie entwickeln

Außenhandelspolitik ist mehr als der Abbau von Zöllen und anderen Handelsschranken. Mit einer gemeinsamen koordinierten Exportstrategie kann Europa seine Kräfte noch besser bündeln, um auf den Weltmärkten erfolgreich zu sein.

Um das zu erreichen, benötigen die Länder Europas ein neues Selbstverständnis ihrer globalen Aktivitäten – und den Willen, Außenhandelspolitik künftig auch unter strategischen Gesichtspunkten zu führen. Dies erreichen wir nicht, indem wir einfach nur Zuständigkeiten definieren, so wie dies bereits heute implizit erfolgt. Eine informelle arbeitsteilige Interessenvertretung nach außen entlang naheliegender Linien – Portugal und Spanien kümmern sich um Lateinamerika, Frankreich und Belgien um Afrika, Deutschland und seine östlichen Nachbarn um die Regionen östlich der Europäischen Union – hat sich hingegen nicht bewährt. Dieser Ansatz missachtet, dass die historisch gewachsenen Handelsbeziehungen zu vielfältig sind, als dass sie sich vordergründig entlang offensichtlicher und vermuteter kultureller Gemeinsamkeiten arrangieren ließen. So genießt Frankreich auch im Osten Europas eine exzellente Reputation, und die Reputation deutscher Unternehmen in Lateinamerika ist trotz – oder gerade wegen – der kulturellen Unterschiede hoch. Zielführender wäre es daher, auf europäischer Ebene neue Ansätze zu finden, wie man Außenhandelspolitiken strategisch koordinieren könnte.

Wir müssen das Bewusstsein entwickeln, dass von einer gemeinsamen Außenhandelspolitik nur dann alle Europäer profitieren, wenn wir an einem Strang ziehen. Staatliche Einflussnahme, die einzig und allein das Ziel hat, nationale Interessen zu vertreten und eigene Unternehmen zu fördern, schadet europäischen Zielen. Hier sind insbesondere die Nationen in der Pflicht, die aufgrund ihrer wirtschaftlichen und außenpolitischen Machtposition besonders wirksam Einfluss auf die europäische Außenhandelspolitik nehmen können. Wenngleich nationale Strategien kurzfristig Profite versprechen, so schwächen sie doch die globale Wettbewerbsposition europäischer Unternehmen in der Gesamtschau. Mit der Erkenntnis, dass ein Mindestmaß an gemeinsamer Koordinierung zwischenstaatlichen Wettbewerb in konstruktive Bahnen lenken kann, kann Europa schlussendlich auch eine wirksame, weil glaubwürdige gemeinsame Außenhandelspolitik betreiben, die statt 28 nationaler Interessen die Belange aller europäischen Staaten vertritt.

EZB muss Rolle des Euro als internationale Leitwährung stärken

Eine besondere Rolle im Zusammenhang mit einer strategischen europäischen Außenhandelspolitik spielt die EZB. Mit einer glaubwürdigen Geldpolitik kann sie die Rolle des Euro als regionale und globale Leitwährung stärken. Die Vorteile liegen auf der Hand: Wird der Euro international in großem Umfang zu Wertaufbewahrungs- und Transaktionszwecken genutzt, steigen die Handlungsmöglichkeiten Europas, internationale Handelsbeziehungen nicht nur aufzubauen und zu vertiefen, sondern auch aktiv zu gestalten. Nicht zuletzt nehmen für europäische Unternehmen und Haushalte Wechselkursunsicherheiten ab, und Transaktionskosten sinken, wenn der internationale Zahlungsverkehr in der eigenen Währung durchgeführt wird.

Noch hält sich der Euro hinter dem US-Dollar an zweiter Stelle als Weltreservewährung mit einem Anteil von etwas über 20 Prozent der weltweit offengelegten Devisenreserven.[45] Als Transaktionswährung liegt sein Anteil bei 29 Prozent. Die jüngste Abwertung gegenüber dem US-Dollar hat zu einem leichten Rückgang beider Größen geführt. Bedingt durch das niedrige Zinsniveau ist zudem zuletzt der Anteil der internationalen Schuldtitel-Emissionen in Euro gestiegen – Anfang 2015 lag er bei rund 30 Prozent und damit 9 Prozentpunkte über dem Vorjahresniveau. Im weltweiten Wettbewerb der Reserve- und Transaktionswährungen konkurriert der Euro jedoch nicht in erster Linie mit dem US-Dollar – dieser ist und bleibt die unangefochtene Nummer eins. Der eigentliche Konkurrenzdruck dürfte sich schon bald aus dem Aufstieg der Währungen zahlreicher Wachstumsstaaten aufbauen – insbesondere aus Asien.

Damit der Euro seine Bedeutung als attraktive Währung im internationalen Zahlungsverkehr und für Reservezwecke nicht verliert, darf die EZB den Vertrauensvorschuss nicht verspielen, den die Märkte ihr in diesen Tagen mit Blick auf die Zukunftsfähigkeit der Eurozone entgegenbringen. Mithilfe ihrer unkonventionellen Maßnahmen haben die EZB und die übrigen europäischen Zentralbanken ihre starke Handlungsfähigkeit mehrfach unter Beweis gestellt und zunächst für Ruhe an den Märkten gesorgt. Allerdings sind ihre Möglichkeiten, den EU-Ländern über ebensolche Maßnahmen dauerhaft Zeit zu kaufen, begrenzt. Letztlich sind die europäischen Regierungen in der Pflicht, strukturelle Reformen zügig anzugehen. Denn nur so bleibt der europäische Wirtschaftsstandort für ausländische Investoren dauerhaft attraktiv und der Stellenwert des Euro in internationalen Finanzgeschäften hoch. Die Stärkung des Euro als Leitwährung ist daher ein Gemeinschaftswerk von EZB und der Wirtschaftspolitik der Mitgliedstaaten. Insbesondere der EZB muss in diesem Zusammenhang der Balanceakt gelingen, mit geschickter Kommunikation Reformen anzumahnen und zugleich den Druck auf die Euroländer sanft zu erhöhen, indem sie verdeutlicht, dass ihre unkonventionellen Maßnahmen nicht von Dauer sein werden. Dies ist nicht zuletzt in ihrem eigenen Interesse, hängt doch die Wirkung ihrer Geldpolitik einerseits von der Glaubwürdigkeit der

Institution und andererseits von den wirtschaftspolitischen Rahmenbedingungen ab. Eben dies verdeutlicht einmal mehr, dass die unkonventionellen Maßnahmen der Geldpolitik in der Krise nicht im Widerspruch zu ihrer langfristigen Orientierung an einer starken und stabilen Währung stehen müssen, sofern es der Zentralbank rechtzeitig gelingt, mit einer starken Exit-Strategie ihre Glaubwürdigkeit aufrechtzuerhalten. Diese Glaubwürdigkeit wiederum stärkt die Rolle der eigenen Währung als internationale Ankerwährung. Sie flankiert schlussendlich das exportorientierte Wachstumsmodell und erleichtert dessen wirtschaftspolitische Umsetzung in der Praxis.

Reformen wirksam durchsetzen – aber wie?

Ein besseres Wettbewerbsumfeld für die europäische Wirtschaft ist möglich – mit einem modernen Kapitalstock, qualifizierten Arbeitskräften und effizienter Besteuerung, aber auch der Förderung globaler Handelsbeziehungen. Mit umfassenden Strukturreformen und Initiativen, die in diesem Kapitel mit zahlreichen Fallstudien illustriert wurden, kann Europa die Wettbewerbsfähigkeit erreichen, die es benötigt, um langfristige Wachstumsperspektiven über die Exportmärkte zu sichern. Viele der Maßnahmen, die wir diskutiert haben, sind bekannt, andere sind neu. Gemein ist ihnen, dass sie in ihrer Gesamtheit in Europa noch keine Verbreitung gefunden haben. Denn: Eine europäische Reformagenda, selbst wenn sie nachhaltigen Erfolg verspricht, droht in der Schublade zu bleiben, wenn sie sich nicht mit der Agenda einzelner souveräner Regierungen deckt.

Damit läge der Ball wieder bei der *Wirtschaftspolitik*. Die Reformagenda muss letztlich von den Mitgliedstaaten selbst ausgefüllt werden. Entscheidende Schritte hat dieses Kapitel skizziert. Allein: Wirtschaftspolitische Veränderungen brauchen Mehrheiten – und Mehrheiten werden in der Regel nur über politische Kompromisse erreicht.

Zahlreiche Staaten in Europa haben das in der Vergangenheit geschafft. Sie waren in der Lage, sich aus eigener Kraft erfolgreich zu reformieren. Das zeigen folgende drei Fallstudien.

Fallstudie Niederlande Anfang der 1980er Jahre: Breiter Konsens am runden Tisch. Die Niederlande litten in den 1970er Jahren unter einer hohen Lohn-Preis-Spirale. Lohnzuwächse überstiegen regelmäßig die Produktivitätsentwicklung. Als Anfang der 1980er Jahre die Wirtschaft stark schrumpfte, schossen die Arbeitslosenzahlen in die Höhe. Reformen wurden im sogenannten *Wassenaar-Prozess* vereinbart – benannt nach dem niederländischen Küstenort. Arbeitgeberorganisationen, Gewerkschaften und Vertreter der Regierung trafen sich an runden Tischen und einigten sich bald auf konsequente Lohnzurückhaltung und eine Senkung des Mindestlohns. Unternehmen erhielten im Gegenzug für die Schaffung neuer Arbeitsplätze eine Perspektive auf Steuersenkungen. Zudem wurde die Arbeitslosenhilfe an Bedingungen geknüpft, Hindernisse für Teilzeitarbeit wurden abgebaut und Fortbildungsmaßnahmen finanziert. Die Folgen waren spürbar: Die Lohnquote, also der Anteil der Arbeitseinkommen am Einkommen einer Volkswirtschaft, sank in den Niederlanden von 70,6 Prozent im Jahr 1981 auf 65,6 Prozent im Jahr 1990. Die Arbeitslosigkeit fiel nach einem kurzfristigen Anstieg auf 8,3 Prozent im Jahr 1983 schließlich auf 5,1 Prozent im Jahr 1990.

Fallstudie Irland Anfang der 1990er Jahre: Reformen gegen Transferzahlungen. Irland litt Anfang der 1990er Jahre unter einer besonders hohen Arbeitslosenquote. Angesichts schwacher gesamtwirtschaftlicher Wachstumsraten und starker Lohnsteigerungen änderte sich an dieser Lage zunächst nichts. Doch die Regierung handelte. Zwischen 1988 und 1990 wurden Lohnsteigerungen begrenzt. Um die Kooperation der Gewerkschaften zu sichern, wurden zugleich Transferzahlungen an Privathaushalte geleistet und die Einkommensteuer gesenkt. Es folgten weitere Reformen, die stets eine Liberalisierung der Arbeitsmärkte mit einer Senkung der Einkommensteuer verknüpften. Dies steigerte deren Akzeptanz in der Bevölkerung und bei den Gewerkschaften. Die strukturellen Reformen zeigten langfristige Wirkung: Die Arbeitslosigkeit fiel von 18,4 Prozent im Jahr 1988 auf 3,9 Prozent im Jahr 2001, das durchschnittliche Wirtschaftswachstum der 1990er Jahre betrug 6,9 Prozent, während es in den 1980er lediglich bei 2,4 Prozent lag.

Fallstudie Deutschland vor 15 Jahren: Konsens ohne Sozialpartner. Die deutsche Wirtschaft litt in den ersten Jahren nach dem Beitritt zur Währungsunion unter hohen Lohnstückkosten und inflexiblen Arbeitsmärkten. Versuche, gemeinsam mit den Tarifparteien einen Reformprozess anzustoßen, scheiterten. Zwar bemühte man sich bereits Ende der Neunzigerjahre mit dem *Bündnis für Arbeit, Ausbildung und Wettbewerbsfähigkeit*, an die Erfolge des *Wassenaar-Prozesses* anzuknüpfen, doch Arbeitgeberverbände und Gewerkschaften blockierten die Gespräche. Entsprechend wurde die *Agenda 2010* von der damaligen Bundesregierung ohne weiteren Diskurs verabschiedet. Kanzler Schröder musste dies mit seiner Wahlniederlage 2005 bezahlen, doch die Reformen wirkten: Die Arbeitslosigkeit sank von 2005 bis 2008 von 11 auf 7,4 Prozent – nicht zuletzt, weil die höhere Wettbewerbsfähigkeit zu Erfolgen auf den Exportmärkten beitrug. So stieg der Exportüberschuss Deutschlands binnen drei Jahren von 134 auf 218 Milliarden Euro.

Diese Fallstudien verdeutlichen, dass Reformprozesse möglich sind, wenn der politische Wille vorhanden ist und parteipolitische Sonderinteressen hintangestellt werden. Allerdings unterscheiden sich die Herausforderungen, Akteure und Kontexte zwischen den Ländern Europas erheblich. Einheitsrezepte und Oktroyierung von außen sind da selten hilfreich. Reformprozesse müssen aus dem Inneren durchgesetzt werden. Dies ist auch deshalb der Weg zum Erfolg, weil nationale Entscheider letztlich diejenigen sind, die von ihrer Bevölkerung legitimiert sind und ihr gegenüber in der politischen Verantwortung stehen.

Reformanreize stärken: Idee der Reformverträge wiederbeleben

Die Vorschläge einer erfolgreichen Reformagenda liegen also auf dem Tisch – und das nicht erst seit gestern. Das Hindernis für ein Vorankommen Europas liegt also weniger in einer glaubhaften Strategie, sondern vielmehr im mangelnden politischen Willen der einzelnen Mitgliedstaaten, Reformen konsequent durchzusetzen. Eine Diskussion über Strukturreformen kommt deshalb nicht ohne die Frage aus, über welche Mechanismen die Reformbereitschaft gestärkt werden kann. Die Möglichkeit zu finanziellen Anreizen von überstaatlicher Seite kann dabei ein wirksames Mittel sein. In diesem Zusammenhang ist es empfehlenswert, die Idee finanziell konditionierter Reformvorhaben wiederzubeleben. Die Initiative an sich ist nicht neu. Bereits im Jahr 2012 schlug Herman van Rompuy, der damalige Präsident des Europäischen Rates, zusammen mit den Präsidenten der Europäischen Kommission, der Eurogruppe und der EZB in einem größeren Bericht zur Reformfähigkeit der Eurozone sogenannte *Reformverträge* vor.[46] Das Konzept bestand aus zwei Komponenten.

- *Völkerrechtliche Verträge für Reformen.* Euroländer sollten Verträge mit der Europäischen Kommission abschließen. In diesen Verträgen sollten sie sich zu Reformen in jenen Bereichen verpflichten, die die Anpassungsfähigkeit ihrer Volkswirtschaften erhöhen, und damit auch die Anfälligkeit der Währungsunion insgesamt reduzieren. Das gilt insbesondere für Reformen auf den Märkten für Arbeit, Güter und Dienstleistungen, aber auch im öffentlichen Sektor, wie etwa den Steuer- und Ausbildungssystemen. Befürworter versprachen sich davon maßgeschneiderte und verbindliche Empfehlungen dort, wo Gruppendruck nicht wirkt beziehungsweise die europäischen Verträge der Kommission keine Koordinierungs- und Kontrollfunktion zuschreiben. Zudem sollte die nationale Identifikation der Länder mit ihrem Reformkurs gestärkt und die Selbst- und Fremdverpflichtung nach innen und nach außen erreicht werden.

- *Finanzielle Anreize.* Im Gegenzug sollten Mitgliedstaaten für kurzfristige reformbedingte Belastungen der öffentlichen Haushalte eine günstige Finanzierung erhalten – etwa durch zinslose Darlehen. Die Finanzierungsweise wurde jedoch nicht abschließend geklärt.

Die Idee wurde damals nicht weiterverfolgt, weil sie nicht mehrheitsfähig war – zu gering war zum damaligen Zeitpunkt der politische Konsens über das wahre Ausmaß des Reformdrucks. Zudem litt der Vorschlag auch unter Unstimmigkeiten, denn er zielte darauf ab, finanzielle Mittel nicht nur als Anreiz für Reformen, sondern auch als Ausgleichszahlung für Konjunkturschwankungen auszugeben – Letzteres blieb hoch umstritten. Zuletzt verlor die Initiative für Reformverträge an Bedeutung, als die Bestandsgarantie der EZB für die Eurozone ab Sommer 2012 die Finanzierung der Krisenländer an den Kapitalmärkten wieder erleichterte.

Das könnte sich jedoch ändern, wenn sich die Einsicht durchsetzt, dass das Maßnahmenarsenal der EZB letztlich einen befristeten Zeithorizont hat. Sobald die EZB die Rücknahme ihrer unkonventionellen Maßnahmen einleitet, werden die Kapitalmärkte in ihrer Finanzierungsbereitschaft für Staaten wieder eine stärkere Korrektivfunktion für die nationale Wirtschaftspolitik einnehmen. Gerade deshalb lohnt es sich heute umso mehr, die Idee der Reformverträge wieder aufzugreifen. Reformverträge können die nationale Reformagenda in Kooperation mit den Sozialpartnern in glaubwürdige Arrangements gießen. Und nicht zuletzt könnte die

Einhaltung der Verträge mit finanziellen Anreizen von europäischer Ebene zusätzlich abgesichert werden.

Reformanreize mit fiskalischer Kapazität bündeln

Auf europäischer Ebene bräuchte es dafür eine *fiskalische Kapazität für Reformbemühungen*, die finanzielle Unterstützung konditioniert an solche Länder auszahlen würde, die ihren selbstgewählten Reformkurs einhalten – und möglicherweise eine Vorfinanzierung des Reformaufwandes benötigen. So könnte eine neue Kultur der wirtschaftspolitischen Koordinierung entstehen, die weniger auf Verhandlungen, Sanktionen und Vermeidungsverhalten beruhen würde als vielmehr auf einem konstruktiven Ansatz, der neue Anreizstrukturen schafft und mit Belohnungen zum Handeln anregt. Damit dies gelingt, müsste die gemeinsame fiskalische Kapazität, die Überbrückungsfinanzierungen für Reformen leistet, eine *dreifache Unabhängigkeit* genießen.

- *Unabhängige Mittelvergabe.* Entscheidungen über die Mittelvergabe der Fazilität dürfen nicht von Regierungsvertretern getroffen werden, sondern nur von einem unabhängigen Gremium. Bereits heute praktiziert die *Europäische Investitionsbank* erfolgreich eine Mittelvergabe, die sich den Einflüssen des politischen Tagesgeschäfts weitgehend entziehen kann.
- *Zweckgebundene Auszahlung.* Im Gegensatz zu früheren Vorschlägen sollten Mittel aus der gemeinsamen Kapazität nicht zum Ausgleich konjunktureller Schwankungen verwendet werden. Denn erstens würden diese keine Reformanreize setzen. Zweitens könnten Konjunkturprognosen schon bald zum Gegenstand politischer Begehrlichkeiten werden, sofern sie eine Ausschüttung von Mitteln bedingen würden. Und drittens würden Ungenauigkeiten in vorläufigen Prognosen es unmöglich machen, Ausgleichzahlungen für konjunkturelle Schwankungen zeit- und zielgerecht auszuzahlen. Im schlimmsten Falle hätten sie eine

prozyklische Wirkung und würden damit das eigentliche Ziel der Stabilisierung konterkarieren.

- *Unabhängige Finanzierung.* Die Unabhängigkeit muss auch für die Finanzierung der Fazilität gelten. Es empfehlen sich regelmäßige Beitragszahlungen der Mitgliedstaaten oder eine eigene EU-Steuer. Um die letztere Option zu erreichen, müssten jedoch die Europäischen Verträge geändert werden, was heute kaum möglich scheint. Eine Alternative wäre, einen festen Anteil der nationalen Zentralbankgewinne nicht an die nationalen Haushalte der teilnehmenden Länder auszuschütten, sondern sie auf ein nationales Vorratskonto in der Kapazität umzuleiten. Die Mittel einer solchen Kapazität könnten dann entweder dafür genutzt werden, Reformen vorzufinanzieren oder – falls Mittel nicht über *Reformverträge* abgerufen würden – für den Abbau der Staatsverschuldung zu nutzen. Ohne die grundsätzliche Zustimmung der nationalen Parlamente, ihr Haushaltsrecht in diesem Bereich einzuschränken, wäre ein solcher Weg verfassungsrechtlich allerdings kaum gangbar.

Freilich wird der Vorschlag einer *fiskalischen Kapazität* immer dem Vorwurf mangelnder demokratischer Legitimierung ausgesetzt sein. Dem wäre entgegenzuhalten, dass Reformverträge allein auf freiwilliger Basis geschlossen und die Reformlisten von den Parlamenten der Mitgliedstaaten freigegeben würden. In jedem Falle jedoch könnte auf Grundlage der Reformverträge eine neue Glaubwürdigkeit der Wirtschaftspolitik erwachsen, die Investoren so schätzen und nicht selten zum wichtigsten Bestandteil ihrer Standortwahl machen. Eine gute Infrastruktur, exzellente Fachqualifikationen und wettbewerbsfähige Lohnstrukturen am Standort sind für Unternehmen mit Investitionsplänen nämlich nur dann von Interesse, wenn sie sich zugleich auf ein konstantes wirtschaftspolitisches Umfeld verlassen können. In diesem Sinne kann eine langfristig glaubwürdige Wirtschaftspolitik das Vertrauen in den

Standort festigen und langfristigen Investitionen den Weg ebnen. Sie ist auf Dauer ein entscheidender Wachstumsfaktor.

Ausblick: Langfristige Reformperspektiven schaffen Rückhalt für Investitionen

Die richtigen Reformideen für ein wettbewerbsfähigeres Europa müssen nicht nur im Entwurfsstadium verharren. Wir können sie umsetzen! Ein Blick auf die Reformprozesse der letzten Jahrzehnte verdeutlicht, dass sich dafür auch gesellschaftliche Mehrheiten finden lassen – sofern breite Koalitionen für den Wandel geschlossen und Maßnahmen richtig kommuniziert werden. Einiges von den Vorschlägen ist in den Ländern Europas in den letzten Jahren schon erfolgreich umgesetzt worden, doch es bleibt noch viel zu tun. Unser Vorschlag, die Idee von *Reformverträgen* wiederzubeleben, gibt der Reformagenda eine langfristige Perspektive – und verhindert, dass kurzfristige Reformvorhaben schon bald wieder verwässert werden. Je glaubwürdiger die Reformbemühungen sind, desto rascher hellen sich die Perspektiven auf Wachstum auf. Sie regen dazu an, in einen modernen Kapitalstock und neue Arbeitsplätze zu investieren. So steigt die Wettbewerbsfähigkeit, die Nachfrage auf den Weltmärkten zieht an, die Konjunktur brummt, Arbeitsmärkte leben auf – und neue Investitionen folgen.

Allerdings: Mit dem richtigen Umfeld allein ist es nicht getan. Im nächsten Schritt muss die Leistungsfähigkeit europäischer Unternehmen im Gemeinsamen Markt, dem Binnenmarkt, gesteigert werden – auf dass diese das exportorientierte Wachstumsmodell unseres Kontinents aktiv ausfüllen und weiterentwickeln. Dies kann gelingen, wenn wir die vielen ungenutzten Potenziale des gemeinsamen europäischen Marktes heben.

Das nächste Kapitel soll davon handeln.

V

KRÄFTE FÜR DEN WELTWEITEN ERFOLG BÜNDELN: AUF DIE UNTERNEHMEN KOMMT ES AN!

- **Die Digitalisierung verändert die Unternehmenswelt radikal. Europas Unternehmen dürfen dabei den Anschluss nicht verpassen.** Viele Unternehmen unterschätzen die technische Umwälzung – dabei schafft die Digitalisierung dynamische Wertschöpfungsnetzwerke, aus denen sich neue Geschäftsmodelle ergeben. Diese Entwicklung beobachten wir in den Dienstleistungsbranchen bereits heute. Zusätzlich sinken die Barrieren für den Eintritt in neue Märkte, sodass der internationale Konkurrenzdruck auf Europas Unternehmen immer weiter zunimmt. National agierende Unternehmen haben es in diesem Umfeld schwer, sich gegen internationale Konzerne zu behaupten.
- **Die Digitalisierung industrieller Wertschöpfungsstrukturen _(Industrie 4.0)_ liegt noch vor uns. Europas Unternehmen können sie als Chance nutzen – sofern sie sich auf ihre Stärken in der Industrie konzentrieren und ihre Kräfte bündeln.** In der neuen, digitalen Weltwirtschaft benötigen die Unternehmen eine kritische Masse, um gegen die Konkurrenz globaler Konzerne zu bestehen. Noch offenbart die Unternehmenslandschaft in vielen Branchen das Potenzial für europäische Zusammenschlüsse. Familiengeführte und staatliche Unternehmen zeigen im Besonderen, wie mithilfe von Kontinuität und strategischer Weitsicht wichtige Zusammenschlüsse gelingen und Marktanteile gesichert werden. Dazu gehört der Mut der Unternehmer, kurzfristiges Risiko für langfris-

tigen Erfolg in Kauf zu nehmen. Das Spielfeld für verstärkte Unternehmenskonsolidierung und -kooperationen bietet der gemeinsame europäische Markt.

- **Unternehmen müssen neue Formen der Kooperation entdecken und vorantreiben.** Europa bietet eine riesige Vielfalt, jedes Land verfügt über individuelle Stärken, die oft aber nicht gemeinsam genutzt werden. Von Unternehmen erfordert es Kreativität und Offenheit, neue Wege der Zusammenarbeit zu entdecken und vorbehaltslos zu forcieren – etwa in grenzüberschreitenden Forschungskooperationen. So entsteht ein produktives Miteinander aus Wirtschaft, Wissenschaft und Politik, in dem gegenseitige Impulse zu innovativen Lösungen und einer wettbewerbsfähigen Unternehmenslandschaft führen.
- **Wenn Unternehmen die Initiative ergreifen, können sie neue Denkweisen in Europa etablieren.** Europas Unternehmen müssen den Eigenantrieb entwickeln, diese Potenziale zu nutzen. Die Chancen hierfür stehen gut, denn es liegt in ihrem Eigeninteresse, statische Effizienz zu erreichen und eine dynamische Geschäftsentwicklung voranzutreiben, um so das ureigene Ziel einer jeden Unternehmung zu erlangen: langfristig profitabel zu wirtschaften. Im Ergebnis entstehen so wahre europäische Unternehmensstrategien, die kulturelle Blockaden in den Köpfen lösen und die Kräfte der Unternehmen langfristig entfesseln.

Solide gesamtwirtschaftliche Strukturen und Rahmenbedingungen, wie wir sie im letzten Kapitel kennengelernt haben, sind allein noch kein Garant für ein erfolgreiches europäisches Geschäftsmodell. Vielmehr müssen Unternehmen diese Strukturen auch ausfüllen – und das exportorientierte Wachstumsmodell aktiv betreiben. Für Unternehmen bedeutet das, mit Flexibilität, Mut und Kreativität die Möglichkeiten, die Europas wirtschaftliche Integration bietet, zu nutzen. Je konsequenter Europas Unternehmen ihre Kräfte im Gemeinsamen Markt bündeln, desto besser können sie die äußeren

Rahmenbedingungen zu ihrem Vorteil nutzen und so ihre langfristige Wettbewerbsfähigkeit sicherstellen.

In einer Zeit, in der sich die Unternehmenswelt wandelt, wird das umso wichtiger.

Digitalisierung verändert die Unternehmenswelt radikal

Bereits im zweiten Kapitel haben wir die Digitalisierung als eine große Herausforderung für Europa identifiziert. Der technische Wandel führt dazu, dass Informationen und Wissen immer schneller und unabhängig von Ort, Raum und Zeit verfügbar sind. In dieser neuen digitalen Welt verändern sich die Verhaltensweisen von Menschen und Gesellschaft. Im Privatleben nutzen viele von uns bereits heute Tag für Tag die Kommunikation über soziale Netzwerke wie *Facebook* oder *Twitter* und erleben so hautnah, wie die neuen Möglichkeiten unser Zusammenleben stark beeinflussen. Diese Entwicklung hat die Arbeitswelt ebenfalls erfasst. Die klassischen Prozesse der betrieblichen Kommunikation verlaufen immer dynamischer, wodurch permanente Rückmeldungen möglich sind. In Echtzeit können Projekte so überwacht, angepasst und verbessert werden.

Doch dabei bleibt es nicht. Aus der Digitalisierung ergeben sich zudem völlig neue Geschäftsmodelle, da immer mehr Produkte und Dienstleistungen von der analogen in die digitale Welt überführt werden. Wir können heute nicht nur online kommunizieren, sondern auch einkaufen, Musik hören, Filme schauen, Versicherungen abschließen, Überweisungen durchführen – es entsteht ein unbegrenzter Raum an Möglichkeiten. Diese digitalen Vertriebswege haben zur Folge, dass sich die Erscheinungsbilder ganzer Sektoren radikal wandeln. Freilich birgt dies große Risiken für viele Geschäftsmodelle, die bereits heute überholt sind. Es bietet aber auch neue Chancen und ungeahnte Möglichkeiten für Innovationen, wie die folgenden Beispiele zeigen.

- *Beispiel Einzelhandel.* Internet-Plattformen gewinnen an Bedeutung – selbst in solchen Nischen, die vor zehn Jahren noch als vollständig analog galten. Rund 7 Prozent des Einzelhandels in Europa werden mittlerweile online abgewickelt, in Großbritannien (13,5 Prozent) oder Deutschland (10 Prozent) sind es noch mehr. Während der stationäre Einzelhandelsumsatz in Europa zuletzt um 1,4 Prozent zurückging, stiegen die Umsätze der Online-Händler um 18,4 Prozent.[47] Branchenführer *Amazon* konnte seinen Umsatz in Deutschland innerhalb von fünf Jahren fast verdreifachen. Mit 22,5 Millionen Besuchern im Monat führt es hierzulande noch vor *eBay* (21 Millionen) die Liste der größten Online-Shops an.[48] Die Vorteile des Online-Einkaufs sind offensichtlich: Anbieter werden im Internet mit einem Klick gefunden, und das gesuchte Produkt kann schnell und oft kostengünstiger aus einem nahezu unerschöpflichen Angebot ausgewählt werden. Lokale Ladengeschäfte können da schnell den Anschluss verlieren, sofern sie sich nicht spezialisieren, mit besonderen Zusatzdienstleistungen aufwarten oder selbst digitale Vertriebswege aufbauen.
- *Beispiel Musikindustrie und Buchhandel.* In der Musikindustrie hat der klassische Verkauf von Tonträgern ausgedient. Er wird mit volldigitalisierten Produkten und Vertriebswegen ersetzt, die Musikangebote von der klassischen Albenstruktur entkoppeln und einzeln zugänglich machen. Marktführer beim Online-Verkauf von Musik ist *Apples* Dienst *iTunes*. In Deutschland erzielt die Musikindustrie mittlerweile ein Viertel des Umsatzes durch den Verkauf von Musik über digitale Wege, nachdem sie den digitalen Umbruch zunächst verpasst hatte. Ähnlich der Buchhandel: Statt in gedruckten Büchern zu schmökern, greifen immer mehr Menschen zu *E-Books* als digitale Alternative. In den USA werden bereits 22 Prozent der Bücher in digitaler Form verkauft – Ten-

denz steigend. Auch hier beherrscht *Amazon* den Markt und verkauft 40 Prozent aller E-Books in Europa.
- *Beispiel Medienbranche.* Online-Angebote laufen den traditionellen Printerzeugnissen mehr und mehr den Rang ab – die Nutzerzahlen der Internetableger traditioneller Printprodukte steigen, während das Printangebot selbst immer weniger Abnehmer findet. Zusätzlich eröffnen vor allem die Werbeflächen den Anbietern von Online-Inhalten neue Perspektiven auf lukrative Geschäftsmodelle. Auch für Fernsehsender gibt es neue digitale Konkurrenz, sogenannte Streaming-Dienste, die Inhalte wie Filme, Serien und Dokumentationen auf Abruf bereitstellen (*Video on Demand*). Mittlerweile produzieren die Anbieter bereits eigene erfolgreiche Formate, die ein zentraler Bestandteil des zukünftigen Angebots werden sollen. Vorreiter ist der amerikanische Dienst *Netflix*, der mittlerweile über 40 Millionen US-Haushalte als Kunden zählt und mit Macht in den europäischen Markt drängt, wo er auf die Hauptkonkurrenten *Amazon* und *Maxdome* trifft.

Diese Beispiele demonstrieren, wie sich ganze Branchen infolge neuer digitaler Geschäfts- und Vertriebsmöglichkeiten wandeln. Und aus ihnen wird ebenso deutlich, dass es bislang vornehmlich US-amerikanische Unternehmen sind, die diese Potenziale digitaler Dienstleistungen ausschöpfen. Und so befinden sich die digitalen *Hot Spots* der Welt allesamt außerhalb Europas. Die Liste der 20 größten Internetunternehmen nach Börsenwert wird von Amerikanern und Asiaten dominiert. Mit dem deutschen *Rocket Internet* hat es nur ein einziger Europäer in die Rangliste geschafft.[49] Das *Silicon Valley* im US-Bundesstaat Kalifornien als Herzstück der amerikanischen Computer- und Internet-Industrie veranschaulicht dies. Mit einer Wertschöpfung von 167 Milliarden Euro ist es der mit Abstand größte lokale Innovationscluster der Welt und auch heute noch die Ideenschmiede für die digitalen Trends von morgen – nirgendwo sonst entstehen so viele Jungunternehmen (*Start-ups*) wie dort.[50]

Europa hat den Internet-Boom über Jahre hinweg verschlafen. Freilich gab es auch von Zeit zu Zeit Erfolgsgeschichten, doch diese sporadischen Ausnahmen können nicht darüber hinwegtäuschen, dass Europa hier nicht zur Weltspitze gehört. Zu groß scheint die Macht von *Apple*, *Microsoft*, *Google* und Co., als dass sich diese Situation auch nur allzu bald ändern könnte. Hier wird es Europa also schwer haben, den Anschluss an die Amerikaner wiederherzustellen. Wir sollten uns daher vielmehr den Bereichen zuwenden, in denen die Digitalisierung in Zukunft einziehen wird. Wenngleich die digitale Umwälzung heute vornehmlich auf Dienstleistungsbereiche fokussiert ist, wird es dabei nicht bleiben.

Digitalisierung erfasst weitere Branchen

Der technische Wandel zieht immer weitere Kreise und wird zunehmend auch das Gesicht der Industrie verändern – und damit jenen Bereich, in dem wir Europäer ganz besonders unsere Stärken haben. Wer hätte noch vor zehn Jahren gedacht, dass die LED-Technologie die komplette Beleuchtungsbranche von Grund auf verändert? So wurde der Weltmarkt für Leuchtmittel lange Zeit von drei großen Herstellern in einer Art stabilem Oligopol dominiert – *General Electric* (USA), *Osram* (Deutschland) und *Philips* (Niederlande). Doch deren einstige Vormachtstellung bröckelt heute, da Licht nicht mehr allein mit Gas und Glühdraht entsteht, sondern vermehrt durch Halbleiter in der Form von LEDs (*light-emitting diode*). Seitdem sind zahlreiche LED-Produzenten als neue Wettbewerber in den Markt eingetreten. Der leichte Zugang zur neuen Technologie lässt zudem innovative Start-ups entstehen, die etwa Leuchten mit dem Internet verbinden und so ganz neue Möglichkeiten der Lichtgestaltung und des Beleuchtungsmanagements eröffnen. Und nicht nur das: Auch die Lebensdauer der LEDs verändert die Branche, da sie mit durchschnittlich 22 Jahren rund 25-mal so lange wie klassische Glühbirnen und drei- bis fünfmal solange wie Energiesparlampen leuchten. Dies alles setzt die ehemaligen Marktführer unter Druck. *Philips* verkaufte etwa seine LED-Sparte komplett und will auch den Rest seines Lichtgeschäfts abtreten – das Ende einer Tradition, schließlich ist der Konzern vor 125 Jahren als Glühbirnenhersteller gestartet. *Osram* plant, das Privatkundengeschäft abzuspalten. Wie lange *General Electric* noch im Leuchtmittelmarkt aktiv sein wird, bleibt abzuwarten.

Wir sehen also: Selbst alteingesessene Branchenchampions können von neuen Entwicklungen schnell überrollt werden. Jahrzehntelange Gesetzmäßigkeiten verändern sich in Windeseile und entwerten so Geschäftsmodelle, die zuvor kontinuierliche Gewinne abwarfen. Solche Trends werden sich zukünftig noch rasanter vollziehen und die Spielregeln der Unternehmenswelt radikal verändern – dies gilt insbesondere für weite Bereiche der Industrie, wo die große technische Zäsur erst noch bevorsteht.

Big Data: Digitalisierung wird zur neuen Herausforderung in der Industrie

Schon die Vergangenheit war durch große industrielle Revolutionen geprägt: Erst die Mechanisierung durch die Dampfmaschine, dann die Massenfertigung mithilfe von Fließbandarbeit und schließlich die digitale Revolution, also der Einsatz von Elektronik und IT in der Fertigung. Nun steht der nächste Schritt vor der Tür: intelligente und hochflexible Fertigungssysteme, die moderne Informationstechnologien nutzen. Diese Umwälzung der Produktion wird zukünftig aus bislang starren *Wertschöpfungsketten* dynamische *Wertschöpfungsnetzwerke* formen. Die industrielle Wertschöpfung findet dann nicht mehr sequenziell und zeitversetzt, sondern flexibel und unter fortlaufender Interaktion aller Netzwerkeinheiten statt. Drei Faktoren tragen dazu bei.

- *Big Data: Umfassende Datenverarbeitung.* Leistungsfähige IT-Systeme können Daten immer umfangreicher erheben und die Ergebnisse unmittelbar auswerten. So lassen sich alle Bereiche der Wertschöpfung noch intensiver auf Effizienzpotenziale durchleuchten.
- *Innere Logistik: Vollständige Automatisierung.* Vernetzte Einheiten können mit Datenauswertung in Echtzeit sofort und ohne menschlichen Eingriff auf Veränderungen im Produktionsfluss reagieren und Prozesse anpassen. Kapazitätsengpässe und Überproduktion können so besser kontrolliert und vermieden werden.
- *Äußere Logistik: Komplette Vernetzung.* Das sogenannte *Internet der Dinge* lässt Maschinen und andere digitale Produktionseinheiten ständig miteinander kommunizieren. Produzenten, Zulieferer und industrienahe Dienstleister sind so über den Status der für sie relevanten Elemente des Wertschöpfungsnetzwerks jederzeit informiert. Heute kommunizieren weltweit rund neun Milliarden elektronische Geräte miteinander, bis 2025 könnte die Zahl auf bis zu 50 Milliarden anwachsen.[51]

Alle drei Faktoren gewinnen in industriellen Produktionsprozessen kontinuierlich an Bedeutung. Momentan werden sie aber noch unter Potenzial genutzt. Zwar verfügen viele Systeme heute bereits über eine sehr umfassende Mess-Sensorik, die enorme Datenmengen erfasst. Diese Daten werden dann aber oft nur sehr begrenzt weiterverarbeitet. So wird auf Ölplattformen beispielsweise nur 1 Prozent der Daten aus rund 30.000 elektronischen Sensoren ausgewertet. In der Regel verwenden Unternehmen die Daten allenfalls zur Kontrolle von gravierenden Störungen, nicht jedoch, um Prozesse grundsätzlich zu optimieren.[52] Ein Problem dabei ist die fehlende Kompatibilität zwischen verschiedenen technischen Systemen. So arbeiten viele Sensoren, Messgeräte, Maschinen und andere Netzwerkeinheiten heute noch auf Basis unterschiedlicher Systeme, die untereinander nicht anschlussfähig sind. Solange die verschiedenen Einheiten aber nicht kommunizieren, können viele

Möglichkeiten der modernen Datenverarbeitung nicht genutzt werden. Die Harmonisierung der technischen Standards ist daher von großer Relevanz. Schätzungen gehen davon aus, dass 40 bis 60 Prozent der Wertschöpfungspotenziale durch neue Formen der Datenverarbeitung nur dann genutzt werden können, wenn die Technik der verschiedenen Systeme anschlussfähig ist.[53]

Bald schon jedoch werden diese Anlaufschwierigkeiten überwunden sein und die technische Veränderung stärker an Fahrt gewinnen. Dies dürfte eine neue digitale Revolution auslösen, die das Erscheinungsbild der Industrie auf Dauer vollkommen verändern wird. Erste Entwicklungen sehen wir bereits: In der Automobilbranche etwa ist das autonome Fahrzeug keine kühne Zukunftsvision mehr, sondern im Testbetrieb schon Realität. In der Logistik sind *Smart Trucks* im Einsatz, die ihre Auslieferungsrouten automatisch auf Grundlage von Verkehrs- und Auftragsdaten anpassen. In der Medizintechnik können wichtige Gesundheitsparameter der Patienten permanent fernüberwacht werden. Und in der Energietechnik versprechen intelligente Stromnetze (sog. *Smart Grids*) den Durchbruch in eine grüne Zukunft. Sie können permanent mit Erzeugern, Speichern und Verbrauchern kommunizieren und so eine effiziente und verlustarme Energieversorgung sicherstellen.

Diese neuen Möglichkeiten des digitalen Wandels locken vollkommen neue Spieler mit innovativen Geschäftsmodellen auf den Markt. Ein besonders prominentes Beispiel ist sicherlich der Internet-Riese *Google*, der mit digitaler Technik in immer neue Bereiche und damit auch in industrielle Wertschöpfungsnetzwerke vorstößt. Der US-amerikanische Konzern, einst als einfacher Suchmaschinenanbieter gestartet, entwickelt zunehmend intelligente und autarke Systeme für zahlreiche Branchen: In der Medizin bastelt Google an Kontaktlinsen zur Blutdruckmessung am Augapfel, mit autonomen Fahrzeugen drängt der Konzern in den Automobilmarkt, und in der Luftfahrttechnik entwickeln die Amerikaner neue Systeme zum Transport von Funksignalen. In all diesen Bereichen wird *Google* schon bald den alteingesessenen Industrieriesen und damit auch europäischen Produzenten Konkurrenz machen.

Das Beispiel *Google* zeigt im Besonderen, wie schnell sich einschneidende Veränderungen in der digitalen Geschäftswelt abspielen und wie rasant sie eine globale Dimension erreichen können. Reagieren die europäischen Unternehmen hier nicht schnell genug, droht eine ähnliche Entwicklung wie bei den Dienstleistungen – also eine Dominanz ausländischer Konzerne. Eben diese globale Dimension ist ein wesentliches Merkmal der Digitalisierung.

Digitalisierung heizt Globalisierung an

Die digitale Umwälzung führt durch die Möglichkeiten der Informationstechnologie dazu, dass Entfernungen einfacher als ohnehin schon überbrückt werden können. Die technischen Innovationen machen es möglich, dass alle Bereiche der Produktion nicht nur kontinuierlich kommunizieren, sondern dass diese Interaktion auch über Ländergrenzen und über Kontinente hinweg immer uneingeschränkter funktioniert. Dies hat zur Folge, dass technische Eintrittshürden in Branchen und Märkte weiter an Bedeutung verlieren. Finanzstarke Unternehmen, die die oftmals höheren Fixkosten digitaler Geschäftsmodelle problemlos stemmen können, sind so in der Lage, innerhalb kürzester Zeit neue Märkte zu erobern. Damit verleiht die digitale Umwälzung der Globalisierung neuen Schwung und verändert Handlungsmuster und Spielregeln des *Wettbewerbs*. Dieser findet zukünftig noch stärker in internationalen Dimensionen statt: Der entscheidende Bezugspunkt für Unternehmen sind nicht mehr nationale Konkurrenten, sondern in noch stärkerem Maße internationale Gegenspieler.

Schließlich macht die aufgezeigte Entwicklung auch den europäischen Markt für ausländische Konkurrenten leichter zugänglich und ermöglicht ihnen so, diesen als attraktiven Absatzmarkt zu ihrem Vorteil zu nutzen. In vielen Dienstleistungsbereichen haben wir das bereits erlebt – zum Beispiel im Internet-Buchhandel. Der amerikanische Branchenriese *Amazon* eroberte aus den USA heraus den europäischen Markt. Als Marktführer in seiner Heimat besaß Amazon bereits eine solche Stärke, dass es die nationalen europäischen Pendants schnell schlucken konnte und sich so binnen kürzester Zeit eine marktbeherrschende Stellung sicherte. In Deutschland war es der Branchenführer *telebuch.de,* den *Amazon* einst übernahm, und so dessen Marktführerschaft gleich mit. Viele europäische Unternehmen ignorierten die Chancen des Gemeinsamen Marktes und konzentrierten sich zunächst auf nationale Lösungen, sodass *Amazon* leichtes Spiel hatte. Ein gemeinsamer europäischer Anbieter hätte ganz andere Wettbewerbschancen gehabt. Statt eines dominanten amerikanischen Unternehmens gäbe es nun womöglich einen europäischen Konkurrenten auf Augenhöhe, hätten die Europäer diese Entwicklung rechtzeitig erkannt. Diese Beispiele finden wir zuhauf: Oftmals ist es gar Teil der Strategie europäischer Unternehmen, sich auf nationalen Märkten zu behaupten und das Unternehmen dann nach den ersten Erfolgen zu einem vermeintlich hohen Wert an einen internationalen Riesen zu verkaufen.

Es wäre ein gefährlicher Fehlschluss, anzunehmen, dass sich diese Entwicklung ausschließlich in digitalen Märkten beobachten ließe. Das Gegenteil ist der Fall. Tag für Tag verliert Europa in vielen Bereichen wichtige Firmen und Technologien durch Übernahmen aus Amerika oder Asien, da hiesige Unternehmen noch immer zu national denken, zu langsam reagieren oder ihnen die Verve für strategische Zusammenschlüsse fehlt. Fast 35 Prozent der Unternehmensübernahmen in Europa gingen im ersten Halbjahr 2015 auf das Konto nordamerikanischer Unternehmen, insgesamt entfielen fast 50 Prozent auf ausländische Konzerne – so viele wie nie zuvor.[54]

Ausländische Investoren schätzen vor allem die Möglichkeit, durch Investitionen in einem einzigen Mitgliedstaat der EU den Zugang zum gesamten europäischen Markt zu erhalten. Sie haben die Potenziale des Gemeinsamen Marktes erkannt, der mit einem Bruttoinlandsprodukt von knapp 16 Billionen Euro alle 28 EU-Mitgliedstaaten mit den meisten ihrer wirtschaftlichen Anrainer vereint und der größte Wirtschaftsraum der Welt ist. Er verbindet auf 4,3 Millionen Quadratkilometern über 500 Millionen Menschen und ist damit auch heute noch ein riesiger Absatzmarkt für Unternehmen. Aber nicht nur das: Die Vorteile des Gemeinsamen Marktes gehen noch weiter. Die Größe des Absatzmarktes bringt Effizienzgewinne durch Skaleneffekte. Der Abbau fiskalischer, rechtlicher und technischer Handelshemmnisse lässt Transaktionskosten sinken und fördert den freien Fluss der Produktionsfaktoren Arbeit und Kapital. Dies steigert die Verfügbarkeit an Arbeitskräften und ermöglicht den Zugang zu Kapital von Investoren aus ganz Europa.[55]

Die Bedeutung und die Möglichkeiten des Gemeinsamen Marktes müssen auch Europas Unternehmen begreifen und zu einem elementaren Bestandteil ihrer strategischen Ausrichtung machen. Andernfalls wird es für sie künftig noch schwieriger werden, gegen die übermächtige Konkurrenz aus Amerika und Asien zu bestehen. Dieser Herausforderung kann nur gemeinsam begegnet werden. Nationale Antworten sind im globalen und grenzenlosen Wettbewerb heute keine Erfolgsstrategie mehr. Stattdessen müssen die Unternehmen die Notwendigkeit erkennen, die sich aus der veränderten Wettbewerbssituation ergibt: Nur mit gebündelten Kräften und konsequenter Zusammenarbeit können Europas Unternehmen langfristig wettbewerbsfähig bleiben.

Wie wir gesehen haben, hat sich aufgrund der Digitalisierung das Erscheinungsbild des *Wettbewerbs* stark gewandelt. Eine orthodoxe Wettbewerbsorientierung, die zu einer kleinteiligen Marktstruktur mit möglichst vielen Unternehmen führt, ist heute also in vielen Branchen nicht mehr das Erfolgsrezept für eine wettbewerbsfähige Volkswirtschaft. Im Gegenteil: Sie würde Gewinnspannen drastisch reduzieren und dadurch Investitionskraft und internationale Marktmacht kosten. So verlieren Unternehmen die Mittel, ihren Heimatmarkt zu verteidigen und auf globalen Märkten zu expandieren. Denn nur große Unternehmen und starke Allianzen können sich gegen internationale Widersacher behaupten – eine Erkenntnis, die sich in den Unternehmen durchsetzen muss. Die Gründe lassen sich in drei Punkten zusammenfassen:

- *Innovationen*: Die hohen Fixkosten, die für Forschung und Entwicklung in der Regel zu leisten sind, können Großunternehmen und Allianzen besser schultern. 70 Prozent der privaten Ausgaben für Forschung und Entwicklung stammen in Europa von Unternehmen mit mehr als 500 Mitarbeitern.[56] Kleineren Unternehmen fällt es hingegen schwerer, große und strukturierte Innovationsprogramme aufzusetzen, umzusetzen und zu finanzieren. Dies gilt gerade in der Industrie. Zwar kreieren kleine *Start-ups* viele Innovationen in Dienstleistungszweigen wie den Medien – die industriellen Technologiesprünge gehen in der Regel aber von großen Unternehmen aus. Gerade in Hinblick auf die Digitalisierung der Industrie besteht großer Bedarf an kapitalintensiver Forschung und Entwicklung, der von großen Unternehmen besser bewältigt werden kann.
- *Skaleneffekte*. Zahlreiche Effizienzgewinne in der Fertigung bei hohen Produktionsvolumina senken die Kosten und steigern die Profitabilität. Ähnliche Überlegungen gelten für die Absatzmöglichkeiten. Große europäische Unternehmen oder Firmenverbünde können den Gemeinsamen Markt viel leichter erschließen als nationale Unternehmen. Sie sind mit eigenen Strukturen in mehreren Ländern vertreten und haben somit die Mittel, verbleibende Grenzbarrieren leichter zu überschreiten. Das erhöht die Konsumentenreichweite, eröffnet neue Umsatzpotenziale und sichert so gegen internationale Konkurrenten ab.
- *Wissenstransfer*. Grenzüberschreitende Unternehmen und Allianzen können die heterogene Verteilung von Wissen und Technologie in Europa nutzen und die Wahl von Standorten den individuellen Stärken der einzelnen Volkswirtschaften und Ar-

beitsmärkte anpassen. Dadurch entsteht gleichzeitig ein innereuropäischer Wissenstransfer über die Grenzen hinaus, der letztlich allen Standorten zugutekommt.

Diese Punkte legen nahe, dass sich mit gebündelten Kräften und konsequenter Zusammenarbeit klare Vorteile generieren lassen – insbesondere im gemeinsamen europäischen Markt. All dies gilt im besonderen Maße in Zeiten des radikalen strukturellen Wandels und des technologischen Umbruchs, in denen strategische Fehlentscheidungen für Unternehmen schnell zu dauerhaften Bodenverlusten im internationalen Wettbewerb führen können. Aus diesen strukturellen Notwendigkeiten ergeben sich insgesamt drei Faktoren, die europäische Unternehmen zukünftig verbinden müssen, um ihre langfristige Wettbewerbsfähigkeit in einer digitalen und globalen Unternehmenswelt sicherzustellen:

- *Fokussierung:* Unternehmen besinnen sich im Zuge der Digitalisierung auf die eigenen Stärken in der Industrie. Dies erfordert die Flexibilität und Offenheit, die Digitalisierung anzunehmen, sie zu verstehen und als Chance zu begreifen. In der industriellen Revolution können Europas Unternehmen so zu gemeinsamen globalen Vorreitern avancieren.
- *Konsolidierung:* Unternehmen bündeln ihre Kräfte in größeren Einheiten – etwa durch Übernahmen oder Zusammenschlüsse. Hier müssen Europas Unternehmen Wagemut zeigen und gemeinsame Wege gehen, um ihre Marktstellung gegen globale Wettbewerber zu verteidigen.
- *Kooperation:* Unternehmen arbeiten mit Wettbewerbern, der Wissenschaft und der Politik zusammen. Dies verlangt von ihnen ein hohes Maß an Offenheit und Kreativität, um neue Wege der Zusammenarbeit zu entdecken und so gemeinsame Potenziale abzuschöpfen.

Im Folgenden wollen wir uns auf diese drei Faktoren konzentrieren, um zu zeigen, welche Aufgaben vor den europäischen Unternehmen liegen. Zunächst gilt es, die eigenen Stärken zur Grundlage der langfristigen Ausrichtung zu machen.

Fokussierung: führen statt folgen

Falsch wäre es, künstlich die beschriebenen Erfolge digitaler Dienstleister aus den Vereinigten Staaten imitieren zu wollen. So scheiterte schon vor zehn Jahren mit dem deutsch-französischen Projekt *Quaero* ein ehrgeiziges Vorhaben, eine europäische Suchmaschine als staatliche Konkurrenz zu Google gründen zu wollen. Nicht besser sah es mit dem deutschen Ableger *Theseus* aus, der mindestens so gut gemeint, aber gleich erfolglos war. Insgesamt wurden in beiden Projekten öffentliche Fördergelder in Höhe von über 190 Millionen Euro investiert – der gesamtwirtschaftliche Nutzen bleibt jedoch bis heute fraglich. Ähnliche Beispiele gibt es viele: Die deutsche *Facebook*-Kopie *StudiVZ* fristet nach kurzfristigem Erfolg heute ein Schattendasein, der Musik-Dienst *Musicload* war nie eine ernstzunehmende Konkurrenz zu Apples *iTunes* und *Amazons* Musik-Services und das Videoportal *MyVideo* reichte nicht an die Benutzerzahlen des Vorbilds *YouTube* heran.

Gerade in der digitalen Welt ist eine Strategie, die versucht, Erfolge der Konkurrenz lediglich zu kopieren (*Copycat*), in der Regel zum Scheitern verurteilt. Abgekupferte Ideen funktionieren in der Regel nur für eine gewisse Zeit und oft nur in regionalen oder nationalen Märkten. Die globalen Digitalmärkte – das lehrt die Erfahrung aus den Beispielen der Internet-Welt wie *Facebook* oder *Google* – neigen zu einer starken und schnellen Konzentration. Ist ein Unternehmen erst einmal erfolgreich im Markt präsent, kann es dank geringer Grenzkosten digitaler Geschäftsmodelle seine Marktmacht schnell ausbauen und halten. Konkurrenten, die nur national agieren oder deutlich später in den Markt eingestiegen sind (*Second-Mover*), werden nicht selten von den expandierenden Vorreitern geschluckt oder verdrängt. Freilich sind es nicht immer die absoluten Pioniere (*First-Mover*), die sich schlussendlich durchsetzen, doch aber in der Regel Unternehmen, die früh in einen Zukunftsmarkt (*Fast Follower*) einsteigen und bestehende Geschäftsmodelle um eigene, innovative Ideen erweitern. Ähnliches trifft beispielsweise auf *Google* zu, das viele Geschäftsmodelle nicht selbst erfunden, aber frühzeitig deren Potenziale erkannt, mit neuen eigenen Ideen verbessert und damit erfolgreiche Folgeprodukte kreiert hat.

Aus solchen innovativen Pionierprodukten und -ideen können dann sogar weltweite Standards entstehen. Das konnten wir in Europa schon selbst am Beispiel des *Globalen Systems für Mobile Kommunikation* – besser bekannt als GSM-Standard für Mobiltelefone – erfahren. Diese Technologie entstand aus einer Innovation der Telekommunikationsunternehmen und wurde gemeinsam mit den Regulierungsbehörden zum Standard erhoben. Da sich die europäischen Mobilfunkanbieter und -ausrüster frühzeitig auf die moderne Technologie einigten, konnte sich GSM schnell auf globaler Ebene durchsetzen, wodurch die Europäer jahrelang profitierten und Pioniergewinne ernteten.

Europas Chance: Industrie 4.0

Ähnliche Erfolge müssen Europas Unternehmen heute wiederholen. Dies funktioniert nur, wenn wir unsere Stärken nutzen, um in eigenen Schlüsselbranchen zum Vorreiter zu avancieren. So können eben solche Pioniergewinne auch in Zukunft wieder abgeschöpft werden. Die technische Umwälzung der industriellen Produktionen bietet dafür den optimalen Rahmen: Die Digitalisierung steht hier, wie wir bereits gesehen haben, erst am Anfang, weswegen Marktpositionen noch nicht von globalen Konkurrenten besetzt sind. Außerdem ist die Industrie seit jeher eine der Stärken der Europäer. Unter dem Schlagwort *Industrie 4.0* wird dieses Zukunftsprojekt in der Öffentlichkeit bereits diskutiert.

Einer aktuellen Studie des *McKinsey Global Institute* zufolge kann *Industrie 4.0*, also die dynamische Vernetzung der industriellen Wertschöpfung, einen weltweiten wirtschaftlichen Mehrwert von bis zu 11 Billionen Dollar bis zum Jahr 2025 schaffen.[57] Dies würde dann rund 11 Prozent der heutigen globalen Wirtschaftsleistung entsprechen. Den potenziell größten Einfluss hat das *Internet der Dinge* in Fabriken (bis zu 3,7 Billionen US-Dollar Mehrwert), städtischer Infrastruktur (1,7 Billionen US-Dollar) sowie im Gesundheitswesen (1,6 Billionen US-Dollar). Nicht zuletzt weichen dabei die Grenzen zwischen Technologiefirmen und traditionellen Unternehmen auf und ermöglichen neue, datenbasierte Geschäftsmodelle. Wenn es europäischen Unternehmen gelingt, sich frühzeitig in diesen neuen Märkten zu etablieren, können sie sich über Jahre hinweg die globale Vorreiterrolle sichern – ganz so, wie es amerikanischen Unternehmen im Bereich der Internetdienstleistungen gelungen ist.

Wenngleich der Anteil der Industrie an der weltweiten Wertschöpfung im Zuge des sektoralen Wandels – also der zunehmenden Bedeutung des Dienstleistungssektors – in den letzten Jahrzehnten rückläufig war, hat eine Wirtschaft mit starker industrieller Basis weiterhin viele Vorteile:

- *Handelsschaffend.* Obwohl nur noch weniger als ein Fünftel der europäischen Bruttowertschöpfung von der Industrie generiert wird, entsteht doch über die Hälfte des weltweiten Handels im verarbeitenden Gewerbe. Dieser Anteil liegt beim Exportweltmeister Deutschland gar bei rund drei Viertel. Ein exportorientiertes Modell setzt also eine starke industrielle Basis voraus, die internationalen Handel schafft.
- *Forschungsintensiv.* Im verarbeitenden Gewerbe liegt die Forschungsintensität deutlich höher als in anderen Branchen der Volkswirtschaft. In den Industrieländern Europas betrug der An-

teil für Forschung und Entwicklung an der Bruttowertschöpfung im Durchschnitt von 2005 bis 2011 1,6 Prozent – in der Industrie dagegen 6,9 Prozent.[58] Industrie-Unternehmen verfügen also über die Ressourcen und Strukturen, auf die digitalen Veränderungen schnell zu reagieren.

- *Gut für mehr Beschäftigung.* Wenngleich Unternehmen wie *Apple*, *Google* oder *Facebook* angesichts hoher Gewinne große Aufmerksamkeit auf sich ziehen, hinterlassen Konzerne aus klassischen Branchen auch heute noch einen deutlich größeren volkswirtschaftlichen Fußabdruck: Während bei *Apple* rund 90.000, bei *Google* rund 50.000 und bei *Facebook* gerade einmal rund 10.000 Mitarbeiter in Lohn und Brot stehen, arbeiten alleine bei der *Volkswagen AG* mit knapp 600.000 Mitarbeitern fast viermal so viele Menschen wie bei den drei amerikanischen Internet-Giganten zusammen. Zwar generiert die Branche der Informations- und Kommunikationstechnologie (*ICT*) 5,5 Prozent der weltweiten Wertschöpfung, schafft aber weniger als 3 Prozent aller Arbeitsplätze.[59]

Wenn auch die Digitalisierung oftmals als Schreckgespenst eines *Jobkillers* daherkommt, so dürfte sich dieses Szenario in der Industrie gerade nicht verwirklichen – im Gegenteil: Die Hebelwirkung für neues Wachstum und neue Arbeitsplätze dürfte ungemein höher sein als im Feld der Dienstleistungen. Auch der PC hat trotz vieler Unkenrufe in der Summe keine Arbeitsplätze vernichtet – sondern allenfalls verlagert. Dies rührt ganz einfach daher, dass wegfallende Arbeitsplätze infolge der Automatisierung durch neue Jobs kompensiert werden, die etwa in der Herstellung neuer Technologien oder aufgrund höherer Produktivität entstehen. So wird auch die technische Veränderung der Industrie zweifelsohne die Art der Aufgaben und die notwendigen Qualifikationen für Arbeitnehmer verändern, unterm Strich aber zu einem Zuwachs an Beschäftigung führen. Die *Boston Consulting Group* etwa erwartet im Zuge von *Industrie 4.0* allein in Deutschland in den nächsten zehn

Jahren 390.000 neue Arbeitsplätze, was einem Beschäftigungsanstieg im verarbeitenden Gewerbe um 6 Prozent gleichkäme.[60] Der etwaige Verlust an Arbeitsplätzen würde also von neuen Beschäftigungsmöglichkeiten überkompensiert, womit auch die Arbeitnehmer unterm Strich von der Digitalisierung der Industrie profitieren dürften.

Die Vorteile von Industrie 4.0 liegen also auf der Hand – was benötigen Unternehmen, um sie zu nutzen?

Voraussetzung: digitale Reife

Die Fähigkeit, digitale Trends zu identifizieren, ihre Auswirkungen auf das eigene Geschäftsmodell einzuschätzen und entsprechend reagieren zu können, wird als *digitale Reife* bezeichnet. Gerade in Europa ist diese digitale Reife noch nicht hinreichend in der Unternehmenswelt angekommen. Studien zeigen, dass die augenscheinlichen Potenziale noch immer unterschätzt werden. Fast die Hälfte der Unternehmer sieht als Vorteile der technischen Umwälzung einzig und allein die möglichen Kostensenkungen.[61] Dies ist sicherlich ein bedeutender Aspekt. Diese Sicht der Dinge greift jedoch angesichts der Dynamik neuer Wertschöpfungsprozesse zu kurz. Die Reflexion und die Erkenntnis, welche neuen Geschäftsmöglichkeiten sich ergeben, finden in den Unternehmen noch zu selten statt. Zwar sind sich beispielsweise 94 Prozent der deutschen Unternehmensführer bewusst, dass die Digitalisierung ihr Geschäft beeinflussen wird,[62] dennoch hält das Thema bei über 40 Prozent der Firmen noch keinen Einzug in die tägliche Arbeit oder auf die Agenda des Managements.[63] Oft verpassen daher gerade die alteingesessenen Branchen-Champions den konsequenten Umstieg auf neuartige Geschäftsmodelle, da sie die Bandbreite an Möglichkeiten verkennen, die die digitale Veränderung mit sich bringt. In der langen

Frist können fahrlässig verpasste Trends Unternehmensexistenzen bedrohen.

Um fit für die Digitalisierung zu werden, müssen Unternehmen allerdings auch ihre Arbeitnehmerschaft auf den Wandel vorbereiten, denn die Arbeitsplätze der Zukunft erfordern andere Fähigkeiten mit einem höheren Maß an digitaler Kompetenz (*digital literacy*). Hier können die Unternehmen ihren Belegschaften bei der Qualifizierung unter die Arme greifen und so eine möglichst reibungslose Anpassung ermöglichen. Noch funktioniert die Weiterbildung der Belegschaft nur schleppend. Gerade einmal rund die Hälfte der Unternehmen sieht einen akuten Handlungsbedarf bei der digitalen Fortbildung ihrer Belegschaft[64] – doch dies dürfte nicht ausreichen. Nur wenn Unternehmen ihre komplette Arbeitnehmerschaft konsequent an die neuen Anforderungen heranführen, sind sie für die Zukunft gerüstet und sorgen zudem dafür, dass am Ende alle Beteiligten von den Vorteilen der Digitalisierung profitieren und wirtschaftliche Teilhabe garantiert ist.

Schwer werden es indes auf Dauer jene Unternehmen haben, die diese Herausforderungen auch weiterhin verkennen und untätig bleiben. Möchten europäische Unternehmen in den digitalen Zukunftsfeldern vorne mitspielen, müssen sie rasch auf die zunehmende technische Veränderung reagieren. Und dieses Ziel können sie am besten erreichen, wenn sie weltweit ihre Kräfte bündeln.

Konsolidierung: Kräfte für den weltweiten Erfolg bündeln

In einer globalen und zunehmend digitalen Ökonomie reicht es für die europäischen Unternehmen langfristig nicht, nur innerhalb der nationalen Grenzen zu agieren – das haben wir bereits am Beispiel *Amazon* gesehen. In Branchen, in denen Unternehmen dies beherzigt und eine schnelle Internationalisierung erreicht haben, steht Europa heute gut dar. Dennoch denken viele Unternehmen trotz solcher positiven Ausnahmen nach wie vor zu national. Ihnen droht das Schicksal, von neuen übermächtigen *Global Playern* verdrängt oder übernommen zu werden. Diese globale Dynamik verstehen amerikanische und asiatische Weltkonzerne oft besser als ihre europäischen Gegenspieler. Sie bündeln ihre Kräfte weltweit geschickter, um neue Branchen zu erobern. Die Bedrohung durch diese globale Entwicklung wird dadurch verstärkt, dass die Digitalisierung hohe Entwicklungskosten nötig macht und zu kurzen Innovations- und Produktzyklen führt. Um diesen Entwicklungen adäquat zu begegnen, besitzen große Unternehmen deutlich bessere Voraussetzungen. Daher muss die Unternehmenskonsolidierung, also der Zusammenschluss von Unternehmen über Ländergrenzen hinweg, Teil einer exportorientierten Strategie sein. Unternehmen können so Strukturen schaffen, die ihre Konkurrenzfähigkeit im digitalen und globalen Wettbewerb sicherstellen. Nationale Grenzen dürfen dabei im gemeinsamen Markt kein Hindernis sein.

Die folgende Fallstudie aus der Telekommunikationsbranche führt vor Augen, wie kleinteilige Markstrukturen die internationale Konkurrenzfähigkeit hemmen und die Innovationskraft der Unternehmen bedrohen.

Fallstudie Telekommunikation: Fragmentierung ist Risiko für die Wettbewerbsfähigkeit. Infolge zunehmender Marktöffnung nahm der innereuropäische Wettbewerb in den letzten Jahren in sprunghaften Schritten zu. Neue Unternehmen drängten auf den Markt, wodurch neue Angebote den Markt eroberten und Preise sanken. So fielen die Preise für Telekommunikationsdienstleistungen unter anderem deshalb seit 2000 um 30 Prozent. Ähnliche Entwicklungen sehen wir auch in anderen Branchen wie der Luftfahrt oder dem Schienenverkehr. Doch, und auch das lehrt die Telekommunikation, kann es problematisch sein, wenn die Öffnung einer zuvor stark regulierten Branche dazu führt, dass der Markteintritt einer Vielzahl kleiner Anbieter die Unternehmenslandschaft zunächst stark fragmentiert. Seit Jahren erodieren daher die Branchengewinne europäischer Telekommunikationsunternehmen. Während die Konsolidierung des europäischen Marktes noch aussteht, entwickeln sich die Märkte in den USA und Asien hingegen weitaus positiver. Die dortigen Unternehmen gewinnen an Marktmacht, die sie zunehmend auch in Europa ausspielen. Denn die Unternehmensgröße ist gerade in dieser Branche erfolgsentscheidend: Große Unternehmen können in der Regel die für Investitionen üblichen hohen Fixkosten leichter aufbringen und profitieren gleichzeitig von höheren Skaleneffekten innerhalb des Unternehmens. Sie sind daher gerade im Telekommunikationsbereich meist effizienter. Hieraus ergibt sich ein Spannungsverhältnis zur Absicht, mehr Wettbewerb zu forcieren, ohne die europäischen Unternehmen gegenüber der globalen Konkurrenz zu schwächen. Für europäische Unternehmen ist es in einem solchen Umfeld daher besonders schwierig, ähnliche Innovationserfolge wie in den USA zu feiern. Während der Markt in Amerika lediglich von vier bis fünf großen transnationalen Anbietern bedient wird, streiten in Europa rund 200 nationale Unternehmen um Anteile im zersplitterten Markt. Dies wirkt sich unmittelbar auf die Investitionsanstrengungen aus: In den USA liegen die Pro-Kopf-Investitionen in der Telekommunikation bei 180 Euro, in Europa gerade einmal bei 130 Euro.[65] Amerikanische Unternehmen haben also offensichtlich deutlich größere Ressourcen um zu investieren und verfügen so über bessere Bedingungen, neue Innovationen zu schaffen.

Das Beispiel unterstreicht, dass es vor allem auf globalen Märkten für europäische Unternehmen unerlässlich ist, eine gewisse Größe zu erreichen, um im Wettbewerb mit anderen starken *Global Player* zu bestehen. Es verdeutlicht einmal mehr, dass Firmen so ihre Fähigkeit zur Innovation sicherstellen können. Auch die übrigen theoretischen Vorteile großer Unternehmen haben wir bereits beschrieben – nun wollen wir anhand von Fallstudien untersuchen, wie sie sich in der Praxis nutzen lassen.

Ein erstes Beispiel für eine gelungene Unternehmenskonsolidierung auf europäischer Ebene finden wir im Bereich der Luxusgüterbranche. Hier gab es in den letzten Jahren zahlreiche Zusammenschlüsse von Unternehmen unterschiedlichster Produktgruppen, die über eine Diversifizierung ihres Portfolios ihre Vertriebsstrukturen stärken und sich dank ihrer Größe vor feindlichen Übernahmen schützen konnten.

Fallstudie LVMH: Synergien in der Luxusbranche und Schutz vor Übernahmen. LVMH ist eine französische multinationale Unternehmensgruppe, die sich mit mittlerweile über 60 Marken als weltweiter Branchenführer im Bereich der Luxusgüterindustrie etabliert hat. Auf fünf Produktgruppen lässt sich ihr Angebot aufteilen: Wein und Spirituosen, Mode und Lederwaren, Parfüm und Kosmetik, Uhren und Schmuck sowie Boutiquen. Das Konglomerat entstand 1987 durch einen Zusammenschluss der Unternehmen *Louis Vuitton* und *Moët Hennessy* – zweier Marken, die schon damals einen hohen Wiedererkennungswert hatten, auf den ersten Blick jedoch keine Verbindung suggerierten. Die Fusion zielte ursprünglich darauf ab, sich vor feindlichen Übernahmen am Aktienmarkt durch ausländische Investoren zu schützen. Im Laufe der folgenden Jahre nutzte das Unternehmen die neu gewonnene Marktmacht, um weitere Luxusmarken zu übernehmen und in den Einzelhandel zu investieren. Das Produktportfolio des Konglomerats konnte durch diese Multi-Brand-Strategie auf weitere Branchen innerhalb der Luxusgüterindustrie erweitert werden. Das Ziel der zahlreichen Übernahmen blieb aber nicht auf das stetig wachsende Produktportfolio beschränkt. Gleichzeitig wollte sich der Konzern den in der Luxusbranche so wichtigen Zugang zu exquisiten Rohstoffen sichern. Auch der Transfer von Technologien innerhalb des Konglomerats wurde gefördert, um Synergieeffekte zu nutzen und die hohe hauseigene Qualität zu gewährleisten. Daher akquirierte LVMH zahlreiche Unternehmen entlang der konzerneigenen Wertschöpfungsketten (*vertikale Konsolidierung*) – von der Produktion über Zulieferer bis hin zum Einzelhandel, wodurch der Konzern heute über ein europaweites Wertschöpfungsnetzwerk verfügt. Die verschiedenen Produktionsstufen der Luxusmode (Gerben, Nähen, etc.) finden oft an verschiedenen Standorten Europas statt – doch stets unter dem Dach des Gesamtkonzerns. Zudem sicherte sich LVMH mit der Übernahme des italienischen Schmuckherstellers *Bulgari* im Jahr 2011 nicht nur eine Traditionsfirma mit Prestige, sondern erhielt auch den Zugang zu Bulgaris qualitativ hochwertigen Herstellungstechnologien, die nun auch für andere Marken genutzt werden. Mit einer Strategie aus Fusionen und Übernahmen (*Mergers & Aquisitions*) kontrolliert LVMH heute mehr als 60 Marken weltweit. Seinen Betriebsgewinn konnte der global agierende Konzern in Folge der vielen Zukäufe von zwei Milliarden Euro im Jahr 2000 auf sechs Milliarden Euro im Jahr 2014 steigern. Der Umsatz beträgt mit rund 30 Milliarden Euro fast das Dreifache des Umsatzes der Nummer zwei im Weltmarkt, *Compagnie Financière Richemont* (u.a. Cartier, Montblanc). 36 Prozent seiner Umsätze generiert das Unternehmen in Asien, 29 Prozent in Europa und 24 Prozent in den USA. Eine ähnliche Strategie verfolgt der Luxuskonzern und LVMH-Konkurrent *Compagnie Financière Richemont* im Online-Handel für Luxusgüter. Er hält 50 Prozent der Aktien einer Gesellschaft, in der sich die beiden größten Versandhäuser für Luxusmode im Internet, *Yoox* aus Italien und *Net-A-Porter* aus Großbritannien, zusammengeschlossen haben. Durch die Fusion wollen sich die beiden Online-Marktführer mit der Unterstützung des Weltmarktzweiten gegen die Konkurrenz von kleineren Jungunternehmen und gestandenen Konzernen wie LVMH im Online-Markt durchsetzen. Infolge des Zusammenschlusses werden drei Verteilerzentralen, fünf Logistikdrehkreuze und elf Kundenzentralen verbunden. Gemeinsam erreichen die beiden Plattformen in Zukunft zwei Millionen Kunden – und besitzen damit im jungen Online-Markt für Luxus die Vorreiterposition.

Mehrheitseigner von LVMH ist mit einem Besitzanteil von 47 Prozent der Franzose Bernard Arnault, der das Unternehmen seit über 25 Jahren als Vorstandschef leitet. Kontinuität und langfristige Ausrichtung sind Stärken, die insbesondere größere mittelständische Familienunternehmen, aber auch Großunternehmen mit familiärer Struktur auszeichnen. Das zeigt etwa ein Blick auf Managementstrukturen. So bleiben etwa Geschäftsführer und Vorstände in deutschen Familienunternehmen über drei Jahre länger im Amt als bei Unternehmen in Streubesitz.[66] Statt sich fortwährend am Marktwert des Unternehmens und an kurzfristigen Quartalsergebnissen zu orientieren, nehmen strategische Gesichtspunkte und nachhaltiger Erfolg im Fokus der Unternehmensagenda einen höheren Stellenwert ein. Neben Kontinuität sind es vor allem die Verantwortung für das eigene Unternehmen und die Orientierung am Haftungsprinzip, die Familienunternehmen in die Lage versetzen, losgelöst vom hektischen Tagesgeschäft Risiken weitsichtig abzuwägen, um langfristige Entscheidungen zu treffen. Dies ermöglicht auch den Weitblick, Unternehmenszusammenschlüsse zu forcieren, die strategische Vorteile und eine langfristige Dividende versprechen, wenngleich sie kurzfristig auch mit höheren Kosten verbunden sein mögen.

Wie sich eine solche langfristige Strategie auszahlt, sehen wir auch an dem Beispiel zweier Industriegiganten, die bereits vor fast 50 Jahren ihre Aktivität bündelten und so ein erfolgreiches Gemeinschaftsunternehmen erschufen.

Fallstudie BSH Hausgeräte: Europas Branchenführer dank langfristiger Strategie. Bereits 1967 vereinten die beiden deutschen Unternehmen *Bosch* und *Siemens* ihre Aktivitäten auf dem Gebiet der Hausgeräte unter einem Dach. Sie gründeten das Gemeinschaftsunternehmen *BSH* – und bewiesen damit Weitsicht. Viele europäische Haushaltsgerätesteller hatten in den vergangenen Jahrzehnten mit großen Problemen zu kämpfen und nicht wenige mussten ihr Geschäft einstellen, unter anderem weil sie die zunehmende Internationalisierung ihrer Branche unterschätzten. Mit dem Zusammenschluss *BSH* (heute: *BSH Hausgeräte*) verfolgten die beiden Unternehmen hingegen eine langfristige Strategie, die der neuen Wettbewerbssituation Rechnung trug und so erfolgreich war. Heute ist *BSH* der größte Hausgerätehersteller in Europa und hat sich als Branchenführer etabliert. Mittlerweile hat die *Robert Bosch GmbH* das Unternehmen komplett übernommen, arbeitet aber weiterhin mit *Siemens* zusammen und darf so etwa die Marke des Partners weiter nutzen. Hinter *Bosch* steht nach wie vor die Familie des Gründers, die sowohl Anteile besitzt als auch in der Treuhand vertreten ist, die über 93 Prozent der Stimmrechte verfügt. Die übrigen Gesellschafter der Treuhand sind oft langjährige Mitarbeiter des Unternehmens, die die nachhaltige Unternehmensausrichtung maßgeblich vorantreiben, was sich auch in die Strategie von *BSH* niederschlägt.

Ein weiteres Beispiel für erfolgreiche Unternehmenskonsolidierung zeigt, wie ein großer Spieler, der sich mehrheitlich in der Hand einer Eigentümerfamilie und eines öffentlichen Eigentümers befindet, über gezielte Zukäufe eine Mehrmarkenstrategie verfolgt und sich damit neue Absatzmärkte erschließt. Die Volkswagen AG gehört zu über 50 Prozent der von den Familien Porsche und Piëch gesteuerten *Porsche Automobil Holding (Porsche SE)* und weiterhin zu 20 Prozent dem Land Niedersachsen, verbindet also familiäre und staatliche Besitzstrukturen.

Fallstudie Volkswagen: Mehrmarkenstrategie sichert Weltmarktführerschaft. Ein typisches Erfolgsbeispiel für die Unternehmenskonsolidierung im gemeinsamen europäischen

Markt ist die *Volkswagen AG*. Mit einem Umsatz von über 200 Milliarden Euro ist Volkswagen der größte Autobauer der Welt. Bei den verkauften Autos liegt VW mit 10,1 Millionen zudem nur noch knapp hinter dem japanischen Konkurrenten Toyota. So erfolgreich war das Unternehmen, das sich bis in die 1960er Jahre komplett in Staatshand befand, jedoch nicht immer: Noch vor 30 Jahren geriet Volkswagen außerhalb des Heimatmarktes stark unter Druck. Die Verkaufszahlen in den USA und Kanada sanken in den Achtziger- und frühen Neunzigerjahren stark ab. Vor allem japanische Hersteller brachten innovativere Modelle mit kürzeren Innovations- und Produktzyklen und unter günstigeren Kosten auf den Markt. Der Konzern führte daher umfangreiche Restrukturierungen der Produktionsprozesse durch und suchte nach Möglichkeiten, den Anteil am Weltmarkt langfristig wieder auszubauen. Deswegen drängte die Unternehmensführung immer stärker auf eine Mehrmarkenstrategie (*horizontale Konsolidierung*). Bereits nach der mehrheitlichen Privatisierung im Jahr 1960 begann Mitte der Sechzigerjahre mit der Übernahme von *Audi, Auto Union* und *NSU* eine Reihe von Akquisitionen. Die Mehrmarkenstrategie ermöglichte der Volkswagen AG eine Expansion in höherpreisige Segmente, was der Kernmarke aufgrund des populären Käfers und dessen Image als Brot-und-Butter-Auto damals noch verwehrt war. Zugleich baute der Konzern seine globalen Fertigungsaktivitäten im Rahmen von Gemeinschaftsunternehmen (sog. *Joint Ventures*) in Lateinamerika, Südafrika und Asien aus. Die Expansion in Europa nahm jedoch erst mit dem Zukauf von SEAT im Jahr 1986 und von Škoda 1991 an Fahrt auf. Mit der Akquisition des spanischen Autobauers SEAT sicherte sich Volkswagen den Zugang zu den südeuropäischen Märkten und erweiterte das Produktportfolio um eine sportlichere Variante, die vor allem die jüngere Bevölkerung ansprechen sollte. In den frühen 1990ern nutzte Volkswagen die Möglichkeiten, die sich durch die Öffnung Zentral-

und Osteuropas boten, und schaffte mithilfe der Übernahme von Škoda und weiteren Produktionsstandorten in Osteuropa eine Grundlage für die Markterweiterung im Osten. So stieg der Anteil an außerhalb von Deutschland produzierten Autos von 41 Prozent im Jahr 1990 auf 65 Prozent im Jahr 2000. Neben der Diversifizierung des Portfolios (*horizontale Konsolidierung*) etablierte die VW-Gruppe auch ein Baukastensystem mit gemeinsamen Technologien (*vertikale Konsolidierung*). Somit war es möglich, das Grundgerüst für verschiedene Automarken auf derselben Plattform zu bauen. Indem Produktionsprozesse so sowohl zeit- als auch kostenoptimiert wurden, konnten die vorhandenen Produktionsstandorte noch effizienter genutzt werden. Heute umfasst das Unternehmen nach den weiteren Zukäufen von Bentley, Bugatti, Lamborghini, Porsche, MAN und Scania insgesamt zwölf Marken. Dabei schafft es VW, die Identität aller Marken zu erhalten und kann so eine direkte Konkurrenz zwischen den Marken vermeiden.

Nicht selten gibt auch die Politik den richtigen Anstoß für Unternehmenszusammenschlüsse. Hier spielt oft ebenfalls eine langfristige und übergeordnete Strategie die maßgebliche Rolle, und nicht kurzfristiges Kalkül wie die Entwicklung des Börsenkurses. Dafür sind ein langer Atem und eine klare Vision notwendig. So ist der Luftfahrtkonzern EADS ein Beispiel dafür, wie sich ein Unternehmenszusammenschluss aus einer wandelnden Marktstruktur ergab und mithilfe eines langfristigen Plans schlussendlich in einem starken und konkurrenzfähigen Unternehmen mündete.

Fallstudie EADS/Airbus: Politische Initiative ermöglicht Größenvorteile. Wer große Flugzeuge bauen möchte, muss hohe Fixkosten stemmen. Nur wenige Unternehmen können das, weshalb es heute nur noch eine kleine Anzahl von Herstellern großer Passagiermaschinen gibt. Bereits Ende der Sechzigerjahre zeichnete sich ab, dass der Flugzeugmarkt zunehmend einer Oligopolstruktur gleichen würde. Daher schlossen sich 1970 zahlreiche kleinere europäische Flugzeughersteller zur *Airbus-Industrie* zusammen, um der amerikanischen Übermacht *Boeing* zu begegnen. Es bildete sich somit eine wirtschaftliche Interessensgemeinschaft, die zunächst aus *Deutsche Airbus* und der staatlichen französischen Fluggesellschaft *Aérospatiale* bestand, ehe später auch die spanische *CASA* und *British Aerospace* dem Konsortium beitraten. Trotz erster erfolgreicher Projekte knirschte es jedoch immer wieder. Denn obwohl die Hersteller neue Flugzeuge gemeinsam entwickelten, war jedes Unternehmen einzeln für seine Finanzierung verantwortlich. Die vier Partner versuchten daher, ihren Profit über höhere interne Verrechnungspreise von Vorleistungen zu maximieren. Der amerikanische Konkurrent Boeing blieb so weiter der unangefochtene Weltmarktführer. In Reaktion darauf wurde die lose Allianz im Jahr 2000 schließlich durch einen festen Zusammenschluss unter dem Deckmantel der *European Aeronautic Defence and Space Company* (EADS) ersetzt und Airbus in eine eigenständige Gesellschaft umgewandelt. Durch die starke *vertikale Konsolidierung* des Unternehmens entlang der Wertschöpfungskette entwickelte sich Airbus in den darauffolgenden Jahren zum Branchenprimus. So lieferte der Konzern im Jahr 2003 mit 305 Maschinen erstmalig mehr Flugzeuge aus als der Konkurrent Boeing. Das Kopf-an-Kopf-Rennen bei den Verkaufszahlen ist bis heute noch nicht entschieden, wenngleich Boeing im Umsatz zurzeit weiterhin die Nase vorne hat. Airbus ist dennoch eine der wenigen Erfolgsgeschichten, in denen ein Unternehmenszusammenschluss durch politische Initiative tatsächlich zum Erfolg führte. Seit 1970 fanden 15.000 Flugzeuge ihren Weg zu über 500 verschiedenen Kunden weltweit.

Diese fünf Fallstudien zeigen anschaulich, dass die grenzüberschreitende Konsolidierung von Unternehmen durchaus gelingen kann. Und sie verdeutlichen, was börsenorientierte Gesellschaften von familiären Großunternehmen auf der einen und politisch initiierten Unternehmen auf der anderen Seite lernen können: Entscheidungen über Zusammenschlüsse mit Weitsicht zu treffen, wie Familienunternehmen es in der Tradition der Kontinuität tun, verspricht langfristig den größten Erfolg. Dafür sind sie bereit, ein angemessenes Risiko und kurzfristige Mehrkosten in Kauf zu nehmen. Unternehmen mit öffentlichen Eigentümern sind hingegen nicht selten in der Lage, über strategische Weitsicht Marktstrukturen nach langfristigen Kriterien einzuordnen und durch strategische Zusammenschlüsse wichtige Marktpositionen zu besetzen. Dabei kommt ihnen ihre Nähe zu Entscheidungsträgern der Politik zu Gute, die das Unternehmensumfeld selbst mit ihren Ideen prägen und damit einen doppelten Einfluss auf das Unternehmensschicksal nehmen können. Solange dies in einem wettbewerblichen Umfeld erfolgt und Rivalen den Konkurrenzdruck hoch halten, können die sonst oft auftretenden Ineffizienzen öffentlicher Eigentümerstrukturen abgemildert werden.

Börsenorientierte Unternehmen können dabei aus diesen beiden Welten lernen. So entwickeln sie den Wagemut, der nötig ist, grenzüberschreitende Zusammenschlüsse in Europa zu forcieren.

Ausbaupotenzial bei Unternehmenszusammenschlüssen ist groß

Die Möglichkeiten grenzüberschreitender Konsolidierung in Europa sind indes bei weitem noch nicht ausgeschöpft. Noch immer gibt es zahlreiche Branchen, in denen Unternehmenszusammenschlüsse schwierig bleiben. Im Vergleich zu den USA ist die europäische Unternehmenslandschaft in zahlreichen Branchen deutlich kleinteiliger und fragmentierter – nicht zuletzt, weil die regulatorischen Rahmenbedingungen für Kostenstrukturen sorgen, die Unternehmensübernahmen entgegenstehen. Ganz generell lässt sich auf der anderen Seite des Atlantiks eine weitere Tendenz zu einer stärkeren Konzentration der Unternehmen feststellen: Im Jahr 2015 war das wertmäßige Volumen von Fusionen und Übernahmen in den USA fast doppelt so groß wie in Europa. Trotz immer besserer Marktaussichten schreitet die Konsolidierung der europäischen Unternehmenslandschaft nur langsam voran.

Dabei besteht in verschiedenen Wirtschaftssektoren eine große Notwendigkeit, grenzüberschreitende Übernahmen voranzutreiben – und damit Kräfte für einen stärkeren Auftritt auf den Weltmärkten und eine globale Expansion zu bündeln. Das zeigen folgende drei Beispiele.

- *Energiewirtschaft.* Die europäischen Energiemärkte sind stark fragmentiert. Zwar gibt es in Europa ein paar *Global Player* wie *RoyalDutchShell* oder *TOTAL.* Diese sind jedoch überwiegend im Mineralölgeschäft aktiv. Gründe für die Fragmentierung der restlichen Branchenzweige sind zum einen das unterschiedliche und unsichere regulatorische Umfeld, das eine langfristige Planung oft erschwert. Zum anderen ist der unzureichende Ausbau grenzüberschreitender Energienetze ein Hindernis für die Integration des europäischen Marktes. Um auf die wechselnden Regularien reagieren zu können und die Netze auszubauen, bedarf es kostenintensiver Investitionen, die Unternehmen, die von einer vertikal integrierten Wertschöpfungskette und starken Synergieeffekten profitieren, leichter tragen können. Nicht zuletzt bietet der verstärkte Fokus auf erneuerbare Energien für Unternehmen vielversprechende Potenziale, ihre Produktpalette über eine grenzüberschreitende Konsolidierung zu erweitern und sich damit auf neuen Märkten zu etablieren. In diesem Zusammenhang ist gerade die Energiewirtschaft ein Bereich, in dem die Digitalisierung enorme Effizienzgewinne verspricht, wie etwa bei den intelligenten Strom- und Energienetzen (*Smart Grid*). Diese Potenziale zu heben erfordert umfangreiche Investitionen, die mit gebündelten Kräften einfacher geleistet werden können.

- *Pharmabranche.* Spektakuläre Übernahmen und Fusionen sind in der Pharmabranche zurzeit an der Tagesordnung. Mehr als 600 Transaktionen mit einem Wert von über 250 Milliarden Euro wickelten Pharma-Unternehmen im Jahr 2014 weltweit ab – ein neuer Rekord, der im Jahr 2015 noch einmal gesteigert werden könnte.[67] Ursache für diese Zusammenschlüsse sind zum einen die steigenden Kosten für Forschung und Entwicklung, zum anderen zahlreiche Regulierungsauflagen, die die Preissetzung beeinflussen und so den Trend hin zu großen Unternehmen mit effizienten Kostenstrukturen begünstigen. Gleichzeitig finden umfangreiche Neustrukturierungen der Produktpaletten statt, die für kontinuierliche Marktverschiebungen sorgen und so regelmäßig Potenziale für Zusammenschlüsse eröffnen. Europa bleibt bei vielen Akquisitionen jedoch außen vor. Von den weltweit zehn größten Transaktionen seit 2014 gehen nur drei auf das Konto europäischer Unternehmen, an den übrigen Übernahmen waren ausschließlich Nordamerikaner beteiligt. Damit gewinnt die Konkurrenz aus Übersee kontinuierlich an Einfluss auf dem globalen Pharma-Markt. Bezeichnend für die europäische Entwicklung ist die Situation in Deutschland. In der Bundesrepublik, der früheren *Apotheke der Welt* verbleiben mit *Bayer* und *Boehringer* gerade noch zwei Pharma-Konzerne mit zweistelligem Milliardenumsatz. Viele europäische Unternehmen zeigen sich gegenüber einer Konsolidierung zurückhaltend, wenngleich der europäische Markt mit vielen mittelgroßen Herstellern von gezielten Zusammenschlüssen besonders profitieren kann. Sie könnten nicht nur ihre Marktmacht stärken, sondern sich gleichzeitig vor fremden Übernahmen durch die immer stärkere ausländische Konkurrenz schützen. Gleichzeitig bereiten sie sich so auf die Herausforderungen der Digitalisierung vor. Wenngleich die Branche der technischen Veränderung heute noch kaum unterliegt, stehen auch hier neue Entwicklungen bevor. Es werden sich neue Geschäftsmodelle herausbilden und veränderte Grenz-kostenstrukturen entstehen, worauf sich Branchengrößen leichter einstellen können als ihre kleineren Widersacher.

- *Modeeinzelhandel.* Die Rabattschlachten im Modeeinzelhandel nehmen von Jahr zu Jahr zu und bringen immer mehr Unternehmen in die Bredouille. Allein in Deutschland stieg der durchschnittliche Rabatt auf Damenmode in den letzten vier Jahren von 16,7 auf 20,2 Prozent. In anderen Ländern Europas sieht es nicht anders aus.[68] Statt wie früher im geregelten Winter- und Sommerschlussverkauf im Anschluss an die Saison werden rabattierte Modeartikel heute immer früher und immer häufiger auf den Markt geworfen. So reduzieren die Händler bereits im Juni die Sommermode, um Platz für Herbst- und Winterkollektionen zu schaffen. Statt wie früher 70 Prozent werden heute nunmehr nur 30 bis 50 Prozent einer Kollektion zum regulären Preis verkauft. Die unkoordinierten Rabattzyklen setzen den Modehandel immer stärker unter Druck, da viele Händler ihre Produktionskette nicht selbst kontrollieren. In Deutschland fuhren daher über 20 Prozent der Unternehmen zuletzt operative Verluste ein. Einzig die großen *Filialisten H&M* und *Inditex* (u.a. *Zara*) lässt der neue Trend kalt. Sie verfügen über vertikal komplett integrierte Wertschöpfungsketten, die von der Fertigung über die Logistik bis hin zum Verkauf reichen. Als Weltmarktführer können die beiden Unternehmen daher flexibel auf neue Trends reagieren und ihre Produktion schnell anpassen – und dabei doch zugleich vom wertvollen Markenimage profitieren, das europäische Mode nach wie vor weltweit genießt. Dabei bleiben sie allerdings die Ausnahme: Auf der Liste der zehn größten Modehändler der Welt findet sich mit *Next* nur noch ein anders europäisches Unternehmen. Angesichts der einbrechenden Gewinnzahlen kann die europäische Konkurrenz *H&M* und *Inditex* als Vorbild nutzen und so durch Konsolidierung die Entstehung weiterer europäischer Konzerne fördern, die der großen Konkurrenz vornehmlich aus Amerika die Stirn bieten können. In Zeiten immer neuer digitaler Handelsplattformen wie Amazon, Zalando und Co. kann eine vertikale integrierte Wertschöpfungskette das Online-Geschäft einschließen, sodass die Modehersteller auch in digitalen Märkten Gewinne abschöpfen können.

Aus all dem folgt, dass die grenzüberschreitende Unternehmenskonsolidierung viele Vorteile bringt, Europa gleichzeitig jedoch in einigen Branchen noch Nachholbedarf aufweist. Im Ergebnis kann durch die kontinuierliche Konsolidierung eine stärkere Unternehmenslandschaft entstehen. In diesem Umfeld ist aber zugleich auch grenzüberschreitende Zusammenarbeit von Unternehmen möglich, der dritte Faktor für langfristige Wettbewerbsfähigkeit.

Mit neuen Allianzen Europas Stärken bündeln

Die Kooperation von Unternehmen innerhalb dynamischer Wertschöpfungsnetzwerke, wie sie im Zuge der Digitalisierung entstehen, ist ein weiterer wichtiger Eckpfeiler für eine kompetitive Unternehmenswelt. Die Zusammenarbeit auf Unternehmensebene hat ähnliche Vorteile wie die Konsolidierung: Sie schafft Skaleneffekte, erleichtert Innovationen und ermöglicht Wissenstransfer. Dabei werden sich die Möglichkeiten zur Zusammenarbeit in Zukunft nicht mehr nur auf klassische, regionale Unternehmensverbünde konzentrieren. Vielmehr müssen Unternehmen erkennen, dass die Digitalisierung einerseits die Notwendigkeit schafft, anderseits ihnen eine große Chance bietet, ortsunabhängig innerhalb des Gemeinsamen Markts zu kooperieren. Die Digitalisierung hat also zwei Facetten: Sie *fördert* Kooperation über Ländergrenzen hinweg, indem sie durch technische Lösungen den Weg für länderübergreifende Zusammenarbeit bereitet, sie *fordert* diese Kooperationen aber auch, da die entstehenden Potenziale in den Wertschöpfungsnetzwerken sonst von globalen Wettbewerbern besetzt werden. Diese neuen Chancen können Unternehmen dann nutzen, wenn sie in der Lage sind, zusammenzuarbeiten – und gleichzeitig im Schulterschluss mit Wissenschaft und Politik eine produktive und innovative Gesellschaft schaffen.

Die Kooperation zwischen Unternehmen kann viele Formen annehmen. So arbeiten Konkurrenten etwa zusammen, um in schwierigen Märkten zu bestehen und sich gemeinsam Marktmacht zu sichern. Auch die Synergieeffekte, die sich ergeben, wenn Partner mit unterschiedlichen Stärken zusammenfinden, sind ein wichtiger Treiber. Außerdem können größere Investitionsprojekte gemeinsam leichter bewältigt werden. Dies zeigt sich auch im folgenden Beispiel dreier deutscher Automobilhersteller, die sich trotz der Konkurrenzsituation eine wichtige Zukunftstechnologie im Kollektiv sicherten.

Fallstudie *Here:* **Kooperation zwischen Branchengrößen im Bereich der Kartennavigation sichert Zukunftstechnologie.** Für 2,8 Milliarden Euro erwarb ein Konsortium aus den drei großen Autobauern Audi, BMW und Daimler den mobilen Kartendienst *Here*, der zuvor dem finnischen Nokia-Konzern gehörte. Damit sicherten sich die drei deutschen Unternehmen den Zugang und die Handhabe über eine wichtige Zukunftstechnologie. Heute statten die drei Hersteller bereits ihre Autos mit den Navigationssystemen von *Here* aus. Doch dies dürfte erst der Anfang sein. In Zukunft könnte die Technologie nämlich nicht nur Autofahrern den Weg zum Ziel weisen, sondern auch den autonomen Fahrzeugen der Hersteller, die auf akkurates digitales Kartenmaterial angewiesen sind. Zusätzlich lassen sich über Daten, die die Navigationssysteme zurück an die Hersteller liefern, wichtige Erkenntnisse über das Fahrverhalten der Menschen und die Qualität der Fahrzeuge gewinnen. Statt sich in diesen wichtigen Bereichen also in die Abhängigkeiten anderer Unternehmen zu begeben, holte sich das Trio die wichtige Zukunftstechnologie einfach kurzerhand selbst ins Haus. Denn gerade auf einem Markt, der mit den beiden übrigen Herstellern *Google* und *TomTom* zu einer starken Konzentration tendiert, ist eine solche Inhouse-Lösung besonders attraktiv. Einen Einstieg weiterer Autohersteller schloss das Konsortium zudem nicht aus.

Das Beispiel *Here* beinhaltet gleich zwei Aspekte, aus denen andere Unternehmen lernen können. Zum einen zeigt es, dass fruchtbare Kooperation selbst zwischen Branchenkonkurrenten möglich ist und unterm Strich für alle Beteiligten von Vorteil sein kann. Des Weiteren ist die Übernahme von *Here* ein Musterbeispiel für eine strategische Entscheidung mit Weitsicht. Denn die drei Autohersteller erkannten früh genug, dass sie sich mit dem Einkauf der digitalen Kartentechnologie eines der wichtigsten Zukunftsfelder ins eigene Haus holen würden – nicht zuletzt, weil intelligente Navigationssysteme, die ständig mit anderen elektronischen Komponenten moderner Fahrzeuge kommunizieren, bereits schon heute das elektronische Herz eines jeden Autos sind. Die *digitale Reife* der Unternehmen führte zu der rechtzeitigen Einsicht, dass der Zukauf eine immense Bedeutung für die technische Innovationsfähigkeit ihrer Unternehmen besitzen würde.

Die Zusammenarbeit muss aber natürlich nicht auf Unternehmen beschränkt bleiben, sondern kann wie im Falle des luxemburgischen Clusters der Informations- und Kommunikationstechnologie (ICT) auch auf eine große Zahl an Unternehmen und die Politik ausgeweitet werden.

Fallstudie *ICT-Cluster Luxemburg*: **Staat und Unternehmen Hand in Hand.** Flächenmäßig mag Luxemburg ein kleines Land sein, im Bereich der Informations- und Kommunikationstechnologie gehört es indes zu den Großen. Indem der Luxemburger Staat, anders als die übrigen europäischen Länder zu jener Zeit, seine Hörfunklizenz an den Privatsektor abtrat, entstand bereits in den 1930er Jahren mit der *Compagnie*

Luxembourgeoise de Radiodiffusion (CLR) der erste private Radiosender Europas, der sein Programm in mehreren Sprachen anbot. Hieraus entwickelte sich *Radio Télévision Luxembourg* (RTL). Seit der Jahrtausendwende avancierte die *RTL Group* durch weitere Expansion mit heute 53 Fernseh- und 28 Radiosendern zum größten Betreiber von Privatfernsehen in Europa. Dabei ist Luxemburg nicht nur bei TV-Dienstleistungen führend, sondern auch bei der Bereitstellung von Infrastruktur durch den größten Satellitenbetreiber der Welt, die 1985 gegründete *Société Européenne des Satellites* (SES). Mit seinen 53 Satelliten erreicht SES über 99 Prozent der Weltbevölkerung. Initiiert wurde die Gründung von SES von der luxemburgischen Regierung, die bis heute Anteilseigner des Privatunternehmens ist.

Gleichzeitig spannte die Regierung das Duo als Zugpferd für den nach 2000 gegründeten *ICT-Cluster Luxemburg* ein. Der Cluster wird von einer eigenen Gesellschaft organisiert, die sowohl mit öffentlichen als auch privaten Mittel finanziert wird. Sie unterstützt Jungunternehmen bei Gründung und Ansiedlung und schafft eine Schnittstelle zwischen öffentlicher Forschung und unternehmerischen Geschäftsideen. Heute umfasst der Luxemburger ICT-Cluster 2.000 Unternehmen mit 15.000 Mitarbeitern, die insgesamt rund 7 Prozent zur luxemburgischen Wirtschaftsleistung beitragen. Darunter finden sich zahlreiche internationale Top-Unternehmen wie *Apple, Amazon, eBay* oder *Skype*, denen ebenfalls viele Jungunternehmen folgten. Die Zusammenarbeit zwischen Staat und Unternehmen ließ so eine prosperierende Unternehmenslandschaft entstehen.

Der ICT-Cluster Luxemburg verdeutlicht, dass die Grenzen zwischen Unternehmenskonsolidierung und Kooperation fließend ineinander übergehen. Mit ihren grenzüberschreitenden Strukturen verleihen *RTL* und *SES* dem lokalen ICT-Cluster in Luxemburg einen multinationalen Anschluss. Nicht zuletzt verdeutlicht ein Beispiel aus dem Finanzsektor, dass Kooperation auch innerhalb einer Branche grenzüberschreitend funktioniert – und am Ende auch zu neuen regulatorischen Standards führen kann.

Fallstudie SEPA: Branchenkooperation wird zum regulatorischen Standard. Obwohl der Euro bereits seit mehr als einem Jahrzehnt als gemeinsames Zahlungsmittel im Euroraum genutzt wird, fehlte bis 2014 eine einheitliche Abwicklung des Zahlungsverkehrs. Während Barzahlungen überall im Euroraum so einfach wie im Heimatland abzuwickeln waren, galt dies nicht für die elektronische Zahlung von Waren und Dienstleistungen. Um dies zu ändern, initiierte die Bankenbranche im Jahr 2002 den *European Payments Council*, dessen Ziel die Entwicklung eines neuen europaweiten Abwicklungssystems war. Hieraus entstand die Idee zu SEPA *(Single Euro Payments Area)*. Die Europäische Kommission, die bereits Jahre zuvor auf einen einheitlichen Rahmen gedrängt hatte, goss den Vorschlag der Banken schließlich in eine Verordnung. SEPA ersetzt als neuer Standard eine Struktur aus nationalen Clearingstellen, Rechtsnormen und Softwarelösungen durch eine aus der Kooperation zwischen den Banken entstandene einheitliche Infrastruktur. Rund 22 Milliarden Euro können alle Beteiligten dadurch alleine durch Effizienzgewinne jährlich sparen. Noch größer fällt der Effekt der freiwerdenden Liquidität aus. Während Banken und Unternehmen zuvor zusätzliche finanzielle Mittel für die verschiedenen Transaktionen zwischen den vielen Clearingstellen und Instituten benötigten, fallen diese Reserven durch das einheitliche System weg. Bis zu 230 Milliarden Euro an Finanzmitteln werden dadurch freigesetzt.[69] Um diese Vorteile komplett abzuschöpfen, müssen die europäischen Institute den neuen Standard aber noch konsequenter umsetzen, um sich gegen weiterhin bestehende Konkurrenzsysteme durchzusetzen.

Diese drei Fallstudien zeigen exemplarisch die mannigfaltigen Möglichkeiten auf, die Unternehmen im Binnenmarkt nutzen können, um strategische Allianzen mit wechselseitigem Mehrwert zu bilden. Diese Art der Kooperation ist wichtig – doch sie bildet nur einen Teil der Chancen ab, die Unternehmen nutzen können, wenn sie die Möglichkeiten zur Kooperation und zum wechselseitigen Lernen vollständig ausbauen.

Vonseiten der Unternehmen sind Offenheit und Kreativität gefragt, um neue Arten der Zusammenarbeit zwischen den Knotenpunkten Wirtschaft, Wissenschaft und Politik zu erschließen und die Stärken der verschiedenen Bereiche zu bündeln. Dies setzt voraus, dass Unternehmen sich vorbehaltlos nach neuen Kooperationsmöglichkeiten mit Akteuren aus allen Teilen des Kontinents umsehen und nicht davor zurückschrecken, Neuland zu betreten und auch kulturelle Barrieren zu überspringen.

Grenzüberschreitend lernen und entwickeln: Forschungskooperationen stärken

Dass Unternehmen in Forschung und Entwicklung oder in der beruflichen Ausbildung zusammenarbeiten, ist schon seit Jahrhunderten üblich. Meistens waren es gemeinsame Fachschulen oder Forschungsinstitute, die eine lokale Kooperation von Unternehmen ermöglichten. Im Umfeld dieser Kooperationen entstanden immer stärkere und innovativere lokale Produktionsnetzwerke. Gerade im Bereich forschungsintensiver Zukunftstechnologien in der Industrie spielt Kooperation zwischen Unternehmen eine wichtige Rolle, denn die Fixkosten für Forschung und Entwicklung sind oftmals so hoch, dass sie insbesondere für kleine und mittelständische Unternehmen kaum eigenständig zu tragen sind. Das Investitionsrisiko schreckt sie oft von größeren Entwicklungsprojekten ab.

Diese Forschungs- und Produktionsnetzwerke sind heute auch im virtuellen Raum möglich. Sie erlauben es, grenzüberschreitend qualifizierte Mitarbeiter zu verbinden. In Europa ist das besonders sinnvoll, denn grundsätzlich verfügen die verschiedenen Länder über sehr unterschiedliche Stärken und Schwächen und daher über eine heterogene Verteilung von Wissen und Technologie. Diese unterschiedlichen Potenziale bereiten den Boden für Synergieeffekte durch Wissens- und Technologietransfers zwischen Ländern und Unternehmen. Ein Blick auf die Unternehmenslandschaft zeigt, dass große Möglichkeiten vor allem im Feld der Spitzentechnologie vorhanden sind. Denn wenngleich Europa der Konkurrenz aus Nordamerika und Asien in der stark wahrgenommenen Informations- und Kommunikationstechnologie hinterherhinkt, gibt es dennoch auf vielen Feldern Beispiele für eine hohe Innovationskraft.

- *Deutschland* sticht besonders heraus. In kaum einem anderen Land werden weltweit so viele Patente pro Einwohner angemeldet. In der Produktionstechnologie oder Anlagetechnik ist Deutschland daher beispielsweise nicht zuletzt aufgrund seiner Innovationstärke Weltspitze: In 16 von 32 Teilbranchen sind deutsche Unternehmen Weltmarktführer.[70] Dies gilt auch in anderen Bereichen: Unter den *Top Ten* der Unternehmen mit den meisten Patentanmeldungen im europäischen Markt sind mit Siemens, BASF und Bosch gleich drei deutsche Unternehmen vertreten.[71]
- Auch *Frankreich* ist innovativ – und wird dabei doch oft unterschätzt. In der *ThomsonReuters-Rangliste* der 100 innovativsten Unternehmen und Institutionen der Welt belegt Frankreich mit sieben Vertretern Rang drei hinter Japan und den USA, sogar noch vor Deutschland (vier) und der Schweiz (fünf). Darunter befinden sich alleine drei Forschungsinstitute und Unternehmen wie *Saint-Gobain* (Industrie) oder *Arkema* (Chemie).[72] Dass sich diese Innovationsfähigkeit nicht immer im wirtschaftlichen Erfolg widerspiegelt, liegt auch an den schlechten politischen Rahmenbedingungen in Frankreich.

- Seit Jahren rangiert *Finnland* bei weltweiten Innovationsverglei-
chen auf den vorderen Plätzen. In der *Bloomberg-Rangliste*[73] Finnland zuletzt hinter Südkorea, Japan und Deutschland auf Platz
vier. Ein Grund dafür sind die hervorragenden Rahmenbedingungen. So verfügt der Staat über einen eigenen Fonds, der in innovative Unternehmen investiert, und über eine Finanzierungs-
agentur, die fortschrittliche Firmen unterstützt. Finnland hat so
über viele Jahre eine ausgeprägte Innovationskultur und –Infrastruktur entwickelt.

Osteuropäische Staaten finden sich in diesen Ranglisten seltener
wieder. Der Beitritt der Länder Osteuropas zum Gemeinsamen
Markt in den Jahren 2004 und 2007 sorgte zwar für massive Investitionen. Diese flossen jedoch zunächst in neue Fabriken und Fer-
tigungsstraßen – nicht jedoch in Forschungseinrichtungen. Zum
Aufbau der maroden Industrie war das sicherlich wichtig und notwendig. Jedoch bleibt durch die Vernachlässigung des Forschungs-
sektors das hohe Potenzial an Humankapital ungenutzt. Dabei haben die meisten Volkswirtschaften Osteuropas gut ausgebildete
Fachkräfte.[74] Das Potenzial für einen Innovationsschub ist also auch
dort durchaus vorhanden. Grenzüberschreitende Kooperationen
bieten sich daher ebenso mit osteuropäischen Standorten an.

Vor allem im Bereich der Forschung und Entwicklung können
Kooperationen folglich einen besonderen Nutzen stiften. Hier haben sich in der Vergangenheit zahlreiche innovative Modelle der Zusammenarbeit entwickelt, wie eine Fallstudie aus der Pharmabranche zeigt, die gleichsam unterstreicht, dass die Grenzen zwischen
Wissenschaft und Unternehmertum fließend verlaufen können.

**Fallstudie *Evotec* und *Novartis*: Auftragsforschung mit Ge-
winnbeteiligung.** Auf den ersten Blick mutet es wie eine ungleiche Partnerschaft an. Auf der einen Seite steht das Wirk-
stofforschungs- und -entwicklungsunternehmen *Evotec* aus
Hamburg mit rund 700 Mitarbeitern – auf der anderen Sei-

te der Schweizer Pharma-Riese und Weltmarktführer *Novartis* mit rund 130.000 Beschäftigten und einem Umsatz von 58 Milliarden Euro. Doch beide Unternehmen kooperieren seit 2009 bei der Entwicklung neuer Wirkstoffe. Das Geschäftsmodell der 1993 gegründeten *Evotec AG* beruht auf eben dieser Entwicklung pharmazeutischer Produkte im Zuge von Forschungsallianzen und Entwicklungspartnerschaften mit Pharma- und Biotechnologieunternehmen – insgesamt hält das *Biotech*-Unternehmen über 20 solcher Allianzen. Während *Evotec* sich auf die Wirkstoffforschung und Wirkstofffindung von Zielmolekülen konzentriert, die von *Novartis* vorgegeben werden, übernimmt *Novartis* die Herstellung und Vermarktung der Wirkstoffe. Der Aufgabenbereich von *Evotec* liegt also in der präklinischen Entwicklung, während *Novartis* die Verantwortung für alle klinischen Aktivitäten übernimmt. Für die Forschung erhält *Evotec* Vorabzahlungen von *Novartis*, die daran geknüpft sind, wie schnell und effektiv das Unternehmen Fortschritte verzeichnet (sog. *Meilensteinzahlungen*). Kommen die Produkte auf den Markt, wird *Evotec* dann auch an den Umsätzen beteiligt.

Die strategische Allianz bietet beiden Unternehmen erhebliche Vorteile. *Evotec* umgeht das Problem hoher Entwicklungskosten durch einen finanzkräftigen Partner, und *Novartis* spart sich den Aufbau hochspezialisierter Forschungsabteilungen. Durch die wechselseitige Konzentration auf bestimmte Aspekte der Wertschöpfungskette (*Evotec*: Forschung; *Novartis*: Herstellung und Vertrieb) profitieren beide Unternehmen vom enormen Wissens- und Erfahrungspool des Partners und den damit verbundenen Zeit- und Kostenvorteilen der klaren Aufgabenteilung. Die Zusammenarbeit ermöglicht so Wissensvorsprünge aufgrund von Know-how-Transfer. Darüber hinaus ziehen die Unternehmen aus dem wechselseitigen Zugang zu den Unternehmensnetzwerken des Partners einen Vorteil für ihren Vertrieb.

Beispiele solcher bilateraler Forschungskooperationen finden wir gerade in der medizinischen Forschung häufig. Sie versprechen in der Regel große Erfolge und werden daher oft praktiziert. Während im Beispiel von *Evotec* und *Novartis* zwei private Unternehmen gemeinsame Forschungsvorhaben realisieren, können auch Kooperationen zwischen öffentlicher Forschung und privaten Unternehmen großen Fortschritt ermöglichen – doch dazu müssen Wissenschaft und Wirtschaft noch enger zusammenarbeiten.

Diese Zusammenarbeit funktioniert in Europa heute noch nicht immer reibungslos und oft schlechter als in Amerika oder Asien. Das zeigt zum Beispiel die vergleichsweise geringe Durchlässigkeit des Arbeitsmarkts von der Wissenschaft in die Wirtschaft. So arbeiten in der EU zwar mehr Wissenschaftler als in den USA, Japan oder China, doch ist die Zahl der Forscher im Unternehmenssektor deutlich geringer: Nur 46 Prozent der europäischen Wissenschaftler sind für Unternehmen tätig, im Vergleich zu 80 Prozent in den USA, 75 Prozent in Japan und 62 Prozent in China. Diese Zahlen sind ein klares Indiz für die stockende Zusammenarbeit von Forschung und Unternehmen. Wie ließe sich dies ändern?

Eine stärkere Vernetzung der europäischen Grundlagenforschung, wie wir sie in Kapitel 4 bereits am erfolgreichen Beispiel der *Max-Planck-Gesellschaft* diskutiert haben, kann hierfür nur ein solides Fundament sein. Für eine unternehmerische Innovationskultur würde das allein jedoch nicht ausreichen. Damit die Ergebnisse der grundlegenden Wissenschaft auch in praktische Ideen umgewandelt werden können, bedarf es vielmehr eines Transfers in die angewandte Forschung. Wie eine solche Verzahnung von Wissenschaft und Unternehmen gelingen kann, zeigt das folgende Beispiel der größten Organisation für anwendungsorientierte Forschung in Europa.

Fallstudie *Fraunhofer-Gesellschaft*: Bindeglied zwischen Wissenschaft und Praxis. Die deutsche *Fraunhofer-Gesellschaft* betreibt über 80 Forschungseinrichtungen an rund 40 Standorten in Deutschland mit einem Schwerpunkt in den Natur- und

Ingenieurswissenschaften. Der Umfang ihrer Forschungsaktivitäten beträgt rund zwei Milliarden Euro im Jahr. 40 Prozent dieser Summe werden von Bund und Ländern geleistet, um Grundlagenforschung zu betreiben. Dafür besteht unter anderem mit der *Max-Planck-Gesellschaft* eine enge Zusammenarbeit. Rund 60 Prozent entfallen auf Auftragsforschung aus der Industrie, die angewandte und praxisnahe Forschungsprojekte aus der Grundlagenforschung ableitet und für Innovationen nutzbar macht.

Die Arbeitsteilung zwischen öffentlich geförderter Grundlagenforschung einerseits und industrieller Auftragsforschung andererseits gilt weltweit als Vorbild für den Wissenstransfer zwischen Wissenschaft und Praxis. Dieses Modell zeigt, wie hohe finanzielle Planungssicherheit und Autonomie in der Forschung bei gleichzeitiger Kunden- und Marktorientierung eine angewandte Forschung ermöglichen, die sich flexibel auf die Bedürfnisse einer dynamischen Wirtschaft einstellen kann.

Wenngleich sich die Arbeit der Fraunhofer-Gesellschaft noch in erster Linie auf nationale Zusammenarbeit beschränkt, so belegt ihr Beispiel doch in positiver Weise, wie die Potenziale einer grenzüberschreitenden Zusammenarbeit im Feld der angewandten Forschung genutzt werden können. Dies kann durchaus als Vorbild für andere europäische Organisationen dienen, die Wissenschaft und Wirtschaft über den gesamten Kontinent hinweg verbinden. All dies zeigt, wie lohnenswert es für Unternehmen sein kann, zusätzliche Schnittstellen zur angewandten Wissenschaft zu erschließen. So können sie die Weiterentwicklung eines europaweiten und grenzenlosen Netzwerks für angewandte Forschung unterstützen. Die Möglichkeiten dazu bieten sich heute mehr denn je. Früher war die Zusammenarbeit von Wissenschaft und Unternehmen oft ein linearer Prozess von der Grundlagenforschung bis schlussendlich zur wirtschaftlichen Realisierung. Heute kann aus der Vernetzung der Forschungslandschaft, ähnlich wie bei *Industrie 4.0,* ein dynamisches System mit kontinuierlichem Austausch und fortwährender Interaktion entstehen, sei es bei Planung, Durchführung oder Finanzierung von Forschungsvorhaben. In dieses Netzwerk können sich Unternehmen noch viel stärker eingliedern und so dessen Weiterentwicklung entscheidend vorantreiben – etwa wenn sich die Zusammenarbeit zu grenzüberschreitenden Clustern auf mehrere Unternehmen und Forschungseinrichtungen ausweitet. Auch hier gibt es bereits heute positive Beispiele, in denen Unternehmen, Forschungseinrichtungen und auch politische Institutionen gemeinsam arbeiten. So etwa in Schweden und Dänemark.

Fallstudie *Medicon Valley Alliance*: **Auf den Spuren der Nobelpreisträger.** Die *Medicon Valley Alliance* ist eine zwischenstaatliche Forschungsinitiative zwischen Ostdänemark und Südschweden. Das Ziel der Allianz ist es, lokale und globale Plattformen zu schaffen, die Wirtschaft und Wissenschaft miteinander vernetzen und damit den Grundstein für Innovation und Wettbewerbsfähigkeit legen. Der thematische Fokus des Clusters liegt dabei auf Medizin, Pharmazie, Biotechnologie und Life Sciences. Die Allianz umfasst mittlerweile 278 Mitglieder, davon acht Hochschulen, 263 kleine und mittelständische Unternehmen sowie sieben Großunternehmen. Die wichtigsten Mitglieder sind *AstraZeneca, H. Lundbeck, Novo Nordisk*, die Universitäten von Kopenhagen, Lund und Malmö sowie die Regionen Schonen (Skåne) und Kopenhagen. Innerhalb der Kooperation werden Forschung und Entwicklung sowie Produktinnovationen entlang der Wertschöpfungskette aufgeteilt. Es entstehen Synergieeffekte, die durch die geografische Nähe der Institutionen noch einfacher genutzt werden können. Auch wenn die Zusammenarbeit im digitalen Raum die örtliche Nähe künftig weniger bedeutsam machen sollte, lässt doch die Konzentration verschiedener Unternehmen und Forschungseinrichtungen die Standortattraktivität steigen –

Talente, Investitionen und neue Unternehmen werden aus der ganzen Welt angezogen. Die *Medicon Valley Alliance* nimmt im Bereich Biotechnologie eine Vorreiterposition in Europa ein, wovon die beteiligten Unternehmen und Staaten gleichermaßen profitieren. 44.000 Menschen arbeiten in den Unternehmen der Allianz, und 45.000 Studenten hören ein Fach der Biowissenschaften an den Universitäten der Region, die schon mehrere Nobelpreisträger hervorbrachten.[75] Doch dabei bleibt es nicht. Die hohe Anziehungskraft auf internationale Wissenschaftler ermöglicht der Allianz zudem, sich langfristig in weltweiten Wertschöpfungsketten zu verankern – etwa über Forschernetzwerke.

Die Erkenntnisse und Innovationen, die in einer solchen vernetzten Forschungslandschaft entstehen, bilden dann die Grundlage für die zukünftige technologische Ausrichtung Europas. Wir haben bereits gesehen, dass die technische Entwicklung im Feld *Industrie 4.0* noch am Anfang steht – hier bietet sich für Europa daher jetzt die Möglichkeit, die globale Pionierrolle durch eine gelungene Zusammenarbeit von Wirtschaft und Wissenschaft zu übernehmen.

Neue Verbindungen, neue Potenziale, neue Denkweisen

Wir haben in diesem Kapitel zahlreiche Maßnahmen kennengelernt, mit denen Unternehmen ihre Positionen im Gemeinsamen Markt stärken und ihn gleichzeitig nutzen können, um sich weltweit besser zu positionieren. Zentral ist dabei die Erkenntnis, dass es in erster Linie auf die Handlungsbereitschaft und Initiative der Unternehmen ankommt. Die grenzüberschreitende Kooperation mit anderen Unternehmen, mit Forschungseinrichtungen oder Branchenverbänden kann Unternehmen helfen, den Gemeinsamen Markt besser zu nutzen als bisher. Unternehmen müssen europäisch denken und handeln – denn sie sind *Unternehmen* und nicht *Unterlasser.*

In einem solchen europäischen Umfeld bleiben schließlich Unternehmer, Arbeitnehmer, Forscher und Politiker nicht mehr unter sich, sondern suchen den aktiven Austausch mit ihren Kollegen aus den anderen Regionen Europas. Daraus entstehen dann wahrlich europäische Strategien. Sie treten an die Stelle nationaler Alleingänge und protektionistischer Abschottung. Den Unternehmen als Herzstück der europäischen Wirtschaft kommt dabei die Kernrolle zu.

Damit dies gelingt, ist es unabdingbar, dass Unternehmen neben den engeren strategischen Fragen ihren Blick auf weitere flankierende Maßnahmen richten, die dazu beitragen können, dass den Unternehmen Europas die Fokussierung, Konsolidierung und Kooperation gelingt.

• *Belegschaften verbinden – europäisches Denken fördern.* Warum finden sich in den Vorständen europäischer Konzerne in der Regel vornehmlich Köpfe aus dem eigenen Land? Während es in den USA kaum eine Rolle spielt, aus welchem Bundesstaat die Vorstände der Unternehmen stammen, denken wir Europäer nicht selten in staatlichen Grenzen – nicht zuletzt, weil Karrieren häufig national verlaufen. So stammen in Deutschland 70 Prozent der Dax-Vorstandsmitglieder aus Deutschland, 77 Prozent aus dem deutschsprachigen Raum. Nur 17 Prozent kommen aus dem europäischen Ausland, 13 Prozent aus anderen Erdteilen.[76] Offen bleibt, ob sich dies im mentalen Horizont wichtiger unternehmenspolitischer Weichenstellungen widerspiegelt. Tatsache jedoch ist, dass die Vernetzung noch immer gering ist – und damit auch die Chance zu Inspiration und die Möglichkeit, globale Geschäftsideen rechtzeitig zu identifizieren, geringer ist. Daher stellt sich die Frage, warum die Ausbildung der Arbeitskräfte in Europa immer noch eher national stattfindet? Die europäischen Institutionen besitzen mit dem *Europakolleg* in Brügge und dem

Europäischen Hochschulinstitut in Florenz ihre eigenen Bildungseinrichtungen, die in ganz selbstverständlicher Weise den Führungsnachwuchs ausbilden. Zwar verfügt auch die Wirtschaft mittlerweile in Form von Business-Schools über ähnliche Kaderschmieden für das Topmanagement. Noch spiegelt sich dies aber nicht in den Führungsetagen wider. Weite Teile der Arbeitnehmer spüren von einer europäischen Verzahnung ohnehin wenig. Hier müssen Unternehmen ansetzen und ihre Belegschaft stärker internationalisieren – dazu gehört beispielsweise, der Ausbildung durch Zusammenarbeit mit Partnern aus der EU einen europäischen Anstrich zu geben. Die Internationalisierung beginnt mit der Geschäftsleitung, darf aber nicht vor den vielen normalen Angestellten Halt machen. Denn nur mit einer kulturell vielschichtigen Arbeiternehmerschaft verschwinden schließlich Barrieren und es entsteht europäisches Denken im Kern der Unternehmen.

Fallstudie: CEMS-Programm: erster erfolgreicher Ansatz zur Vernetzung von Wirtschaftshochschulen. Ein positives Beispiel ist *CEMS – The Global Alliance in Management Education*, eine Vereinigung von 29 Universitäten und zahlreichen multinationalen Unternehmen. Der Zusammenschluss bildet seit 1988 Managementnachwuchs aus und wurde in Europa unter Mitwirkung der *Universität zu Köln* gegründet. Neben ihr gehören dem Programm, bei dem pro Land lediglich eine Hochschule zugelassen ist, Spitzenhochschulen wie die *Universität Sankt Gallen* (Schweiz), *Luigi Bocconi* (Italien) oder die *London School of Economics and Political Science* (Großbritannien) an. Mittlerweile sind auch außereuropäische Universitäten angeschlossen. Ziel ist es, durch Auslandsaufenthalte an den verschiedenen Hochschulen nicht nur die fachlichen, sprachlichen und interkulturellen Kompetenzen der Studenten für eine Managementkarriere auszubilden, sondern vor allem auch ein internationales Netzwerk der zukünftigen Führungs-

kräfte aufzubauen. Das CEMS-Masterprogramm in *International Management* gehört zu den weltweit führenden Masterpro-
grammen und belegte in der globalen Vergleichsrangliste der
Financial Times im Jahr 2014 den fünften Rang.

- *Potenziale entdecken – Kooperationen stiften.* Warum nutzen Unternehmen so wenig die Möglichkeiten europäischer Zusammenarbeit? Ein wesentliches Hemmnis dürfte das richtige *Matching*
sein – also die Frage, wie die passenden Unternehmen zuein-
ander finden. Dies trifft insbesondere für kleinere Mittelständler
zu. Kooperationsbörsen könnten hier Abhilfe schaffen. Insbesondere lokale Wirtschaftskammern sollten stärker und grenzüberschreitend miteinander kooperieren und so neue Formen der
überregionalen Zusammenarbeit forcieren. Sie könnten etwa
eine gemeinsame Unternehmensdatenbank aufbauen, die regionale Kooperationsmöglichkeiten offenlegt, entlang derer Unternehmen zusammenarbeiten können. Nicht jede Möglichkeit
der grenzüberschreitenden Kooperation im virtuellen Raum des
Internets ist soweit nämlich hinlänglich bekannt – umso wichtiger ist es, Kooperationen über neue Transparenz überhaupt erst
möglich zu machen. Auf diesem Wege können beispielsweise
Softwareschmieden aus Skandinavien zu Industrieunternehmen
in Italien oder Biotech-Innovatoren aus Irland zu Pharma-Kon-
zernen in Frankreich finden. Was zunächst wie eine virtuelle In-
dustriemesse anmutet, könnte langfristig virtuelle, europaweite
Cluster der Zusammenarbeit hervorbringen.
- *Umdenken einleiten – digitale Reife erhöhen.* Eine Sensibilisierung
für die Vorteile der technischen Veränderung wird letztlich entscheidend dafür sein, dass Unternehmen ihre *digitale Reife* erhöhen. Heute löst die Entwicklung bei einem Teil der Unternehmen noch eine starre Abwehrreaktion aus – oder sogar Ignoranz.
Auch andere Gesellschaftsteile reagieren auf solche Veränderung oft ablehnend. Schon in den Siebziger- und Achtzigerjahren
fiel Europa im technologischen Wettlauf hinter Fernost und den

USA zurück, weil der damals neue Trend der elektronischen Datenverarbeitung vor allem als *Jobkiller* angesehen wurde. Hieraus ergibt sich der Imperativ für konstruktive Aufklärungsarbeit, die gesellschaftliche Ängste vor der fortschreitenden Digitalisierung zerstreut. Die Bedeutung einer solchen Sensibilisierung des öffentlichen Raums sollte nicht unterschätzt werden. Das Beispiel der elektronischen Datenverarbeitung als integraler Bestandteil der Arbeitswelt zeigt, wie lange es dauert, bis sich bestimmte Erkenntnisse in der Gesellschaft durchsetzen. Und es zeigt, wie der mit diesen Erkenntnissen durchgeführte Wandel am Ende zu einer höheren Wettbewerbsfähigkeit von Produkten geführt hat. Es sind die Wirtschaftsverbände, die hier eine besondere Verantwortung tragen. Sie müssen ihre derzeitige Rolle der Mahner und Warner des Politikbetriebs der Hauptstädte hin zu konstruktiv handelnden und denkenden Akteuren wandeln. Sie müssen ihre Aufgabenfelder nicht mehr ausschließlich in der regulatorischen Gefahrenabwehr sehen, sondern sich selbst als Talentscouts neuer Trends für den Wirtschaftsstandort Europa definieren.

- *Finanzierung sicherstellen – Bankenexpertise nutzen.* Nicht zuletzt kommt global agierenden Finanzinstituten in der Finanzierung von Zusammenschlüssen und Kooperationsprojekten eine entscheidende Rolle zu. Sie können den Unternehmen zunächst in ihrer traditionellen Funktion als Finanzierer zur Seite stehen – etwa, indem sie große Transaktionen mit hohem Finanzierungsaufwand begleiten, über eine individuelle Strukturierung von Eigen- und Fremdkapitalemissionen Liquidität vermitteln, Finanztransaktionen verlässlich abwickeln oder Währungs- und Zinsrisiken ebenso wie Kreditausfall- und Liquiditätsrisiken absichern. Doch dabei bleibt es nicht: Gerade global aufgestellte Banken verfügen mit ihrer Vernetzung in vielen Ländern über internationale Marktkenntnis und Kontakte, mit denen sie Unternehmen schnell und effizient grenzüberschreitend unterstützen können. Mit ihrer Fachexpertise zu Ländern und Branchen sind sie etwa in der Lage, Geschäfts- sowie Übernahmepotenziale aufzudecken und strategische Entscheidungen der Unternehmen zu begleiten. Insbesondere dieser Wissenstransfer, der die Wege der klassischen Unternehmensfinanzierung in einer langfristigen Kundenbeziehung ergänzt, ist von zentraler Bedeutung. Er wird heute viel zu selten genutzt. Dabei könnten Unternehmen vom Wissen ihrer Hausbank ebenso profitieren wie von ihrer Finanzierungskompetenz. Die Banken könnten ihrerseits wieder ihre traditionelle Rolle als Dienstleister der Realwirtschaft ausfüllen und damit nicht zuletzt durch gute und seriöse Arbeit wirtschaftlichen und gesellschaftlichen Mehrwert schaffen, der langfristiges Vertrauen aufbaut.

Gerade der letzte Punkt verdeutlicht, dass sich viele Vorhaben zur Konsolidierung und Kooperation auf Unternehmensebene ohne adäquate Finanzierung nicht umsetzen lassen. Die Mobilisierung privaten Kapitals für diese Zwecke spielt hierbei eine wichtige Rolle.

Wie wir dieses Kapital in Europa aktivieren können, zeigt das nächste Kapitel.

VI

PRIVATE VERMÖGENSBILDUNG UND INVESTITIONSFINANZIERUNG: WAS EINE KAPITALMARKTUNION LEISTEN KANN

- **Demografiebedingte Herausforderungen machen die private Vermögensbildung zum zentralen Element der Altersvorsorge. Sie muss zukünftig stärker auf den Aufbau des Kapitalstocks setzen.** Neben der umlagefinanzierten staatlichen Altersvorsorge verspricht die ergänzende *kapitalgedeckte betriebliche und private Altersvorsorge* höhere Renditen und begünstigt so die Vermögensbildung aller Haushalte. Angesichts unserer alternden Gesellschaft ist das eine dringend notwendige Ergänzung zur Alterssicherung. Noch spielt die kapitalfundierte Vorsorge in vielen Ländern Europas nur eine untergeordnete Rolle. Eine Harmonisierung der Rahmenbedingungen und steuerliche Anreize können dabei helfen, die betriebliche und private Vorsorge EU-weit zu fördern.
- **Das aktuelle Niedrigzinsumfeld und die ungleiche Teilhabe an Wertsteigerungen von Immobilien und Aktien erschweren jedoch die *private Vermögensbildung* für breite Teile der Bevölkerung.** Der Trend, dass private Vermögenswerte wesentlich schneller wachsen als Wirtschaftsleistung und Löhne, dürfte indes auch in den kommenden Jahren anhalten und so die ungleiche Vermögensverteilung in Europa weiter festigen.
- **Ein verbesserter Kapitalfluss innerhalb Europas kann derweil sowohl die private Vermögensbildung als auch die Finanzierung von Unternehmen stärken. Europa braucht daher eine vollumfassende *Kapitalmarktunion.*** Ein gemeinsamer funktionierender Markt

für Kapital hilft nämlich dabei, verfügbares Kapital besser mit dem Finanzierungsbedarf der Realwirtschaft zusammenzubringen. Mit den richtigen Instrumenten kann die Kapitalmarktunion so einerseits privaten Vorsorgesparern attraktive Wege und Möglichkeiten für europaweite Investitionen eröffnen und zugleich für Unternehmen und Infrastrukturprojekte stabile und günstige Finanzierungsquellen schaffen.

- **Private Vermögensbildung über die Kapitalmärkte ist Europas verlässliche Antwort sowohl auf den demografischen Wandel als auch die anhaltende Investitionsschwäche.** Heute werden in Europa pro Jahr über 400 Milliarden Euro weniger investiert als noch vor der Finanzkrise. Ein verbesserter Kapitalfluss kann diese Lücke schließen, wenn er Unternehmens- und private Infrastrukturinvestitionen fördert. So können institutionelle Anleger ebenso wie private Sparer in Infrastrukturgesellschaften oder Infrastruktur- und Bürgerfonds investieren, die öffentliche Projekte etwa im Netzausbau finanzieren. Nicht zuletzt kann die Kapitalmarktunion der Europäischen Zentralbank den Ausstieg aus der Geldpolitik der *Quantitativen Lockerung* erleichtern, indem sie den effizienteren europaweiten Kapitalfluss dezentral unterstützt und so Investitionen fördert.
- **Im Ergebnis könnte eine europäische Kapitalmarktunion so dazu beitragen, Europas Realwirtschaft und Finanzsystem langfristig effizienter, wettbewerbsfähiger und robuster zu machen.** Sie fördert nachhaltig Wachstum und Beschäftigung – und begünstigt so letztlich die Teilhabe der Bevölkerung am steigenden Wohlstand.
- **Der Erfolg der Kapitalmarktunion hängt letztlich auch an den Bürgern als Vorsorgesparern.** Um eine neue Investitionskultur zu fördern, kann der Staat Anreize setzen, etwa in Form von Steuervergünstigungen und Zuschüssen für betrieblich und privat aufgebautes Vorsorgekapital.

Mit einem exportorientierten Wachstumsmodell und wettbewerbsfähigen Unternehmen, die dieses auszufüllen wissen, stehen die Chancen Europas auf Wachstum gut. Dies dürfte nicht zuletzt auch die Lage an den Arbeitsmärkten entspannen und somit die Chancen auf wirtschaftliche Teilhabe für weite Teile der Bevölkerung verbessern. Allerdings: Chancen auf wirtschaftliche Teilhabe ergeben sich nicht allein über Lohneinkommen, sondern auch über den Aufbau und die Vermehrung von Kapital. Der dritte Baustein des Geschäftsmodells für ein Europa des Wachstums und Wohlstands ist deshalb die private Vermögensbildung der Bevölkerung über die Kapitalmärkte. Eine breitere Beteiligung an den Kapitalmärkten würde dabei nicht nur eine bessere Teilhabe der Europäer am gesamtwirtschaftlichen Wachstum ermöglichen. Um die Herausforderungen des demografischen Wandels für die sozialen Sicherungssysteme und öffentlichen Haushalte zu meistern, ist sie ohnehin unbedingt geboten. Mit den richtigen Instrumenten kann die private Vermögensbildung zugleich neue Wege und Möglichkeiten in der Unternehmensfinanzierung eröffnen. Damit liefert der Ansatz eine ideale Ergänzung zu den beiden ersten Bausteinen unseres Geschäftsmodells für Europa. Gerade das Feld der betrieblichen und privaten Altersvorsorge bietet dabei großes Potenzial. Ein europaweiter Ausbau der kapitalgedeckten Vorsorge könnte nicht nur langfristig die Alterssicherung zukunftsfest für den demografischen Wandel machen. Neue Wege in der privaten Vermögensbildung und Altersvorsorge können zugleich zu einer neuen Quelle der Unternehmensfinanzierung werden. Wenn Finanzintermediäre mit dem aufgebauten Kapitalstock breite Investitionen in europäische Unternehmen und Infrastruktur mobilisieren, könnten Arbeitnehmer einerseits von attraktiven Renditen profitieren. Zugleich würde die Finanzierung insbesondere der kleinen und mittelständischen europäischen Unternehmen gestärkt – neue Impulse für Beschäftigung und Wachstum entstehen.

Die private Kapitalbasis hierfür ist in Europa durchaus vorhanden. Über die betriebliche Altersversorgung, private Vorsorge und Mitarbeiterbeteiligungen kann sie zusätzlich gestärkt werden. Damit sie jedoch auch an den Stellen ankommt, wo europaweit Finanzierungsbedarf bei Unternehmen und Infrastruktur besteht, müssen die europäischen Kapitalmärkte stärker integriert werden. Wenn dies gelingt, kann hieraus eine verlässliche Antwort Europas auf den demografischen Wandel als auch auf die Überwindung der Investitionsschwäche erwachsen.

Dieses Kapitel soll die geeigneten Wege und Werkzeuge aufzeigen.

Vermögenswerte in Europa sehr ungleich verteilt

Wer die Vermögenssituation der privaten Haushalte in Europa verbessern möchte, muss sich zunächst einen Überblick über die Verteilung der Vermögenswerte verschaffen. In der Praxis ist das gar nicht so leicht. Denn anders als Einkommen wird Vermögen nicht systematisch von den Behörden erfasst. Europaweit gibt es keine regelmäßigen Erhebungen der privaten Vermögenswerte. Die jüngste und umfangreichste Untersuchung auf Basis von Haushaltsbefragungen lieferte die EZB im April 2013, allerdings nur für die Eurozone.[77]

Das öffentliche Echo auf die EZB-Studie war groß, denn zum allgemeinen Erstaunen zeigte die Studie, dass die Haushalte in Zypern, Spanien und Italien im Durchschnitt deutlich vermögender waren als die Haushalte in Deutschland, den Niederlanden oder Finnland. Politisch besonders brisant war das im Fall Zyperns, das gerade erst 10 Milliarden Euro aus dem Eurorettungsschirm erhalten hatte. Dabei war das Durchschnittsnettovermögen der zyprischen Haushalte mit schätzungsweise 670.900 Euro mehr als dreimal so groß wie das der deutschen Haushalte mit rund 195.200 Euro. Insbesondere in Deutschland sorgte dies für eine kontroverse öffentliche Debatte.

Allerdings: Ganz so einfach ist es dann doch nicht. Kritiker bemängeln zahlreiche methodische Unzulänglichkeiten wie unterschiedliche Haushaltsgrößen, noch nicht abgeschlossene Preiskorrekturen nach geplatzten Vermögenspreisblasen und eine fehlende

Berücksichtigung staatlicher Rentenansprüche. Die Ergebnisse sollten daher durchaus mit Vorsicht betrachtet werden. Für Vergleiche der absoluten Vermögenshöhe zwischen den Ländern eignen sie sich kaum und sind deshalb in den kontroversen Debatten über die gerechte Verteilung von Lasten und die Grenzen der Solidarität zwischen den einzelnen Euroländern wenig hilfreich. Für Vergleiche von Verteilungsaspekten über die Ländergrenzen hinweg eignen sich die Daten der EZB hingegen besser. Und genau darum soll es im Folgenden gehen.

Auf Basis der Daten der EZB-Studie lässt sich das in der Eurozone angehäufte Nettogesamtvermögen auf schätzungsweise rund 34 Billionen Euro beziffern. Der durchschnittliche Haushalt verfügt dabei über ein Nettovermögen nach Abzug der Verbindlichkeiten in Höhe von 230.800 Euro. Das *Medianvermögen*, welches das Vermögen der Person angibt, die genau in der Mitte zwischen den oberen und unteren 50 Prozent liegt, beträgt hingegen nur 109.200 Euro. Die große Differenz impliziert bereits, dass Vermögen sehr ungleich verteilt sind. Denn je weiter das durchschnittliche über dem mittleren Einkommen liegt, desto stärker fallen besonders große Vermögen am oberen Ende ins Gewicht. Und tatsächlich besitzen die vermögendsten 20 Prozent (das oberste Quintil) zwei Drittel der Gesamtvermögen. Über 94 Prozent der Vermögen verteilen sich weiter auf die obere Hälfte der Bevölkerung, während die untersten 20 Prozent unter Abzug ihrer Verbindlichkeiten quasi gar kein Vermögen besitzen.

Die Vermögensposition hängt erwartungsgemäß stark mit dem Einkommen zusammen. Denn wer mehr verdient, hat mehr Ressourcen um zu sparen und zu investieren. Die obersten 20 Prozent der Einkommensbezieher besitzen fast die Hälfte der Vermögenswerte, die untersten 20 Prozent hingegen nur 8 Prozent. Dabei geht die Schere zwischen Median- (28.600 Euro) und Durchschnittshaushaltseinkommen (37.800 Euro) allerdings nicht ganz so weit auseinander wie bei den Vermögen.

Festzuhalten bleibt, dass die Vermögen in der Eurozone sehr ungleich verteilt sind – noch ungleicher als Einkommen und noch stärker konzentriert unter den Vermögendsten. Es ist jedoch weniger die statische Betrachtung allein, die Grund zu Bedenken gibt. Vielmehr beobachten wir, dass sich die Vermögen mehr und mehr auseinanderentwickeln. Partnerwahl und Vererbung spielen bei dieser Entwicklung sicherlich eine Rolle. Was Soziologen als *soziale Reproduktion* bezeichnen, beschreibt den Trend, dass die Europäer besonders häufig innerhalb ihrer sozialen Schicht, oft sogar innerhalb der eigenen Berufsgruppe heiraten. Nicht nur Vermögen bleiben so unter den Wohlhabenden, auch Bildungschancen werden so in vielen Ländern vererbt und verfestigen die sozialen Ungleichheiten.

Ein anderer wichtiger Grund für die Zementierung der Vermögensverteilung findet sich aber auch im Investitionsverhalten der Bürger selbst.

Breite Bevölkerung profitiert kaum von steigenden Vermögenswerten

Was machen die Europäer also mit ihrem Vermögen? Wohneigentum ist klassischerweise nach wie vor für viele Haushalte in der Eurozone die beliebteste Anlageform, denn das eigene Haus gilt immer noch als die beste Vorsorge fürs Alter. Entsprechend liegt über die Hälfte der Gesamtvermögen in der Eurozone (52 Prozent) in der eigenen Immobilie. Weitere 19 Prozent der Vermögenswerte finden sich in anderem Immobilienbesitz, etwa in Ferien- oder Anlageobjekten. Bei den finanziellen Vermögenswerten spielen Bankeinlagen mit einem Anteil von 6,4 Prozent die wichtigste Rolle vor freiwilligen privaten Pensionsfonds und Lebensversicherungen (3,9 Prozent) und anderen Assets wie Investmentfonds, Unternehmens- und Staatsanleihen (gemeinsam insgesamt 4,3 Prozent).

Der hohe Anteil von Immobilien am Gesamtvermögen verteilt sich jedoch nicht gleichermaßen auf die Bevölkerung. Wie wir bereits in Kapitel 2 gesehen haben, besitzen unter den 20 Prozent der vermögendsten Haushalte 95 Prozent eine eigene Immobilie. Bei den untersten 20 Prozent sind es hingegen nur 5 Prozent. Eine Zweitimmobilie besitzt nur ein Viertel der Haushalte, darunter erwartungsgemäß vor allem jene mit den höchsten Vermögen und Einkommen.

Fast alle Haushalte in der Eurozone verwahren einen guten Teil ihres Vermögens auf einem Bankkonto. Nur ein Drittel hat seine Ersparnisse zudem in freiwilligen privaten Pensionsfonds oder Lebensversicherungen angelegt. Andere Anlageklassen wie Investmentfonds, Aktien und Anleihen werden sogar nur von 5 bis 11 Prozent der Haushalte genutzt.[78] Ebenso wie bei der Zweitimmobilie hängt die Investitionsneigung hinsichtlich dieser Assets stark von der Einkommens- und Vermögensposition ab. Die größten Unterschiede in der Beteiligungsquote bestehen aber hinsichtlich privater Vorsorge- und Lebensversicherungsprodukte: Während 58 Prozent des vermögendsten Quintils in solche Produkte der langfristigen Vorsorge investieren, sind es nur 13 Prozent der untersten 20 Prozent.

Dass sich so wenige Privathaushalte am Kapitalmarkt und insbesondere am Aktienmarkt engagieren, liegt auch an der vergleichsweise risikoaversen Investitionskultur der Europäer. In den letzten Jahren haben die Niedrigzinsen und die Geldpolitik der *Quantitativen Lockerung* jedoch weltweit für enorme Liquiditätsschübe an den Finanzmärkten gesorgt. Eine unmittelbare Folge ist, dass Anleger mit Spareinlagen und festverzinslichen Wertpapieren kaum mehr Rendite erzielen, während Vermögenswerte wie Aktien oder Immobilien (insbesondere in Ballungszentren) in ihrem nominalen Wert stark gestiegen sind. Da Unternehmensbeteiligungen und Immobilienbesitz (ausgenommen Wohneigentum) jedoch nicht breit in der Bevölkerung gestreut sind, sondern sich im Wesentlichen in vermögenderen Gesellschaftsschichten konzentrieren, profitieren vor allem die ohnehin schon Wohlhabenden von den Vermögenswertsteigerungen. Für die breite Bevölkerung, die ihr vergleichsweise bescheidenes Vermögen dagegen vornehmlich in Wohneigentum und auf Bankkonten liegen hat, sind die Renditeaussichten mehr als eingetrübt.

Der Vermögensaufbau rückt so für breite Bevölkerungsteile in weite Ferne. Mehr noch: Die Ungleichheiten in der Vermögensverteilung in Europa dürften sich angesichts der unterschiedlichen Wachstumsaussichten von Vermögenswerten und Realwirtschaft weiter verstärken. So wuchsen laut einer Studie der *Boston Consulting Group* die privaten Geldvermögen in Westeuropa allein im Jahr 2014 um fast 7 Prozent auf 29,8 Billionen Euro, während das Wirtschaftswachstum mit nur 1 Prozent deutlich bescheidener ausfiel.[79] Entsprechend gering fallen auch die Lohnzuwächse aus. Der Trend, dass die privaten Geldvermögen wesentlich schneller wachsen als die Wirtschaftsleistung, dürfte indes auch in den kommenden Jahren anhalten. So rechnet die *Boston Consulting Group* bis 2019 mit einem durchschnittlichen jährlichen Wachstum der Vermögen von 4 Prozent auf 36,9 Billionen Euro. Das reale Wirtschaftswachstum in der EU dürfte laut IWF hingegen im gleichen Zeitraum bei unter 2 Prozent jährlich verharren.[80]

Die zunehmende Vermögenskonzentration hat in den letzten Jahren in der öffentliche Debatte immer wieder zu Forderungen nach Umverteilung geführt. Unabhängig davon, dass solche Umverteilungsvorschläge in der Regel zu normativ geprägt sind, als dass sie aus sich heraus eine Lösung aufzeigen könnten, die für die Gesellschaft als Ganzes befriedigend wäre, scheitern sie in der Praxis schlicht an Hindernissen in der Umsetzung. In dem viel beachteten Werk *Das Kapital im 21. Jahrhundert* leitet der französische Ökonom Thomas Piketty aus der obigen Beobachtung ab, eine progressive Vermögenssteuer einzuführen.[81] Dabei lässt er unberücksichtigt, dass es quasi unmöglich ist, eine solche Steuer sauber und effizient zu erheben. Dafür müssten zunächst alle Vermögensgegenstände erfasst werden, was schon schwierig genug wäre. Zum anderen müssten die Werte der Vermögensgegenstände festgestellt und regelmäßig angepasst werden. Der administrative Aufwand dafür würde einen Großteil der Steuereinnahmen aufzehren. Somit dürfte der Wohlstandsgewinn zu gering sein, als dass er die Kosten rechtfertigen würde. Mehr noch: Eine Vermögenssteuer würde letztlich auch den Aufbau von privatem Vermögen behindern – Vermögen, das wiederum für private Investitionen fehlen würde.

Schauen wir also lieber pragmatisch auf alternative Optionen, die die breite Bevölkerung dabei unterstützen, selbst eigenes Vermögen langfristig aufzubauen und zu vermehren. Eine solche gesamtgesellschaftlich konstruktive Strategie wollen wir im weiteren Verlauf des Kapitels entwickeln. Hierfür blicken wir zunächst auf ein wesentliches Element der Vermögensbildung in Europa, nämlich die Altersvorsorge.

Die drei Säulen der Altersvorsorgesysteme in Europa

Menschen bauen Vermögen aus ganz unterschiedlichen Gründen auf. Das wichtigste Motiv ist für die meisten aber der Vorsorgegedanke. Ein Drittel der Haushalte in der Eurozone spart auf freiwilliger Basis mithilfe von privaten Vorsorge- und Lebensversicherungsprodukten. In einigen Ländern bauen die Menschen zudem Kapital über betriebliche Versorgungssysteme auf. Die wichtigste Säule ist europaweit jedoch die staatlich organisierte Altersvorsorge – die erste der insgesamt drei Säulen.

Erste Säule: staatliche Altersvorsorge europaweit übergewichtet

In den EU-Ländern basieren die staatlichen Vorsorgesysteme typischerweise auf einer Rentenversicherung nach dem Umlageverfahren oder einer steuerfinanzierten Grundsicherung. Dabei werden die von den Arbeitnehmern und Arbeitgebern eingezahlten

Beiträge beziehungsweise entrichteten Steuern unmittelbar an die leistungsberechtigten Rentner ausgeschüttet, sodass nur geringe Rücklagen gebildet werden und kein Kapital aufgebaut wird. Im Gegensatz dazu baut der Vorsorgesparer beim Kapitaldeckungsverfahren während der Erwerbstätigkeit einen Kapitalstock auf, den er langfristig anlegt und in der Rentenphase aufbraucht.

Deutschland stellte seine Rentenversicherung in den 1950er Jahren vom Kapitaldeckungs- auf das Umlageverfahren um, nachdem der aufgebaute Kapitalstock durch Inflation und Weltkriege wiederholt erodiert war. Das Umlageverfahren erschien damals robuster gegenüber ebensolchen Krisen. Gleichzeitig sorgte die positive wirtschaftliche Entwicklung der Nachkriegsjahre in Verbindung mit einer hohen Geburtenrate zunächst für hohe Rentenansprüche bei vergleichsweise niedrigen Beiträgen. Angesichts des demografischen Wandels kommen heute jedoch die Schwächen des Systems stärker zum Tragen. Denn durch die Überalterung der Bevölkerung müssen immer weniger Erwerbstätige immer mehr Rentnern eine angemessene Alterssicherung finanzieren. Dies ist nicht allein ein deutsches Problem. In der EU stellt sich die Lage dramatisch dar: Während das Verhältnis der Bevölkerung im erwerbsfähigen Alter zu den über 64-Jährigen heute bei noch 4:1 liegt, werden im Jahr 2060 nur noch zwei erwerbsfähige Personen auf einen Rentner kommen. In der Folge steigt die finanzielle Belastung für Beitrags- und Steuerzahler, während zugleich die Renten immer knapper ausfallen.

Angesichts der ökonomischen und gesellschaftlichen Entwicklungen ist es deshalb unvermeidbar, die Belastungen für die umlagefinanzierten Systeme abzufedern. Die meisten EU-Länder haben in den vergangenen Jahren bereits wichtige Reformschritte unternommen, insbesondere mit der Anhebung des Renteneintrittsalters oder der Kopplung der Rentenhöhe an einen Demografiefaktor. In Deutschland etwa hat die *Agenda 2010* den Grundstein für eine solidere Alterssicherung gelegt. Die Reformerfolge sollten allerdings die Regierungen in Berlin ebenso wie in den übrigen europäischen

Ländern nicht in Sicherheit wiegen, sich nun zurücklehnen zu können. Es bleibt genug Handlungsbedarf, damit eine gesunde Mischung aus krisenfester umlagefinanzierter und demografierobuster kapitalbasierter Altersvorsorge dauerhaft etabliert wird. Anders als die umlagefinanzierte Komponente, die nur auf Basis des impliziten Generationenvertrages funktioniert und daher auf staatlicher Ebene organisiert werden muss, kann die kapitalgedeckte Komponente über den Privatsektor und vor allem die Bürger selbst gestärkt werden – der Staat kann dabei helfen, die Rahmenbedingungen zu schaffen.

Eine Möglichkeit, staatliche Umlagesysteme zu entlasten und die Altersvorsorge auf ein breiteres Fundament zu stellen, liegt in der Förderung der betrieblichen Altersversorgung.

Zweite Säule: betriebliche Altersversorgung
in vielen Ländern ausbaufähig

Die zweite Säule der Altersvorsorge ermöglicht es Arbeitnehmern, Teile ihres Gehalts in ein betriebliches Versorgungssystem zu überführen. Häufig wird sie vom Arbeitgeber kofinanziert. Dabei gibt es eine Vielzahl von Organisationsformen, die über den Arbeitgeber abgewickelt werden. So kann der Arbeitgeber beispielsweise eigenständig Rückstellungen bilden und in Form von Direktzusagen ausschütten. Mittel können aber auch in selbstständige Versicherungsunternehmen wie Pensionskassen und Direktversicherungen oder in Pensionsfonds fließen, die das Vermögen an den Kapitalmärkten anlegen.

In den meisten EU-Mitgliedstaaten ist diese zweite Säule der Altersvorsorge noch relativ unterentwickelt. Aktuell besitzen rund 75 Millionen Europäer einen betrieblichen Rentenplan. Ihre langfristig angelegten Vermögenswerte belaufen sich auf ein Volumen von über 2,5 Billionen Euro. Eine nahezu vollständige Beteiligung der Bevölkerung an der betrieblichen Versorgung hat sich bisher nur in Dänemark, Finnland, den Niederlanden und Schweden durchgesetzt. In diesen Ländern tragen Ansprüche aus der betrieblichen Versorgung zu gut einem bis zwei Drittel zum Alterseinkommen bei.[82] In Belgien, Deutschland, Estland, Großbritannien und Polen ist die zweite Säule ebenfalls etabliert, erreicht dort jedoch einen geringeren Anteil der Arbeitnehmer (zwischen 30 und 69 Prozent).

Europaweit besteht also noch großes Potenzial im Ausbau der betrieblichen Altersversorgung. Kapitalfundierte Formen der Altersvorsorge finden sich zudem auch in der dritten Säule.

Dritte Säule: freiwillige private Altersvorsorge noch in den Kinderschuhen

Die dritte Säule besteht aus einer breiten Palette an individuellen Renten- oder Lebensversicherungsprodukten, die Banken und Versicherungsgesellschaften speziell auf die Präferenzen ihrer Kunden zuschneiden. Sie basieren ausschließlich auf dem Kapitaldeckungsverfahren. Grundsätzlich können Vorsorgesparer die Beitragssätze selbst festlegen und zwischen einer Einmalauszahlung oder der Umwandlung des Anspruchs in eine lebenslange Rente wählen. In Europa werden private Vorsorgeprodukte von der erwerbstätigen Bevölkerung in unterschiedlichem Maße genutzt. In Deutschland sorgt immerhin gut ein Drittel der Arbeitnehmer freiwillig zusätzlich privat vor, gefolgt von den Niederlanden (28 Prozent), den nordischen Ländern (19 bis 27 Prozent), Ungarn (20 Prozent), Österreich (18 Prozent), Spanien (16 Prozent), Irland (12 Prozent) und Großbritannien (11 Prozent).[83]

Der Gesetzgeber kann die private Altersvorsorge zusätzlich fördern, etwa über Steuervergünstigungen oder eine direkte staatliche Bezuschussung des Sparbetrags. Diese Förderung ist aber nicht selten an bestimmte Auflagen gebunden – so etwa an die Rückzahlung der Förderung bei vorzeitiger Inanspruchnahme oder Todesfall.

Ausgewogene Balance der drei Säulen
macht Altersvorsorge zukunftsfest

Wurde in den letzten zwei Jahrzehnten zunehmend das Bewusstsein für die kapitalfundierte Altersvorsorge geweckt, so haben die Finanzkrise und das aktuelle Niedrigzinsumfeld neue Vorbehalte der Bürger gegenüber der Vermögensanlage an den Kapitalmärkten geweckt. Auch Banken, Fondsgesellschaften und Versicherer, die die privaten Vorsorgegelder in der Regel verwalten, stehen vor der zunehmend schwierigen Aufgabe, das Vorsorgekapital sicher und zugleich gewinnbringend anzulegen. Angesichts des wohl dauerhaft niedrigen Zinsniveaus geraten derzeit vor allem jene Anleger unter Druck, die einen hohen Vermögensanteil in Sparbüchern und Anleihen mit hoher Bonität anlegen. Als vermeintlich sehr sichere Anlageklasse ließen sich mit ihnen selten höhere, aber in der Regel doch immer solide Renditen erzielen. Beispiel Staatsanleihen: Zwischen 2001 und 2011 bewegte sich die jährliche durchschnittliche Rendite auf zehnjährige Staatsanleihen der Euroländer zwischen 3,44 und 5,03 Prozent, fiel aber nach 2011 sukzessive und erreichte im Jahresdurchschnitt 2014 einen Tiefstwert von 2,28 Prozent.[84]

An den Aktienmärkten sieht es hingegen anders aus: So erzielten Anleger, die im Jahr 2011 Aktien am Euro-Stoxx-Markt erwarben und diese bis Ende 2014 hielten, eine durchschnittliche jährliche Rendite von 14,3 Prozent, auf dem deutschen Aktienmarkt sogar von durchschnittlich 18,6 Prozent.[85] Vor allem für Vorsorgesparer ist aber die langfristige Wertentwicklung von Bedeutung. Auch hier lässt sich für die Aktienmärkte eine sehr günstige Bilanz ziehen. So warfen Dax- bzw. Euro-Stoxx-Aktien im Zeitraum von 1969 beziehungsweise 1986 bis Juli 2015 bei einer Laufzeit von 25 Jahren durchschnittliche Renditen von 9 beziehungsweise 6 Prozent jährlich ab. Selbst in der schlechtesten 25-jährigen Periode wurde immerhin noch eine Rendite von knapp 5 Prozent pro Jahr erzielt. Und vor allem: Bei einer Mindestlaufzeit von 16 Jahren lag sie nie unter null.[86] Die alten finanzmathematischen Gesetzmäßigkeiten, dass Aktien langfristig eine deutlich höhere Verzinsung erzielen als reine Anlagen in Sparbücher und Staatsanleihen, gelten also nach wie vor.

Dennoch haben viele Vorsorgesparer Bedenken, ihr Geld an den Aktienmärkten anzulegen – viele sorgen sich um die Verlustrisiken bei der Kapitalanlage. Sicherlich wird es kurzfristige Kursschwankungen immer wieder geben, doch der längerfristige Blick sollte Grund zu mehr Zuversicht geben. Die Entwicklungen der letzten Jahre verdeutlichen dies: So verzeichneten während der jüngsten Wirtschafts- und Finanzkrise zwar in der Tat insbesondere jene Pensionsfonds mit einem hohen Aktienanteil größere Verluste, doch diese erholten sich in den Folgejahren auch wieder schneller. Die niederländischen und belgischen Pensionsfonds etwa erreichten trotz Krise im Jahresdurchschnitt von 2008 bis 2013 immerhin Renditen von durchschnittlich 7,4 beziehungsweise 5,5 Prozent. Die einzigen Länder, in denen Pensionsfonds in diesem Zeitraum leichte Verluste von durchschnittlich 0,3 Prozent machten, waren mit der Slowakei und Griechenland Länder, in denen Pensionsfonds einen hohen Anteil in Form von Einlagen, aber nur einen marginalen Anteil in Aktien angelegt hatten.[87] Wenngleich Schwankungen sich kurzfristig also durchaus negativ auf die kapitalfundierte Vorsorge auswirken können, zahlt sich der lange Atem gerade an den Aktienmärkten mit positiven und attraktiven Renditen aus.

Die hohen Renditen an den Aktienmärkten sind die eine Seite. Auf der anderen Seite mindern die derzeit sehr niedrigen Zinsen die Erträge kapitalgedeckter Systeme, was diese unter Anpassungsdruck setzt. Angesichts der restriktiven Anlagespielräume und Kapitalanforderungen, die in Deutschland und vielen anderen europäischen Ländern gelten, fällt es institutionellen Anlegern wie Banken, Fondsgesellschaften und Versicherern zunehmend schwerer, Renditen zu erzielen, die die häufig geltenden Garantieanforderungen erfüllen. Verschärft durch die zinsbedingte hohe Liquidität im Markt ist in den zugelassenen Wertpapierklassen, etwa dem Markt für Staatsanleihen, die Nachfrage so groß, dass geradezu ein Anlagenotstand herrscht. Diese Entwicklung ist aber keinesfalls ein

Argument gegen den Kapitalaufbau zu Altersvorsorgezwecken. Im Gegenteil: Die kapitalfundierte Vorsorge wird in Zukunft immer wichtiger werden. Denn angesichts der alternden Bevölkerung werden umlagefinanzierte Systeme als alleinige Alterssicherungsquelle zwangsläufig bald an ihre Grenzen stoßen. Ein Blick auf die implizite Staatsschuld verdeutlicht dies. Dabei handelt es sich um Zusagen für Leistungen der sozialen Sicherungssysteme, die erst in der Zukunft fällig werden, also Ausgaben für Renten, Gesundheit und Pflege. Sie lagen im Jahr 2013 im EU-Durchschnitt mit 254 Prozent der Wirtschaftsleistung bei fast dem Dreifachen der expliziten öffentlichen Schulden von 87 Prozent.[88] Früher oder später müssen diese Zusagen aber geleistet werden – und das im umlagebasierten Verfahren von einer schrumpfenden Basis an Erwerbstätigen. So dürfte in naher Zukunft ein Teil der impliziten zu expliziten Schulden werden – nämlich dann, wenn der Staat einspringen muss, um Finanzierungslücken zu schließen. Diese Entwicklung ist absehbar, denn bis 2060 werden die Ausgaben für Renten, Gesundheit und Pflege in der EU schätzungsweise nochmals um 5 Prozentpunkte auf 25 Prozent der Wirtschaftsleistung steigen. Allein bis 2030 würde die explizite Staatsschuld so auf schätzungsweise 126 Prozent der Wirtschaftsleistung der EU anwachsen – und damit mehr als doppelt so hoch liegen wie nach den Maßgaben des *Stabilitäts- und Wachstumspakts* zulässig. Dies unterstreicht: Die europäischen staatlichen Sicherungssysteme sind mittelfristig nicht tragfähig. Entschiedene Reformen drängen daher schon heute. Zwar ist in den meisten europäischen Ländern in den vergangenen Jahren bereits viel passiert, von einer nachhaltigen Entspannung der Lage kann allerdings noch keine Rede sein. Insbesondere in den Rentensystemen, die den größten Anteil der impliziten Schulden ausmachen, braucht es weiterhin fundamentale strukturelle Veränderungen.

Damit der Wohlstand der Bürger auch im Alter gesichert ist, ist eine stabile Kombination der drei Säulen der Altersvorsorge in Europa unbedingt notwendig. Dabei eine ausgewogene Balance zwischen umlagefinanzierter und kapitalgedeckter Altersvorsorge zu schaffen und so die Vorteile beider Systeme zu nutzen, ist der robusteste und nachhaltigste Ansatz: Der umlagefinanzierte Anteil würde einerseits ein Mindestniveau zur finanziellen Grundsicherung auch in Krisenzeiten garantieren. Der Aufbau eines Kapitalstocks würde andererseits die Abhängigkeit von der demografischen Entwicklung verringern und Vorsorgesparern die Teilhabe an den günstigen Vermögenswertentwicklungen an den Kapitalmärkten ermöglichen. In den meisten Ländern Europas besteht hier noch viel Nachholbedarf, sowohl in der betrieblichen Altersversorgung als auch in der privaten Vorsorge.

Ausbau der betrieblichen Altersversorgung europaweit dringend notwendig

Wie ein betriebliches Versorgungsmodell als gleichwertige Komponente zu einer sicheren Altersrente beitragen kann, machen die Niederlande vor.

Fallstudie niederländisches *Cappuccino-Modell*: Starke kapitalgedeckte Säule stabilisiert die Alterssicherung. Das sogenannte *Cappuccino-Modell* bildet die drei Säulen der Altersvorsorge bildlich in drei Schichten ab: die Grundrente (der Kaffee), die kollektive betriebliche Rente (der Milchschaum) und die zusätzliche private Vorsorge (Schokostreusel). Die allgemeine Altersrente (*Algemene Ouderdomswet*) wird mit einkommensabhängigen Arbeitnehmerbeiträgen umlagefinanziert und beläuft sich auf 70 Prozent des Mindestlohns. Die Leistungen der ersten Säule dienen also lediglich der einheitlichen Grundsicherung. Ergänzend dazu bildet die betriebliche Altersrente die zweite tragende Säule, die auf Kapitaldeckung setzt. Organisiert ist diese in der Regel durch branchenweite, nicht profitorientierte Pensionsfonds, in denen auch die Sozialpartner vertreten sind. Sie legen die Altersvorsorgeregelungen für die jeweiligen Branchen fest und übertragen die Verwaltung an externe Verwaltungsgesellschaften, die das aufgebaute Vorsorgekapital auf den Finanzmärkten anlegen. Rechtlich und finanziell sind die Pensionsfonds unabhängig von den Unternehmen, unterstehen aber der strengen Aufsicht und Kontrolle der Nationalbank. Da die per Tarifvertrag abgeschlossenen Regelungen in Unternehmen gleichsam für alle Beschäftigten verbindlich sind, ist die betriebliche Altersversorgung in den Niederlanden quasi-obligatorisch und bezieht 91 Prozent der Arbeitnehmer ein. Durch die Kombination beider Säulen soll als Richtwert ein Altersbezug von 70 Prozent des letzten Einkommens erreicht werden. In den Niederlanden setzt sich das Alterseinkommen im Durchschnitt daher zu 50 Prozent aus der staatlichen Rente und zu 45 Prozent aus der betrieblichen Rente zusammen. Die freiwillige private Vorsorge, die in der Regel als Renten- oder Lebensversicherung direkt bei Banken und Versicherungsgesellschaften abgeschlossen wird, kommt als Schokostreusel noch hinzu.[89]

Die überbetrieblichen Branchenpensionsfonds der Niederlande gelten gemeinhin als *Best Practice* in der betrieblichen Altersversorgung. Einer ihrer Vorteile liegt darin, dass sie auch kleinen und mittelständischen Unternehmen ermöglichen, ihren Mitarbeitern einen betrieblichen Rentenplan anzubieten, eben weil sie nicht betriebsgebunden sind. Durch diese tarifvertragliche Regelung haben die niederländischen Branchenpensionsfonds eine sehr hohe Reichweite – etwa drei Viertel der Arbeitnehmer schließen sie ein – was ihnen günstige Skaleneffekte verschafft. Da ist zum einen die breite Risikodiversifizierung: Der große Kapitalpool, der sich in überbetrieblichen Pensionsfonds sammelt, erlaubt es, Risiken besser auf verschiedene Anlageklassen zu streuen. Mögliche Verluste einzelner Wertpapiere können daher besser über andere Vermögenswerte ausgeglichen werden. Zum anderen können Risiken besser geteilt werden: Kurzfristige Kursschwankungen gefährden nicht gleich den einzelnen Rentenbezieher. Denn Verluste können durch den großen Kapitalpool, der sich auch aus den Beiträgen der noch einzahlenden Generation speist, abgefedert werden. Bei Engpässen greift in den Niederlanden eine Art kollektives Garantiemodell, das einen Verlustausgleich zwischen Arbeitnehmern, Arbeitgebern und Rentnern schafft. Ein weiterer Vorteil von größeren Pensionsfonds liegt darin, dass sie Anlagevermögen effizienter verwalten können. So betragen die Verwaltungskosten niederländischer Pensionsfonds durchschnittlich nur 0,1 Prozent gemessen am gesamten Anlagevermögen. Zum Vergleich: In Spanien liegen sie mit 1,2 Prozent am höchsten, aber auch in Österreich (0,5 Prozent) und Luxemburg (0,3 Prozent) fallen höhere Verwaltungskosten an. Zudem erzielten niederländische Pensionsfonds im Zeitraum von 2007 bis 2013 Renditen von durchschnittlich über 7 Prozent jährlich – und damit deutlich mehr als Pensionsfonds in Dänemark (4,1 Prozent), Deutschland (2,9 Prozent), Österreich (2,6 Prozent) und Luxemburg (2,5 Prozent).[90] Im Jahr 2014 lagen die Renditen in den Niederlanden sogar bei 15 Prozent.[91] Übertroffen wurden sie nur von Dänemark mit knapp 17 Prozent; Österreich und Italien kamen auf rund 7, Spanien auf 8 und Schweden auf 11 Prozent.

Ein Grund für die hohen Renditen niederländischer Pensionsfonds liegt auch in der dort geltenden Anlageverordnung. Sie sind in ihren Anlagemöglichkeiten relativ flexibel, was sich in der Verteilung auf die verschiedenen Wertpapiere zeigt: Niederländische Pensionsfonds investieren einen relativ hohen Anteil in Aktien anstatt in vergleichsweise renditeschwache Anleihen.[92] Im Gegensatz dazu sind etwa in Deutschland die Anlagespielräume für Banken, Fondsgesellschaften und Versicherer deutlich enger gefasst, sodass sie viel weniger in Aktien anlegen – und so deutlich bescheidenere Renditen erzielen. Das Dilemma, angesichts von Dauerzinstief, beschränkter Anlagemöglichkeiten und hoher Kapitalanforderungen kaum mehr Renditen generieren zu können, stellt sich derzeit vielen institutionellen Anlegern in Europa. Sicherlich steht dabei außer

Frage, dass gerade Rentenprodukte verbindlichen und angemessenen Anlageregeln unterliegen müssen. Aber: Ist die Regulierung zu restriktiv, ist letztlich niemandem gedient.

Die Erfahrung des niederländischen Modells zeigt, dass eine größere Flexibilität in der Kapitalanlage vorteilhaft sein kann, wenn sie von angemessenen regulatorischen Vorgaben im Risikomanagement und der Aufsicht begleitet wird. So mussten niederländische Pensionsfonds gewährleisten, dass zugesagte Rentenleistungen stets durch bestehende Vermögenswerte und zusätzliche Puffer gedeckt sind. Im Falle der Unterdeckung müssen sie sofort einen Sanierungsplan bei der Zentralbank einreichen, für dessen Erfüllung sie drei Jahre Zeit haben. In der Finanzkrise funktionierte dieser Mechanismus: So fiel zwar der Deckungsgrad von Vermögenswerten zu zugesagten Versorgungsleistungen im Jahr 2011 auf 98 Prozent unter den Richtlinienwert von 105 Prozent. Im Jahresdurchschnitt 2014 wurde jedoch mithilfe der Sanierungspläne – und rascher Erholung der Aktienmärkte – bereits wieder ein Deckungsgrad von 110 Prozent erreicht.[93] Gleichwohl geht auch die aktuelle Niedrigzinsphase nicht spurlos an den niederländischen Pensionsfonds vorbei. Damit das System auch unter dauerhaft niedrigen Zinsen stabil bleibt, wird die Betriebsrente derzeit von festen Leistungszusagen (*defined benefits, DB*) auf feste Beitragszahlungen (*defined contributions, DC*) mit renditeabhängigen Rentenzahlungen umgestellt. Infolge der Finanzkrise wurden zudem auch regulatorische Reformen, etwa zur Stärkung des Risikomanagements, durchgeführt.

Mit seinem flexiblen Modell und der guten Regulierung zeigt das niederländische Beispiel, wie die kapitalfundierte Betriebsrente als feste und gleichwertig tragende Säule in die Alterssicherung integriert werden kann, um den Wohlstand der Bürger auch im Alter dauerhaft zu sichern. Die erste Säule, das staatliche Rentensystem, das bisher fester und wichtigster Bestandteil der Altersvorsorge war, kann dabei grundsätzlich in der länderspezifischen Ausprägung bestehen bleiben. In jedem Fall sollte sie eine Grundsicherung gewährleisten – die Höhe der Absicherung kann jedoch je nach nationalen gesellschaftlichen Präferenzen unterschiedlich festgelegt werden. In den meisten Ländern dürften Beitragszahlungen aber nach unten angepasst werden. Ein Teil der Mittel würde stattdessen in die betriebliche Versorgung fließen können.

Als Durchführungsweg für die Betriebsrente bieten sich durchaus wie in den Niederlanden überbetriebliche Pensionsfonds an, die eine größere Risikodiversifizierung und effizientere Verwaltung erlauben. Dadurch würden vor allem auch Mitarbeiter in kleinen und mittleren Unternehmen bessere Zugangsmöglichkeiten erhalten, über betriebliche Versorgungssysteme Kapital aufzubauen.[94] Damit Wettbewerb gewährleistet bleibt, sollte statt tariflicher Bindung jedoch Wahlfreiheit möglich sein. Weitaus größere Skaleneffekte ließen sich gar über einen grenzüberschreitenden Ausbau der betrieblichen Altersversorgung erreichen. Vor allem jene Arbeitnehmer, die schon heute dauerhaft europaweit arbeiten, würden profitieren. Wenn Hürden bei der Mitnahme von Ansprüchen kleiner werden und so Transaktionskosten sinken, fällt der Arbeitsplatzwechsel über Ländergrenzen hinweg leichter. Die europäischen Arbeitsmärkte werden effizienter. Die rechtlichen und politischen Grundlagen für europaweit verfügbare Rentenpläne sind dabei vorhanden. Denn auch für Anbieter von Rentenprodukten gelten in der EU die Grundsätze des freien Verkehrs von Kapital und Dienstleistungen. Das bedeutet beispielsweise, dass sie die Verwaltung betrieblicher Altersversorgungssysteme für Unternehmen europaweit übernehmen können. Zudem können europaweit tätige Unternehmen die Beiträge und Ansprüche sämtlicher Mitarbeiter in ganz Europa in nur einem einzigen Fonds bündeln.

In der Praxis scheitert ein Zusammenwachsen der Systeme der betrieblichen Altersversorgung in Europa jedoch nach wie vor an den teils großen nationalen Unterschieden in der Regulierung und der Steuer- und sozialen Sicherungssysteme. Aus diesem Grund haben sich jeweils sehr spezifische nationale Produkte herausentwickelt. Grenzüberschreitende Tätigkeiten finden nur sehr begrenzt statt. Für einen effizienten und funktionierenden gesamteuropäischen Rentenmarkt bräuchte es deshalb eine Harmonisierung der Rahmenbedingungen. Regulatorische Anpassungen müssten in diversen Bereichen erfolgen, etwa bei der Anlageverordnung. Damit Banken und Fondsgesellschaften überhaupt die Möglichkeit und den Anreiz haben, das Vorsorgevermögen ihrer Kunden angesichts des allgemeinen Anlagenotstands gewinnbringend europaweit anzulegen, müssten in vielen EU-Mitgliedstaaten Gesetze und Verordnungen hinsichtlich Anlagemöglichkeiten und der Behandlung zugelassener Wertpapiere in der Bilanz angepasst werden. Um zugleich aber eine angemessene Vermögensverwaltung zu gewährleisten, braucht es vor allem auch gute, gemeinsame Aufsichtsstandards. Sicherheit und Attraktivität müssen in ein gesundes Verhältnis miteinander gesetzt werden. Schritte hinsichtlich eines europaweiten Anlegerschutzes hat die Europäische Kommission etwa mit der Überarbeitung der Richtlinie zu Einrichtungen der betrieblichen Altersversorgung (EbAV) unternommen. Mit der Nivellierung der sogenannten *Solvency-II-Richtlinie* ist die EU derweil dabei, Aufsichts- und Eigenkapitalregeln für Versicherer zu reformieren, um insbesondere die Eigenmittelausstattung zu erhöhen und gemeinsame Standards in der Anlageverordnung zu setzen. Eine Harmonisierung trägt zwar sicherlich dazu bei, einen gemeinsamen Markt zu etablieren. Damit dieser aber auch effizient funktioniert, kann eine Überregulierung nicht zielführend sein. Eine Anpassung von *Solvency II* wird hier erforderlich sein.

Eine besondere Schwierigkeit bleibt aber vor allem das Feld der steuerlichen Behandlung sowie die Verzahnung mit den staatlichen Rentensystemen. Denn eine Angleichung in der Besteuerung von betrieblichen Vorsorgeleistungen und Produkten kann nicht losgelöst von den komplexen und vielfältigen nationalen Steuersystemen behandelt werden. Solange je nach Land oder Rentenprodukt entweder die Beiträge oder die Auszahlungen besteuert werden, Steuervorteile und Zuschüsse anders ausgestaltet und Steuersätze unterschiedlich hoch sind, bleibt es schwierig, europaweite Produkte anzubieten, die für eine breitere Gruppe von Sparern wie für Vermögensverwalter tatsächlich attraktiv sind. Fortschritte hin zu einer Angleichung der Bedingungen sind hier vorerst nicht absehbar. Gleiches gilt für die sozialen Sicherungssysteme, die aufgrund ihrer jeweils spezifischen nationalen Ausgestaltung sehr unterschiedliche Anreize für den Kapitalaufbau zu Vorsorgezwecken setzen.

Nichtsdestoweniger kann die EU den Ausbau betrieblicher Versorgungsmodelle zumindest auf nationaler Ebene fördern. Schon heute erlaubt sie etwa, die Vorgaben des *Stabilitäts- und Wachstumspaktes* hinsichtlich der 3-Prozent-Defizitgrenze zu überschreiten, wenn die Neuverschuldung durch den Umbau der Sicherungssysteme vorübergehend steigt. Auf Ebene der Mitgliedstaaten wird der Ausbau der betrieblichen Systeme letztlich durch sukzessive Rentenkürzungen, die der Überalterung geschuldet sind, indirekt vorangetrieben. Um eine angemessene Rente zu sichern, steigen Bürger in stärkerer Eigenverantwortlichkeit auf betriebliche und andere private Altersvorsorgeprodukte um. Hierfür müssen die Mitgliedstaaten aber eben entsprechend gute Bedingungen schaffen. Neben einem funktionierenden und breit verankerten Betriebsrentenmodell, etwa nach niederländischem Beispiel, bleiben vor allem Steuervorteile und direkte Zuschüsse die wirksamsten Anreize, um bei den Bürgern aller Einkommensklassen das Interesse am Vorsorgesparen zu wecken. Die Erfahrung hat dabei gezeigt, dass steuer- und sozialabgabenbefreite Beiträge in der Aufbauphase die Bereitschaft zur Vorsorge stärker anregen, als steuerfreie Auszahlungen es vermögen. Aus ordnungspolitischer Sicht ist die staatliche Förderung sinnvoll, denn der zukünftige individuelle und gesellschaftliche Nutzen der Altersvorsorge wird systematisch unterschätzt, auch weil der Mensch dazu neigt, die Bedürfnisse von heute stärker zu gewichten als die Bedürfnisse von morgen. Das Vorsorgebewusstsein ist also entsprechend schwach ausgeprägt. In der Folge bleibt die Nachfrage nach solchen *meritorischen Gütern* ohne staatliche Förderung hinter dem gesellschaftlich wie ökonomisch gewünschten Ausmaß zurück. Während die Präferenzen der Vorsorgesparer mit Blick auf die Besteuerung eher gegenwartsbezogen sind, spielt in ihrer langfristigen Kalkulation die Absicherung von Verlustrisiken eine wichtige Rolle. Um hier Vertrauen aufzubauen, ist eine Teilung des Kapitalanlagerisikos, wie es in den Niederlanden zwischen Arbeitnehmern, Arbeitgebern und Rentnern existiert, eine Möglichkeit. Rentenpläne sollten sich in jedem Fall an flexiblen Beitragszahlungen mit renditeabhängigen Leistungen orientieren, damit das System dauerhaft tragfähig bleibt.

Private Vorsorge für gesicherten Wohlstand im Alter besser fördern

Ähnliche Überlegungen und Herausforderungen wie für die betriebliche Altersversorgung gelten auch für die private Altersvorsorge. Für die meisten Europäer spielt die dritte Säule bisher kaum eine Rolle. Angesichts schrumpfender staatlicher Rentenleistungen dürften sie künftig jedoch zunehmend nach Möglichkeiten suchen, privat vorzusorgen. In Deutschland schien es im vergangenen Jahrzehnt mit der staatlich geförderten Riester-Rente zunächst zu gelingen, in allen Einkommensklassen das Vorsorgesparen auf freiwilliger Basis zu etablieren. Doch nachdem bereits die Finanzkrise der Ausbreitung der Riester-Rente einen Dämpfer verpasst hat, schmälert nun die ungünstige Kombination aus Niedrigzinspolitik der Zentralbanken und streng regulierten Anlagemöglichkeiten die Attraktivität der Riester-Rente, insbesondere in der Form traditioneller Rentenversicherungen. Höhere Renditen lassen sich in diesem Umfeld kaum mehr erzielen. Gegensteuern ließe sich mit flexibleren Anlageregeln und einer höheren staatlichen Förderung, die den Bürgern wirksames Vorsorgesparen auch in Zeiten extrem niedriger Zinsen ermöglicht. Fraglich ist aber, ob die Finanzpolitik dafür Spielräume schafft.

Die deutsche Riester-Rente ist nur ein Beispiel. Trotz oder gerade wegen der gegenwärtigen und zukünftigen Herausforderungen sind europaweit neue Initiativen zur Förderung und Vereinfachung einer zukunftsfähigen privaten Altersvorsorge gefragt, die die breite europäische Bevölkerung erreichen. Häufig ist es nicht zuletzt die Komplexität der Finanzmärkte, die viele Sparer davor zurückschrecken lässt, privat vorzusorgen. Ein einfaches und transparentes Rentenprodukt, das zugleich kosteneffizient, flexibel und vor allem glaubwürdig ist, könnte der privaten Altersvorsorge einen neuen Schub geben. Einen Vorschlag für ein solches gesamteuropäisches Rentenprodukt, das sogenannte *Pan-European Personal Pension Product* (PEPP) hat jüngst die *Europäische Aufsichtsbehörde für das Versicherungswesen und die betriebliche Altersversorgung* (EIOPA) im Auftrag der Europäischen Kommission vorgelegt.[95] Als Kernelement von PEPP wird als Standardoption ein Produkt auf Basis des Lebenszyklusansatzes diskutiert. Das bedeutet, je näher der Sparer dem Rentenalter kommt, desto mehr wird sein Kapital in sichere Anlageklassen umgeschichtet. Dadurch sollen in frühen Jahren mit einer risikoreicheren Anlage hohe Renditen erzielt werden, während das aufgebaute Kapital bei nahendem Renteneintritt durch risikoarme Anlagen gesichert werden soll. Damit dieser Ansatz möglichst gut umgesetzt werden kann, müssen die Anlageregeln für Banken und Fondsgesellschaften aber entsprechend flexibel gestaltet sein. Rentenpläne sollten zudem beitragsorientiert ausgestaltet sein, das heißt keine Garantiepflicht enthalten. Dies eröffnet substanziell höhere Chancen auf attraktive Renditen, wobei der Lebenszyklusansatz bei der Standardoption für Sicherheit sorgt. Neben dem Standardprodukt sollten Vorsorgesparer aber auch durchgehend chancenorientierte Produkte wählen können. Zudem sollten flexible Beitragszahlungen zugelassen werden, sodass die Vorsorgesparer ihre Beiträge an sich wandelnde Lebens- beziehungsweise Einkommenssituationen anpassen können.

Noch befindet sich die Initiative im frühen Diskussionsstadium. Von ihrer konkreten Ausgestaltung wird es schließlich abhängen, ob das europaweite Rentenprodukt letztlich für weite Bevölkerungskreise attraktiv oder nur ein Nischendasein für eine

Minderheit europaweit arbeitender Bürger fristen wird. Je einfacher und transparenter ein solches europäisches Rentenprodukt ist, desto kostengünstiger und eben auch zugänglicher wird es für die breitere Bevölkerung. Der Mehrwert der europäischen PEPP-Initiative könnte vor allem darin liegen, dass PEPP mithilfe eines impliziten *europäischen Siegels* in der öffentlichen Debatte bekannt und mit einem glaubwürdigen Image belegt wird. Für den Erfolg und die breite Verankerung privater Rentenprodukte ist schließlich entscheidend, das Vertrauen der Sparer zu gewinnen. Die europäischen Regierungen könnten die Verbreitung von PEPP ihrerseits mit Steueranreizen und Zuschüssen fördern, die sie auch für nationale Rentenprodukte zusagen.

Ein standardisiertes europäisches Rentenprodukt wie PEPP ist angesichts der bereits mehrfach diskutierten Herausforderungen sicherlich ambitioniert. Es wird sich also erst noch zeigen müssen, inwiefern es dazu beitragen wird, dass Bürger stärker privat vorsorgen und die segmentierten und meist unterentwickelten nationalen Altersvorsorgemärkte stärker zusammenwachsen – dies wäre ein nächster logischer Schritt im europäischen Integrationsprozess. Zumindest kann ein solches Konzept den Gesetzgebern und Regulierern der einzelnen Mitgliedstaaten aber als *Benchmark* dienen, ein attraktives privates Rentenprodukt im Heimatmarkt zu etablieren und so die Alterssicherung nachhaltig auf solidere Beine zu stellen.

Der private Vermögensaufbau kann auch auf einem dritten Weg unterstützt werden.

Vermögensaufbau mit Mitarbeiterbeteiligung stützen

Zur Stärkung der Vermögensbildung über den Betrieb können auch Modelle der Gewinnbeteiligung beitragen. Die Idee, Arbeitnehmer am Gewinn ihrer Unternehmen teilhaben zu lassen, geht ursprünglich auf den deutschen Industriellen und Politiker Philip Rosenthal in das Jahr 1963 zurück, hatte sich aber in der Form nie flächendeckend durchsetzen können. Eine echte *Gewinnbeteiligung* bieten heute nur 7,6 Prozent der großen und börsennotierten Unternehmen in Europa an.[96] Die meisten davon liegen in Frankreich – 90 Prozent der Aktienunternehmen beteiligen ihre Mitarbeiter dort an Gewinnen. In allen übrigen Ländern liegt der Anteil bei unter 17 Prozent.

Weit verbreitet sind hingegen Eigenkapitalbeteiligungen, bei denen Mitarbeiter Unternehmensanteile als alternative Vergütungsform oder zu vergünstigten Konditionen erhalten und so von potenziellen Wertsteigerungen des Unternehmens profitieren können. Zugleich können Unternehmen dadurch von einer verbesserten Eigenkapitalbasis profitieren. Durchschnittlich befinden sich in Europa knapp 3 Prozent der Anteile großer und börsennotierter Unternehmen in der Hand der Mitarbeiter. Im Jahr 2014 hielten damit 8,8 Millionen Arbeitnehmer Unternehmensvermögen in Höhe von 301 Milliarden Euro. Großräumig etabliert haben sich solche Modelle allerdings nur in Frankreich und Großbritannien, wo jeweils mehr als 70 Prozent der Mitarbeiter am Unternehmen beteiligt sind. In Frankreich liegen durchschnittlich über 5 Prozent der Unternehmensanteile in Mitarbeiterhand, in Großbritannien gut 2 Prozent. Im Vereinigten Königreich zeigte sich zuletzt ein deutlicher Zuwachs: Dank großzügiger steuerlicher Anreize stieg dort die Zahl der beteiligten Arbeitnehmer 2014 um 8 Prozent. Die Durchsetzung in Frankreich ist ebenfalls der attraktiven steuerlichen Behandlung geschuldet: Dort werden weder geldwerter Vorteil noch Abgeltungssteuer auf die akquirierten Anteile und Gewinne angewendet. Während in Deutschland bei Mitarbeiterkapitalbeteiligungen lediglich bis zu 360 Euro jährlich steuer- und sozialabgabenfrei sind, liegt der Freibetrag in Frankreich etwa beim Zehnfachen des Wertes. So ist vor allem die Politik gefordert, hier bessere steuerliche Rahmenbedingungen zu schaffen, um der Mitarbeiterbeteiligung zu einem größeren Durchbruch zu verhelfen.

Zuletzt erhielt die Idee der Arbeitnehmerbeteiligung während der Wirtschaftskrise 2009/10 eine Renaissance. So erwog etwa Opel, einen Lohnverzicht der Mitarbeiter in Höhe von 1,2 Milliarden Euro durch eine Beteiligung von 10 Prozent am Unternehmen zu kompensieren. Was in der Krise zur Sicherung der Arbeitsplätze beitragen kann, sollte aber auch in wirtschaftlich guten Zeiten gelten. Auch wenn bisher vernachlässigt, bietet gerade die Gewinnbeteiligung großes Potenzial, um Arbeitnehmer am wirtschaftlichen Erfolg des Unternehmens teilhaben zu lassen, dabei ihren Vermögensaufbau und zugleich den Kapitalstock des Unternehmens zu stärken. Gerade in Zeiten wie der Finanzkrise, in der der Zugang zu Bankkrediten und die Emission von Anleihen erschwert waren, können solche Beteiligungen Unternehmen unterstützen, ihre Finanzierung zu sichern.

Eine Möglichkeit der Durchführung sind sogenannte Investivlöhne, bei denen die Sonderzuwendungen, die Arbeitnehmer im Zuge einer Erfolgsbeteiligung erhalten, direkt als Kapitalbeteiligung im gleichen Unternehmen investiert werden. Dieser Ansatz birgt jedoch Risiken, da das Verlustrisiko nicht diversifiziert wird und der private Kapitalstock somit langfristig stark von der wirtschaftlichen Situation eines Unternehmens abhängt. Eine bessere Möglichkeit, Arbeitnehmer an Unternehmensgewinnen teilhaben zu lassen, bieten *überbetriebliche Mitarbeiterbeteiligungsfonds.*[97] Dabei erhalten beziehungsweise erwerben die Mitarbeiter Anteile in einem Fonds, der sich wiederum am Kapital mehrerer Unternehmen einer Branche gleichzeitig beteiligt. Mithilfe solcher überbetrieblichen Fonds wird auch die Beteiligung von Mitarbeitern kleiner und mittlerer Unternehmen erleichtert. Zudem wird vor allem auch das Risiko von Arbeitnehmern breiter gestreut. So lässt sich das Verlustrisiko im Insolvenzfall mindern, wenngleich nicht völlig auskoppeln. Denn anders als die betriebliche Altersversorgung sind Mitarbeiterbeteiligungen regulatorisch nicht vom Unternehmensrisiko getrennt. Die beiden Formen der privaten Vermögensbildung sind daher klar voneinander abzugrenzen. Während die betriebliche Altersversorgung primär die finanzielle Absicherung im Alter zum Ziel hat, dient die Mitarbeiterbeteiligung auch als Instrument zur Bindung an den Betrieb. Um den Gedanken der Beteiligung am wirtschaftlichen Erfolg des eigenen Unternehmens bei überbetrieblichen Mitarbeiterbeteiligungsfonds deshalb nicht ganz außer Acht zu lassen, zugleich aber Risiken zu streuen, wäre alternativ auch eine anteilige Verteilung der Kapitalbeteiligung auf den eigenen Betrieb, die nationale Branche sowie europaweit denkbar. Denn mit der Beteiligung an Unternehmensgewinnen wachsen die Bindung an den Arbeitgeber und das Interesse am Unternehmenserfolg. Aus Eigeninteresse sollten Arbeitgeber deshalb Mitarbeiterbeteiligungsprogramme mithilfe von Zulagen und Vergünstigungen fördern. Aber auch der Staat kann mit Steuervorteilen, etwa in Form von hohen Freibeträgen wie in Frankreich und Großbritannien, die Verbreitung von Mitarbeiterbeteiligungen wirksam fördern. Vorbehalte und Blockaden gegenüber Reformen, die die Wettbewerbsfähigkeit von Unternehmen verbessern, lassen sich so leichter lösen. Die Vorsorgesparer werden – im besten Sinne – zur Schicksalsgemeinschaft mit ihrem Unternehmen.

Privater Kapitalstock vergrößert Pool für neue Investitionen

Diese Vorschläge können Haushalten und Privatanlegern helfen, einen starken Kapitalstock aufzubauen. Dies würde auf der einen Seite mittel- und langfristig den individuellen Vermögensaufbau stärken und dazu beitragen, die sozialen Sicherungssysteme robuster gegenüber dem demografischen Wandel zu machen. Arbeitnehmer könnten als Anleger von attraktiven Renditen profitieren, die weit über dem Lohnwachstum liegen können, an dem sich in der umlagefinanzierten Vorsorge die Rentenanpassungen in der Regel orientieren. Gleichwohl hat die Anlage von Vorsorgevermögen auch ihre

Tücken und Begrenzungen. Denn angesichts der womöglich dauerhaft sehr niedrigen Renditen auf hochwertige Anleihen stehen private wie institutionelle Anleger vor der Herausforderung, renditeträchtigere, aber zugleich risikoädequate Investitionsalternativen zu finden – Letztere dabei selbstverständlich innerhalb aufsichtsrechtlich zulässiger Anlageformen.

Auf der anderen Seite bietet ein solch großer Vorsorgekapitalstock für die Unternehmen der Realwirtschaft ein enormes Potenzial als langfristig stabile und günstige Finanzierungsquelle. Schon heute spielen Pensionsfonds als Großinvestoren mit einem langfristigen Anlagehorizont eine wichtige Rolle dabei, Sparkapital über die Kapitalmärkte zur Finanzierung der Realwirtschaft zu aktivieren. Wird ihr Potenzial nicht nur hinsichtlich des Kapitalvolumens, sondern auch mit Blick auf Anlagemöglichkeiten europaweit gestärkt, könnte die Finanzierung von Unternehmen, aber auch der Infrastruktur, künftig enorm verbessert werden und so insgesamt zur Stärkung von Wirtschaftswachstum und Finanzsystem beitragen. Dem stehen allerdings noch Hindernisse im Wege. Dies gilt nicht zuletzt angesichts der immensen Investitionserfordernisse, vor denen Unternehmen mit Blick auf die Digitalisierung stehen.

Gering diversifizierte Unternehmensfinanzierung hemmt Investitionen

Um Kapital zur Finanzierung von Unternehmensinvestitionen zu mobilisieren, braucht es nicht nur einen großen Kapitalpool auf Seiten der Anleger. Hierzu sind vor allem auch effiziente Wege erforderlich, dieses Kapital den Unternehmen zugänglich zu machen. Und genau hier hat der gemeinsame europäische Markt noch ein hohes Entwicklungspotenzial. Denn trotz Kapitalverkehrsfreiheit sind die europäischen Kapitalmärkte weiterhin relativ unterentwickelt. Stattdessen ist die Unternehmensfinanzierung in Europa traditionell stark durch Bankenkredite geprägt. Während amerikanische Unternehmen insgesamt mehr als 70 Prozent ihrer Finanzierung über den Kapitalmarkt erzielen, werden in Europa noch immer mehr als zwei Drittel der Fremdfinanzierung von Unternehmen durch das klassische Kreditgeschäft gestellt.[98]

Gerade für kleine und mittelständische Unternehmen (KMU) bleiben traditionelle Bankkredite die wichtigste Finanzierungsquelle – nicht zuletzt deshalb, weil intensive und dauerhafte Geschäftsbeziehungen zwischen Kreditnehmer und Kreditgeber dabei helfen, besser mit Informationsasymmetrien umzugehen. Denn damit ein Kreditgeschäft überhaupt zustande kommt, müssen Unternehmer zunächst ihre Geschäftszahlen und -pläne offenlegen. Banken können sich individuell und intensiv mit den Unternehmern auseinandersetzen, um auf ihre spezielle Situation einzugehen. Investoren auf den Kapitalmärkten stellen hingegen andere Anforderungen an Unternehmen, in die sie potenziell investieren wollen. Sie wollen kurzfristige, transparente und vergleichbare Informationen, die gerade KMU in dieser Form nicht immer liefern können. Gar jedes fünfte Unternehmen aus der Kategorie der KMU gab in einer Studie der Europäischen Kommission an, sich nicht zuzutrauen, Finanzierungsmöglichkeiten über die Kapitalmärkte zu erschließen.[99]

Die starke Ausrichtung der europäischen Unternehmen auf die klassische Kreditfinanzierung ist nicht immer von Vorteil. Gerade die letzten Jahre haben gezeigt, wie schnell eine Finanzkrise auf die Realwirtschaft übergreift, wenn Unternehmen in ihrer Finanzierung zu einseitig von Banken abhängig sind. So hatten nach der Lehman-Krise im Herbst des Jahres 2008, die den Bankenmarkt in eine Vertrauenskrise gestürzt hatte, selbst gesunde Unternehmen Schwierigkeiten, sich über Banken zu finanzieren. Und selbst in der aktuellen Lage, in der die Märkte voller Liquidität sind, leiden KMU weiterhin unter einer zurückhaltenden Kreditvergabe.[100] Im Jahr 2014 gaben 13 Prozent der KMU in der EU an, dass mangelnde Finanzierungsmöglichkeiten das drängendste Problem für sie darstellten.[101] 2009 waren es 17 Prozent. Dass die anhaltenden Friktionen sich nur zum Teil durch strukturelle und konjunkturbedingte Schwächen der einzelnen KMU erklären lassen, zeigt etwa das Beispiel Irlands: Trotz positiver Wachstumsaussichten gaben 2014 noch immer 18 Prozent der KMU an, dass die eingeschränkten Finanzierungsmöglichkeiten ihr größtes Problem darstellen. Eine mangelnde Nachfrage war hingegen nur für 12 Prozent der irischen KMU das größte Hemmnis für Wachstum. Dass Finanzierungsmöglichkeiten sich insbesondere für KMU verschlechtert haben, lässt sich stattdessen auch auf geschrumpfte Bankbilanzen und striktere Kapitalanforderungen zurückführen. Das trifft insbesondere KMU in der Europeripherie – gerade dort spielen die Kapitalmärkte nur eine marginale Rolle in der Unternehmensfinanzierung. In der Folge können insbesondere KMU weniger investieren – die wirtschaftliche Erholung wird so zusätzlich gehemmt. Eine tiefere Integration der europäischen Kapitalmärkte würde dabei helfen, die negativen Auswirkungen solcher Schocks und Friktionen abzumildern. Als zweites Standbein würde sie zusätzliche Flexibilität schaffen und Kosten senken. So kann die vergleichsweise dynamische wirtschaftliche Erholung in den USA nicht zuletzt auch darauf zurückgeführt werden, dass ein tieferer und effizienterer Kapitalmarkt zur rascheren Verbesserung der Finanzierungssituation der Unternehmen beigetragen hat.

Die schwierige Finanzierungssituation für KMU seit Ausbruch der globalen Finanzkrise ist einer der Hauptgründe für die anhaltende Investitionsschwäche in Europa: Auf rund 430 Milliarden Euro oder 15 Prozent beläuft sich die Lücke in den Gesamtinvestitionen im Vergleich zu 2007.[102] Dabei ist privates Kapital reichlich vorhanden: 43 Prozent der finanziellen Haushaltsvermögen sind auf Bankkonten geparkt, die kaum noch Renditen abwerfen. Die Ersparnisse könnten stattdessen viel produktiver und nachhaltiger genutzt werden, wenn sie für Investitionen in europäische Unternehmen und Infrastruktur mobilisiert werden würden. Gleiches gilt für das Vorsorgekapital, das über den Ausbau betrieblicher Versorgungsmodelle und privater Vorsorge leicht ein Volumen im zweistelligen Billionenbereich erreichen könnte. Und auch institutionelle Anleger verfügen bereits heute über riesige Anlagevermögen, zusätzliche Investitionen zu finanzieren, finden jedoch im aktuellen Niedrigzinsumfeld wenig attraktive Anlagemöglichkeiten.

Das Problem: Ihre Investitionsmöglichkeiten über die Kapitalmärkte sind heute innerhalb der EU noch zu beschränkt.

Fragmentierte Kapitalmärkte beeinträchtigen grenzüberschreitende Kapitalflüsse

Zunächst: Was passiert überhaupt auf Kapitalmärkten? Auf den Kapitalmärkten werden sowohl Anleihen als auch Anteile von Unternehmen, Staaten und anderen Akteuren sowie daraus abgeleitete Finanzprodukte gehandelt. Sie dienen also der mittel- und langfristigen Beschaffung von Kapital. Je nach Organisationsgrad gliedern sich Kapitalmärkte in verschiedene Segmente. Hoch organisierte, öffentliche Kapitalmärkte wie der Aktienmarkt oder der Markt für Schuldverschreibungen erlauben einen schnellen, sicheren und staatlich genehmigten Handel. Die freien Kapitalmärkte sind hingegen kaum reguliert, was sie für Privatanleger unüberschaubarer und unsicherer macht.

Zu den Vorteilen der regulierten Märkte gehört der transparente Informationsaustausch zwischen Kapitalgeber und Kapitalnehmer über einheitliche Rechnungslegungsstandards wie die *International Financial Reporting Standards* (IFRS). Sie bieten Investoren umfassende, transparente und vergleichbare Informationen, auf Basis derer sie ihre Investitionsentscheidung treffen. Diese Standards machen den Markt effizienter beziehungsweise ermöglichen Unternehmen überhaupt erst den Zugang zum öffentlichen Kapitalmarkt. Andererseits stellen sie eine Barriere für solche Unternehmen dar, die die erforderlichen Standards nicht vollständig erfüllen können. Denn die Offenlegung der Informationen nimmt zeitliche und finanzielle Ressourcen in Anspruch – etwa für administrativen Aufwand und Expertise, externe Gutachten und Ratings. Die hohen Fixkosten dafür lohnen sich deshalb nur für Unternehmen mit einem größeren Finanzierungsbedarf. Je kleiner das Emissionsvolumen, desto größer die anteiligen Kosten. Insbesondere für KMU und Jungunternehmen ist der Zugang zum öffentlichen Kapitalmarkt deshalb vergleichsweise teuer. Es sind daher vor allem große Unternehmen, für die sich die Finanzierung über die Kapitalmärkte lohnt. Dabei werden weniger als 1 Prozent der europäischen Unternehmen als groß eingestuft. Rückgrat und Jobmotor der europäischen Wirtschaft bilden hingegen die KMU: Im Jahr 2013 erzeugten sie 58 Prozent der gesamten Bruttowertschöpfung und stellten zwei Drittel der Arbeitsplätze im Privatsektor.[103]

Immerhin: Die Kapitalmärkte in Europa wachsen. Auch wenn die Krise 2008 zu einem Einbruch auf den Aktienmärkten geführt hat, suchen die Unternehmen infolge der eingeschränkten Kreditvergabe durch Banken zunehmend nach alternativen Finanzierungsquellen. So erreichten die ausstehenden Staats- und Unternehmensanleihen in der EU im Jahr 2014 einen Gesamtwert von 23,1 Billionen Euro (166 Prozent des BIP) im Vergleich zu 9,0 Billionen Euro (87 Prozent des BIP) im Jahr 2002. Die Börsenkapitalisierung, also der Gesamtwert aller in den einzelnen EU-Ländern gelisteten Aktien, stieg im selben Zeitraum von 3,5 Billionen Euro (34 Prozent des BIP) auf 9,2 Billionen Euro (66 Prozent des BIP). In der Gesamtschau ergeben sich dabei jedoch durchaus große Länderunterschiede. So beträgt die inländische Börsenkapitalisierung in Großbritannien 100 Prozent der Wirtschaftsleistung, in Lettland und Litauen dagegen weniger als 15 Prozent. Selbst in Deutschland liegt sie nur bei 51 Prozent.

Überdies sind die Kapitalmärkte in Teilen Europas nach wie vor sehr national ausgerichtet. Der Handel mit Wertpapieren beispielsweise findet in Europa bisher weitgehend auf nationaler Basis statt. Dies liegt im Wesentlichen an dem Informationsvorteil im heimischen Markt, einschließlich des Wissens hinsichtlich der unterschiedlichen Regeln für Kapitalemissionen, des Investorenschutzes sowie des Insolvenz- und Steuerrechts. Zwar hat sich der Anteil der Beteiligungen von ausländischen Investoren an europäischen Unternehmen zwischen 1992 und 2012 auf 38 Prozent mehr als verdoppelt, davon geht aber ein größerer Anteil auf Investoren aus Drittländern und weniger auf solche aus der EU.[104] Fast unverändert im Vergleich zu 2001 hielten Letztere rund 16 Prozent an den Unternehmen, im Vergleich zu einer steigenden Beteiligung durch Investoren aus Drittländern mit derzeit 22 Prozent. Dabei unterscheidet sich die Komposition ausländischer Investoren in den Mitgliedstaaten deutlich. In Portugal und Estland machen Investoren aus der EU über 80 Prozent der ausländischen Unternehmensbeteiligungen aus, während in Großbritannien und Lettland nur rund 30 Prozent der ausländischen Investoren aus der EU kommen. Unter die Länder, in denen ausländische Investoren insgesamt die Mehrheit stellen, fallen übrigens nur Ungarn (51 Prozent), Tschechien (52 Prozent) und Irland (58 Prozent).

Letztlich können wir festhalten: Auch wenn die Kapitalmärkte in vielen EU-Ländern in den letzten Jahren gewachsen sind, sind sie heute doch noch zu klein und national ausgerichtet, als dass sie als zweites Standbein neben der klassischen Kreditfinanzierung zur Überwindung der Investitionsschwäche beitragen könnten. Dabei könnte die Stärkung der Anleihen- und Aktienmärkte insbesondere für KMU eine stabile Ergänzung zur Finanzierung über Bankkredite darstellen.

Rolle der Kapitalmärkte stärken

Eine Verbesserung der Investitions- und Finanzierungssituation verspricht eine stärkere Integration und Vertiefung der europäischen Kapitalmärkte – damit Anleger, vor allem eben auch die Vorsorgesparer in Europa, ihr Vorsorgekapital leichter und effizienter investieren können und dabei zugleich insbesondere KMU besser mit Kapital versorgen. Dies erfordert in erster Linie, Hemmnisse für grenzüberschreitende Investitionstätigkeiten abzubauen und neue Finanzierungswege zu stärken, sodass der Kapitalfluss zwischen Investoren, also den privaten Anlegern und Finanzintermediären wie Banken, Fondsgesellschaften und Versicherern, und Investitionsmöglichkeiten, also Unternehmen und der Infrastruktur, erleichtert wird. Vorschläge dazu hat die Europäische Kommission im Februar 2015 in einem Grünbuch für eine sogenannte *Kapitalmarktunion* vorgelegt. Ziel ist, den Kapitalmarktzugang zu erleichtern, alternative Finanzierungswege zu fördern und einen effizienten rechtlichen Rahmen zu schaffen, um die Vorteile von Kapitalmärkten besser auszuschöpfen und damit Wachstum und Wohlstand in Europa zu erhöhen. Die Details für den Weg zu einem voll integrierten Kapitalmarkt sind eher komplex und technisch. Ein kurzer Blick lohnt dennoch auf jene regulatorischen Maßnahmen innerhalb dieses Vorschlags, die für die Schaffung eines funktionierenden europäischen Binnenmarktes für Kapital die höchste Priorität genießen sollten.

Erstens: Kapitalmarktzugang für Anleger und Unternehmen erleichtern

Damit Anleger ihr aufgebautes Vorsorgekapital auch über die Kapitalmärkte optimal anlegen können, muss ihnen als auch den Unternehmen zunächst einmal der Zugang zum Kapitalmarkt erleichtert werden. Insbesondere für KMU braucht es dafür auf dem Aktienmarkt spezielle Lösungen. Erste Priorität in diesem Zuge hat es, die sogenannte *Prospektrichtlinie* zu überarbeiten. Bevor Unternehmen sich über den öffentlichen Kapitalmarkt innerhalb des Europäischen Wirtschaftsraums finanzieren können, müssen sie in einem sogenannten *Prospekt* detaillierte Informationen für Investoren über ihr Unternehmen und über die Bedingungen und Risiken einer Investition veröffentlichen (sog. *Prospektpflicht*). Die Prospekterstellung ist sehr komplex, zeit- und kostenintensiv. Auf 75.000 bis 130.000 Euro belaufen sich die Kosten dafür.[105] Das hindert insbesondere kleine Unternehmen und Start-ups daran, sich Finanzmittel über den Kapitalmarkt zu beschaffen – eine fatale Barriere, ist doch die Folgefinanzierung nach einer erfolgreichen Gründungsphase für technologieintensive Jungunternehmen das größte Hindernis auf dem Weg zur dauerhaften Etablierung. Maßnahmen zur Vereinfachung der enthaltenen Informationen und eine Lockerung der Prospektpflicht sollten deshalb im Zuge der Kapitalmarktintegration eine hohe Priorität genießen. Dazu hat die Europäische Kommission bereits in einer öffentlichen Konsultation die Überarbeitung der *Prospektrichtlinie* angeregt.

Fallstudie: Berichtstandards auf den amerikanischen Kapitalmärkten. Ein Grund für die stärkere Bedeutung der Kapitalmärkte in den USA liegt in der von 1933 bis 1999 geltenden Trennung des Wertpapiergeschäfts vom kommerziellen Bankengeschäft. Dies sorgte für einen starken Wettbewerb zwischen beiden Segmenten und verhinderte so lange Zeit, dass sich das Finanzsystem zu stark auf die Banken konzentrierte.[106] Für die Unternehmensfinanzierung spielen die Kapitalmärkte dadurch bedingt traditionell eine stärkere Rolle. Zuletzt haben die USA über die Einführung des JOBS Act (*Jumpstart Our Business Start-ups Act*) im Jahr 2012 einen Weg gefunden, den Zugang zu den Kapitalmärkten für kleine und mittlere Unternehmen nochmals erheblich zu verbessern. Im Zuge der Gesetzesänderung wurden einige Grenzwerte, bei deren Überschreitung die Unternehmen der Berichterstattungspflicht an die US-amerikanische Wertpapier- und Börsenaufsicht (*Securities and Exchange Commission*, SEC) unterliegen, nach oben korrigiert. So wurde die Zahl der Aktionäre, die ein Unternehmen haben darf, bevor die Wertpapiere offiziell registriert werden müssen, auf 500 Kleinanleger (keine offiziell zugelassenen Anleger) oder 2.000 eingetragene Aktionäre von zuvor 500 erhöht. Des Weiteren ist es Unternehmen nun erlaubt, Wertpapiere bis zu einem Maximalbetrag von 50

Millionen US-Dollar (vorher fünf Millionen US-Dollar) auszugeben, bevor die Berichterstattungspflicht der SEC greift.[107] In der EU sind die Schwellenwerte für die Prospektpflicht hingegen weitaus niedriger. So sind nur Unternehmen von der Prospektpflicht befreit, die Wertpapiere unter einem Gesamtwert von fünf Millionen Euro anbieten und deren Anzahl an Kleinanlegern unter 150 Personen liegt.[108] Außerdem wurden im Zuge des JOBS Act Unternehmen, deren Bruttoumsatz eine Milliarde US-Dollar nicht überschreitet (sog. *Emerging Growth Companies*) in den ersten fünf Jahren nach der ersten Inanspruchnahme des Kapitalmarktes von bestimmten Angaben im Wertpapierprospekt und von der laufenden Berichterstattung befreit. Kleinere und mittlere Unternehmen werden somit schrittweise an die vollständige Prospektpflicht herangeführt. So trägt der leichtere Zugang zum Kapitalmarkt dazu bei, dass mittlerweile rund 85 Prozent der Börsengänge in den USA von KMU getätigt werden.[109]

Mit der Überarbeitung der Prospektrichtlinie können einerseits Hürden für Unternehmen abgebaut werden, sich Finanzmittel über die Kapitalmärkte zu beschaffen. Um auf der anderen Seite auch für Anleger – insbesondere für Kleinanleger – den Weg zu Investitionen in Unternehmen zu erleichtern, müssen ihnen KMU-Kreditinformationen besser zugänglich gemacht werden. Dafür bedarf es vereinfachter, einheitlicher, aber zugleich qualitativ hochwertiger Mindeststandards. In diesem Zuge wäre es sinnvoll, eine zentrale europaweite öffentliche Datenbank mit Kreditratings und anderen kapitalmarktrelevanten Unternehmensinformationen aufzubauen. Bisher besteht ein solches Register nur in wenigen Ländern. In Kombination mit der besseren Vermarktung einer europaweiten elektronischen Plattform mit einfacher Benutzeroberfläche und Informationen, die einen einfachen und transparenten Vergleich von Unternehmensdaten erlauben, könnte diese Datenbank den grenzüberschreitenden Anleihehandel für Kleinanleger attraktiver machen. Auch der Ratingmarkt sollte geöffnet werden. Denn bisher gelten in vielen EU-Ländern für institutionelle Investoren wie Versicherer Einschränkungen und höhere Kapitalanforderungen, wenn sie Anlageprodukte nutzen wollen, die nicht von den führenden drei Ratingagenturen bewertet wurden. Da ihre Ratings jedoch teuer, aufwändig und öffentlich sind, was gerade KMU einschränkt, wäre es sinnvoll, das Spektrum an zulässigen Ratingagenturen zu erweitern.

Zweitens: alternative Finanzierungswege fördern

Niedrigere Zugangsschranken für die Kapitalmärkte sind bei Weitem nicht alles. Zudem können auch alternative Investitions- beziehungsweise Finanzierungswege gefördert werden. Zum einen wäre es sinnvoll, Verbriefungen von hochwertigen KMU-Krediten – eine für Anleger eigentlich sehr attraktive Anlageform – zu fördern. Denn seit der Krise hat sich der Markt für Verbriefungen, die besicherte Unternehmensanleihen poolen, noch nicht wieder erholt, obwohl Verlustraten bei europäischen Verbriefungen sehr niedrig waren. So fiel laut Ratingagentur Moody's zwischen 2004 und 2014 weniger als 1 Prozent der europäischen Kreditverbriefungen aus. Zu sehr hängt ihnen allerdings das Stigma der US-amerikanischen Subprime-Verbriefungen an. In Kombination mit der allgemein restriktiveren Kreditvergabe erreichte die Ausgabe von Verbriefungen 2014 nur ein Volumen von 216 Milliarden Euro im Vergleich zu 594 Milliarden Euro im Jahr 2007.[110] Um den Markt wieder zu beleben, braucht es einfache, transparente und standardisierte Verbriefungsinstrumente zur Refinanzierung von hochwertigen KMU-Darlehen. Ein entsprechender regulatorischer Rahmen sollte hohe Standards setzen und Rechtssicherheit bieten, damit Anleger Verbriefungen wieder als attraktivere Anlage in Betracht ziehen.

Eine vielversprechende und relativ leicht umsetzbare Möglichkeit, alternative Investitions- beziehungsweise Finanzierungswege zu fördern, wäre es, europaweite Regelungen für sogenannte *Privat-*

platzierungen aufzusetzen. Privatplatzierungen sind im Grunde direkte private Investitionen, die Unternehmen eine Finanzierungsalternative sowohl zu klassischen Bankkrediten als auch zu den öffentlichen Wertpapiermärkten erschließen. Unternehmen wenden sich dabei direkt an spezielle private oder institutionelle Großinvestoren, zu denen in der Regel bereits eine Kundenbeziehung besteht. Der Vorteil: Sie müssen ihr Geschäftsmodell nur dem Investor, nicht aber der breiten Öffentlichkeit vorlegen. Zudem sind Emissionsvolumina hier im Gegensatz zu klassischen Unternehmensanleihen erheblich geringer. Ein Vorteil liegt darin, dass die Erstellung von Prospekt und externem Rating entfällt, sodass Unternehmen mit weniger Aufwand und Kosten an Finanzmittel kommen. Es sind also vor allem mittelständische Unternehmen, die für einen Börsengang zu klein sind, die von Privatplatzierungen stärker profitieren könnten. Mittlere europäische Unternehmen finanzieren sich so bereits seit vielen Jahren am US-amerikanischen Markt für Privatplatzierungen. Im Jahr 2014 haben sie dort 13 Milliarden US-Dollar aufgenommen. In Europa ist ein Markt für Privatplatzierungen dagegen bisher nur in wenigen Ländern gegeben. Neben Frankreich entwickelt sich der Markt für Privatplatzierungen vor allem in Deutschland gut.

Fallstudie Markt für Privatplatzierungen in Deutschland. Verglichen mit den anderen Mitgliedstaaten ist der Schuldscheinmarkt Deutschlands der wohl am meisten etablierte Markt für Privatplatzierungen in Europa.[111] Im Jahr 2014 wurden in Deutschland Schuldscheine in einem Volumen von zwölf Milliarden Euro in Form von Privatplatzierungen ausgegeben. Die steigende Popularität seit Ausbruch der Krise zeigt sich auch darin, dass nicht mehr nur der deutsche Mittelstand, sondern mittlerweile auch eine steigende Zahl ausländischer Unternehmen aus verschiedenen Branchen diese Art der Finanzierung nutzt. So gaben Letztere zuletzt ein Drittel der emittierten Anleihen aus – darunter besonders österreichische und französische Unternehmen. Auch die Gruppe der Investoren wird zunehmend internationaler. Neben traditionellen Investoren, wie Sparkassen und Genossenschaftsbanken, investieren mittlerweile auch mehr und mehr Versicherungsgesellschaften und zu einem geringeren Anteil Pensionsfonds sowie europäische und asiatische Privatinvestoren in deutsche Anleihen. Die steigende Beliebtheit dieser Finanzierungsquelle ist vor allem in der Flexibilität und Einfachheit begründet, mit der Anleihen strukturiert und dokumentiert werden können. Nicht nur der Zinssatz, sondern auch die Tilgungsfristen können flexibel und maßgeschneidert auf die Ansprüche der Investoren und Unternehmen angepasst werden. Auch die Dokumentation der Kreditverträge gestaltet sich einfach und flexibel. Zwar existiert bislang kein Standardformular, dennoch erfolgt die Dokumentation in Deutschland im Vergleich zu anderen europäischen Ländern zunehmend standardisiert. Dies liegt daran, dass viele vertragliche Bestimmungen, die in anderen Ländern Teil des Kreditvertrages wären, bei der Dokumentation von deutschen Anleihen entfallen, da sie bereits im Bürgerlichen Gesetzbuch Deutschlands festgehalten sind. Somit lässt sich die Dokumentation der Privatplatzierungen in Deutschland auf ein paar wenige Seiten reduzieren.

Orientiert am deutschen Modell verspricht die Erarbeitung europaweiter Regelungen für Privatplatzierungen, wie etwa durch ein standardisiertes Dokumentationsverfahren, eine der unmittelbarsten und wirkungsvollsten Maßnahmen, um Anlegern und mittelständischen Unternehmen unkomplizierte, diskrete und kostengünstige Investitions- beziehungsweise Finanzierungsmöglichkeiten zu geben. Auch die Förderung beziehungsweise bessere Vermarktung transparenter und hochwertiger Beteiligungsfonds für Kleinanleger kann dabei helfen, privaten Investoren Wege zu außerbörslichen Beteiligungen zu erleichtern. Letztlich gilt: Auf dem Markt gibt es viele hochwertige Finanzprodukte, die die unterschiedlichen Bedürfnisse und Anforderungen der verschiedener Anlegertypen bedienen können. Was für die breite Masse an potenziellen privaten Kleinanlegern in der Regel hingegen fehlt, sind Investitionsmöglichkeiten, die Vertrauen durch hohe Transparenz, Verständlichkeit und Qualität schaffen.

Drittens: mit stabilem und effizientem rechtlichen Rahmen
Vertrauen schaffen

Fragen von Transparenz und Vertrauen spielen auf den Kapitalmärkten insbesondere für Kleinanleger also eine entscheidende Rolle. Das Potenzial einer Kapitalmarktunion können europäische Anleger und Unternehmen umso besser ausschöpfen, je weiter die Bedingungen für Investitionen und Finanzierung EU-weit harmonisiert und dadurch besser durchschaubar sind. Ein wichtiger Punkt ist dabei eben der Investorenschutz. Das Problem liegt hier nicht einmal in der mangelhaften Harmonisierung, sondern vielmehr darin, dass er in einigen EU-Ländern nur sehr schwach ausgeprägt ist. Eine Überarbeitung europäischer Richtlinien hin zu einer Stärkung der Investorenrechte durch transparente, rascher durchführbare und investorenfreundlichere Insolvenzregeln würde mehr Vertrauen schaffen und die Investitionstätigkeit erhöhen. Ein wichtiges Hemmnis für die Entwicklung eines europaweiten Marktes findet sich auch in der unterschiedlichen steuerlichen Behandlung von Finanzgeschäften. Und auch in anderen Bereichen, wie etwa der Anlageverordnung, dem Gesellschaftsrecht und den Wertpapiergesetzen, hemmen nationale Regulierungen grenzüberschreitende Investitionen. Dort, wo eine Harmonisierung schwierig oder langwierig ist, müssen zumindest die Möglichkeiten der Informationsgewinnung über rechtliche Bedingungen, Steuerfragen, Marktrisiken und so weiter. verbessert werden, damit Transaktionskosten für Anleger sinken.

Fallstudie Fondsgesellschaften in Luxemburg. Aufgrund der regulatorischen Rahmenbedingungen ist Luxemburg von jeher ein beliebter Standort für Fondsgesellschaften. Besonders die sogenannten OGAW-Fonds (Organismen für gemeinsame Anlagen in Wertpapiere, besser bekannt unter dem englischen Kürzel UCITS für *Undertakings for Collective Investments in Transferable Securities*) sind weltweit anerkannt. Diese Fonds gehen zurück auf eine EU-Richtlinie aus dem Jahr 1985, die sich darum bemühte, EU-weit einheitliche Regulierungen für offene Investmentfonds einzuführen. Luxemburg war das erste Land, das die europäische Fondsdirektive in nationales Recht umwandelte, und etablierte sich deshalb als weltweiter Marktführer für den Vertrieb von grenzüberschreitenden Investmentfonds – über 67 Prozent der OGAW-Fonds, die international vertrieben werden, kommen aus Luxemburg. OGAW-Fonds unterliegen neben Regulierungen in der Organisation, im Management und in der Aufsicht verbindlichen Richtlinien bezüglich der Liquidität, Diversifizierung und des Einsatzes von Hebeln. Dadurch bieten sie ein hohes Niveau in Produkttransparenz und Anlegerschutz, weshalb sie sowohl für private als auch institutionelle Anleger sehr interessant sind. Um Investoren und Investitionsmöglichkeiten auf europäischer Ebene grenzüberschreitend zusammenbringen zu können, erhalten die Investmentfonds, die die Richtlinien erfüllen, einen sogenannten *europäischen Pass*. Dieser erlaubt es, OGAW-Fonds in allen EU-Staaten vertreiben zu dürfen, sobald sie in einem einzigen Mitgliedstaat genehmigt wurden. Dadurch sinken einerseits die Kosten des Markteintritts für Investmentfonds, andererseits verbessern sich die Anlagemöglichkeiten für die europäischen Sparer.

Bei allen Vorteilen birgt ein integrierter Kapitalmarkt natürlich auch Risiken. Wie sich in der Finanzkrise gezeigt hat, können die Vorteile von Marktgröße, Liquidität und Risikostreuung auch ins

Gegenteil umschlagen, wenn Fehlentwicklungen gleich mehrere Marktsegmente erfassen und damit für grenzüberschreitende Ansteckungseffekte sorgen. Damit Risiken begrenzt werden und Anleger den Kapitalmärkten vertrauen können, braucht es verlässliche Institutionen und Regulierungsmechanismen. Für eine europäische Kapitalmarktunion sind deshalb anspruchsvolle, gemeinsame Aufsichtsstandards essenziell. Diese sollten zum einen eine stärkere Kooperation der nationalen Aufsichtsbehörden und darüber hinaus eine makroprudenzielle Aufsicht auf supranationaler Ebene umfassen. Entsprechende Kompetenzen könnten auf die *Europäische Wertpapier- und Marktaufsichtsbehörde* (ESMA) oder eine neue Institution, etwa nach Vorbild der US-amerikanischen Wertpapier- und Börsenaufsicht (SEC), übertragen werden. Komplementär zur bereits gegründeten Bankenunion wäre dies ein weiterer wichtiger Schritt auf dem Weg zu einem funktionierenden, gemeinsamen Finanzmarkt in Europa.

Kapitalmarktunion: gut für Stabilität und Standort

Im Ergebnis würde eine Kapitalmarktunion somit zum einen Sparern und Investoren im Niedrigzinsumfeld zusätzliche Möglichkeiten geben, ihr Geld renditeträchtig anzulegen. Gerade im Zuge der Schaffung eines gemeinsamen europäischen Rentenmarktes spielt sie eine wichtige komplementäre Rolle. Zum anderen würden breitere und tiefere Kapitalmärkte Unternehmen mehr Flexibilität in der Finanzierung geben. Nicht nur große Unternehmen, sondern vor allem auch KMU würden von verbesserten und günstigeren Finanzierungsoptionen profitieren. Beides gemeinsam würde den Investitionsfluss steigern – und Wachstum anregen.

Aber da ist noch mehr. Die Erweiterung der Finanzierungsmöglichkeiten kann zudem die Resilienz der Realwirtschaft gegenüber lokalen Schocks auf die Bankenfinanzierung erhöhen. Der Fall der Insolvenz von *Lehman Brothers* im September 2008 hat gezeigt, wie schnell eine Vertrauenskrise im Bankenmarkt auf die Realwirtschaft übergreifen kann. Damals liehen Banken sich nicht mehr nur untereinander kein Geld mehr, sondern schränkten infolge der Liquiditätsklemme auch die Kreditvergabe an Unternehmen ein. Ein verbesserter Zugang zum Kapitalmarkt würde Unternehmen also eine alternative Finanzierungsquelle bieten und gegenüber Friktionen im Bankenmarkt robuster machen. Die Diversifizierung würde damit Effizienz und Wettbewerb im Finanzmarkt erhöhen und so das gesamte Wirtschaftssystem stabilisieren – als Ergänzung, nicht als Ersatz zur klassischen Bankenfinanzierung.

Mit entschiedenen Schritten hin zu einer europäischen Kapitalmarktunion kann Europa in der globalen Debatte um Kapitalmarktregulierung und den Abbau von Hemmnissen im Finanzsystem wieder eine führende Rolle einnehmen. Gerade bei nicht-europäischen Investoren ließe sich ein gemeinsamer europäischer Kapitalmarkt wesentlich besser vermarkten. Dadurch würden die europäischen Finanzplätze im globalen Wettbewerb auch für ausländische Investoren wieder attraktiver werden – ein Impuls, den der Standort Europa dringend braucht. Denn laut *Global Financial Centres Index* (GFCI) ist zwischen 2007 und 2014 die Zahl der europäischen Finanzplätze unter den Top 30 der Welt (ohne die Schweiz) von elf auf vier gefallen.[112] Während dabei immerhin der Finanzplatz Luxemburg von Platz 26 auf 17 aufsteigen konnte, ist Frankfurt von Rang 6 auf 19 zurückgefallen. Finanzzentren wie Paris (von 11 auf 37), Mailand (von 30 auf 70) oder Madrid (von 28 auf 73) sind indes weit abgeschlagen. Dagegen sind die asiatischen Finanzplätze zum Teil deutlich nach vorne gedrängt, während Nordamerika auch weiterhin eine führende Rolle spielt. Der Bedeutungsverlust Europas könnte mithilfe einer Europäischen Kapitalmarktunion umgekehrt werden.

Nicht zuletzt könnte die Kapitalmarktunion der EZB den Ausstieg aus der Geldpolitik der *Quantitativen Lockerung* erleichtern. Denn so sinnvoll die unkonventionellen Liquiditätsspritzen zunächst waren, so heikel wird es sein, den richtigen Zeitpunkt zum Einstieg in den Ausstieg zu finden, ohne die Wirtschaft abzuwürgen und deflationäre Tendenzen wieder zu nähren. Steigt der Kapitalfluss jedoch über die tiefere Integration der Kapitalmärkte, so könnte der Finanzierungsbedarf der Unternehmen für Investitionen mittelfristig auch ohne die Liquiditätsspritzen der EZB leichter gedeckt werden. Ein gut funktionierender Markt für Kapital würde so die EZB bei ihrem geordneten Rückzug unterstützen.

Perspektive: Starker Markt für Risikokapital belebt Unternehmenslandschaft

Eine europäische Kapitalmarktunion kann auch den Markt für Risikokapital in Europa stärken. Risikokapital oder *Venture Capital* (VC) ist ein kleiner, aber sehr wichtiger Teil des Finanzsystems. Dabei handelt es sich um außerbörsliches Beteiligungskapital, welches VC-Gesellschaften an vergleichsweise risikoreiche Unternehmen vergeben. Meist handelt es sich dabei um junge Unternehmen, insbesondere innovative Start-ups, die für die Modernisierung und Verjüngung der Unternehmenslandschaft eine wichtige Rolle spielen. Rund 40 Prozent dieser Firmen gelten als Hightech-Unternehmen.[113]

Im Jahr 2014 wurden in den sechs größten VC-Märkten der Welt 65,3 Milliarden Euro investiert. Der bei Weitem größte Markt sind die USA. Gut 60 Prozent der globalen VC-Investitionen (39,2 Milliarden Euro) wurden 2014 dort getätigt. Europa ist hingegen mit einer Investitionssumme von 8 Milliarden Euro weit hinter den USA und 2014 auch erstmals hinter China (11,7 Milliarden Euro).[114] Auch hinsichtlich der durchschnittlichen Investitionssumme liegt Europa mit nur 930.000 Euro pro Unternehmen weit hinter den USA mit rund 10 Millionen Euro. Einige Start-ups erhalten dort sogar dreistellige Millionenbeträge. Die vergleichsweise geringen finanziellen Möglichkeiten in Europa führen auch dazu, dass es zwar viele kleine und interessante Gründungen gibt, aber wenig große Leuchttürme. Auch was die Qualität der VC-Investitionen angeht, stellt sich Europa für Anleger vergleichsweise schwach dar. Nach Angaben von *Thomson Reuters* haben VC-Investitionen in Europa seit 1990 Renditen von nur 2,1 Prozent jährlich geliefert, während die USA mit circa 13 Prozent glänzen konnten. In der Folge spielt VC in Europa eine zu kleinteilige Rolle.[115]

Ein florierender VC-Markt ist deshalb so wichtig, weil er ein essenzieller Treiber einer wachstumsstarken und dynamischen Volkswirtschaft ist. So hat eine Studie von Deutsche Bank Research gezeigt, dass VC-Investitionen im Schnitt einen dreimal höheren Wachstumsimpuls auslösen als herkömmliche Investitionen.[116] Somit wird der schwache europäische VC-Markt vom branchenspezifischen Problem zu einem Hemmnis für das gesamtwirtschaftliche Wachstum auf dem Kontinent – es fehlen starke innovative Impulse.

Die Hindernisse für junge Unternehmen, sich Kapital zu beschaffen, hat die Politik bisher weniger darüber zu lösen versucht, ein besseres regulatorisches Umfeld zu schaffen, sondern vor allem darüber, staatliches Kapital in den VC-Markt zu spülen. So stammen große Teile – knapp 40 Prozent im Jahr 2014 – der VC-Finanzierung aus Quellen mit Verbindungen zur öffentlichen Hand, während der US-Markt überwiegend von privaten VC-Beteiligungsfirmen bedient wird. Zu den großen Akteuren im VC-Sektor auf europäischer Ebene zählen etwa der Europäische Investitionsfonds (EIF) sowie der kürzlich auf den Weg gebrachte Europäische Fonds für Strategische Investitionen (EFSI), der unter anderem VC-Investitionen in europäische Start-ups mit einer EU-Garantie unterstützt. Öffentliche Investitionen sind jedoch häufig mit politischen Ambitionen verbunden, von Investitionen in ausgewählten Ländern bis hin zu sektoralen Quoten. Zudem bleibt die Frage, ob der öffentliche Sektor private VC-Investitionen verdrängt, wenn die erhöhte Liquidität die Renditen verwässert.

Letztlich stellt sich also die Frage, ob der vergleichsweise kleine private Markt für VC mit dem geringen Interesse von Investoren an Risikoinvestitionen zu erklären ist oder doch an einem zu kleinen Pool an wirklich attraktiven Jungunternehmen scheitert. Angesichts dieser potenziellen Hemmnisse empfehlen sich vor allem drei Maßnahmen, um den VC-Markt in Europa zu fördern.

- *Investorenschutz stärken, Insolvenzordnungen anpassen.* Investoren sollten einen gewissen Schutz genießen, wenn sie in vergleichsweise risikoreiche junge Unternehmen investieren. Gleichzeitig muss Scheitern möglich und für Unternehmer verkraftbar sein. So könnte etwa eine Garantie der ersten Verlusttranche mit öffentlichen Mitteln für beide Seiten die entsprechende Sicherheit und Anreizstruktur setzen.
- *Wagniskultur fördern.* Das Scheitern mit einem unternehmerischen Projekt darf nicht zur Brandmarkung des Unternehmers führen. Europa und gerade Deutschland haben hier im Vergleich zum VC-Vorreiter USA noch Nachholbedarf. So wandern heute noch viele talentierte Jungunternehmer in die USA ab, da sie sich dort neben besseren Rahmenbedingungen auch eine fruchtbarere Gründerkultur versprechen. So ist es doch bezeichnend, dass der amerikanische Begriff *Venture Capital* eben auf *Venture,* das *Wagnis* anspielt, während die deutsche Sprache mit dem Wort *Risikokapital* auf das deutlich negativer konnotierte *Risiko* verweist.
- *Bürokratieabbau vorantreiben.* Gerade für kleine Unternehmen und Start-ups ist das regulatorische Umfeld in Europa äußerst problematisch. Verfahren zur Kapitalbeschaffung müssen vereinfacht werden.

Um Angebot und Nachfrage von Finanzierungsmöglichkeiten besser zusammenzubringen, bieten beispielsweise Beteiligungsgesellschaften für Start-ups vielversprechendes Potenzial. Anders als VC-Fonds, die vornehmlich großvolumigen Anlegern vorbehalten sind, ermöglichen Beteiligungsgesellschaften auch Kleinanlegern, in die schnell wachsende Start-up-Szene zu investieren. Zugleich liegt ein Vorteil für Anleger darin, dass über den Aktienmarkt die Ausstiegsmöglichkeiten besser gegeben sind, sodass ihr Kapital nicht zwangsläufig längerfristig gebunden ist. Die potenziellen Möglichkeiten für Anleger und Start-ups wären letztlich umso größer, je besser der Markt grenzüberschreitend innerhalb Europas funktionieren würde.

Auch in einem anderen Feld kann ein gut integrierter europäischer Kapitalmarkt neue Impulse für die Investitionstätigkeit setzen.

Private Infrastrukturinvestitionen regen nachhaltiges Wachstum an

Das schwache Investitionsniveau kann auch für die europäische Infrastruktur zum Problem werden. Einerseits bleibt den Regierungen angesichts der hohen Verschuldung der öffentlichen Haushalte weniger Spielraum, selbst notwendige Infrastrukturmaßnahmen zügig voranzutreiben. Zugleich sind viele private Anleger angesichts ungünstiger Rahmenbedingungen und potenzieller Risiken nicht bereit oder nicht in der Lage, in die Infrastruktur zu investieren. So sank die Zahl der privaten Beteiligungen an öffentlichen Infrastrukturprojekten (*public private partnerships*) in Europa seit 2007 um über 50 Prozent.[117] Dabei dürften Infrastrukturinvestitionen insbesondere für Vorsorgesparer beziehungsweise institutionelle Anleger als alternative Anlagemöglichkeit interessant sein, da aus ihnen auch im Niedrigzinsumfeld langfristig sichere und solide Renditen zu erwarten sind. Gleichzeitig stimmt deren langer Anlagehorizont mit den Projektlaufzeiten im Infrastrukturbereich überein. Mehr Initiativen für private Infrastrukturbeteiligungen nutzen Europa also doppelt.

Ein Vorteil privater Finanzierungsbeteiligungen an Infrastrukturprojekten gegenüber der rein öffentlichen Finanzierung liegt darin, dass die Renditeerwartungen der Anleger als Kontrollmechanismus dienen. Dadurch wird das Risiko verringert, dass in Projekte mit starker Lobby, aber geringem wirtschaftlichen Nutzen investiert

wird. Gleichwohl ist unumstritten, dass solche Infrastrukturmaßnahmen, die zwar einen hohen sozialen Nutzen haben, aber keine
Rendite abwerfen (sog. *öffentliche Güter*, wie etwa ein Teil des Stra-
ßennetzes), weiter von öffentlicher Hand getragen werden müssen.

Einer der jüngsten Ansätze, private Beteiligungen an Infrastrukturprojekten zu fördern, ist der EFSI (*Europäischer Fonds für strategische Investitionen*), der 2015 unter dem Dach der Europäischen
Investitionsbank ins Leben gerufen wurde. Dieser soll insgesamt
315 Milliarden Euro an zusätzlichen Investitionen in den drei Bereichen Infrastruktur, Bildung und Nachhaltigkeit sowie bei kleinen
Unternehmen aktivieren. Der öffentliche Fonds stellt dabei neben
der direkten Mittelvergabe auch Garantien aus, die private Geldge-
ber mobilisieren und so über Hebelwirkungen den gewünschten Effekt bringen sollen.

Der EFSI setzt also auf finanzielle Absicherung von Privatanlegern, um Infrastrukturmaßnahmen zu fördern. Der Ansatz ist
durchaus sinnvoll. Um Privatanleger für Investitionen zu gewinnen, dürfte es langfristig jedoch erfolgversprechender sein, die Anlageverordnung für Pensionsfonds und Versicherer zu flexibilisieren
und entsprechende Angebote für Anlagestrategien zu verbessern:[118]

- *Infrastrukturgesellschaften.* Eigene Gesellschaften betreuen die
  Planung, Finanzierung und den Betrieb von Infrastrukturprojekten. Beliebtes Beispiel ist die österreichische Gesellschaft
  ASFINAG, die seit 1982 das Autobahnnetz der Alpenrepublik
  verantwortet. Diese Gesellschaften finanzieren sich mit privatem Kapital in Form von Anleihen oder Genussscheinen. Denkbar ist auch eine private Investorenbeteiligung über Anteile an
  Aktiengesellschaften.
- *Öffentliche Infrastrukturfonds.* Statt eigenständig Infrastrukturprojekte durchzuführen, fungieren Fonds als Sammelstelle für
  privates Kapital institutioneller Investoren wie Pensionsfonds
  und teilen dieses auf verschiedene Projekte auf, wodurch das Verlustrisiko gestreut wird.

- *Bürgerfonds.* Für den direkten Zugang privater Sparer sorgen Bürgerfonds, die auch kleinere Summen der Bürger einsammeln und diese gebündelt in Infrastrukturprojekte investieren. So verfügen auch Sparer über eine neue Anlagemöglichkeit und können damit besser auf die niedrigen Zinsen reagieren. Hier könnte der Staat zusätzlich mit Sparzulagen und Steuervorteilen Anreize schaffen.

Solche Initiativen können auf einem gemeinsamen, funktionierenden Markt für Kapital umso größere Effekte erzeugen. Denn staatliche Investitionsanreize, wie sie etwa der EFSI setzt, reichen allein nicht aus. Letztlich sind es die richtigen Rahmenbedingungen, die das Investitionsproblem langfristig lösen. Indem die Anleger über die Kapitalmarktunion die Möglichkeit erhalten, ihr Portfolio europaweit zu diversifizieren, können die Kapitalflüsse innerhalb des Kontinents so optimiert werden, dass sie die unterschiedlichen Investitionsbedürfnisse in den einzelnen Mitgliedstaaten langfristig mit dem größtmöglichen Effekt bedienen. So liefert der Einbezug privater Anleger bei Investitionen in die Infrastruktur nicht nur den Sparern stabile Renditeaussichten und hoch verschuldeten öffentlichen Haushalten eine Entlastung. Zugleich fördert er die Modernisierung der europäischen Infrastruktur und damit längerfristiges und nachhaltiges Wachstum.

Ausblick: neue Investitionskultur in Europa

Eine starke Kapitalmarktunion kann in Europa einen integrierten und funktionierenden Markt für Kapital mit hoher Leistungsfähigkeit schaffen: Er vergrößert für Anleger das Angebot an produktiven Investitionsmöglichkeiten und für Unternehmen den Pool an Finanzierungsoptionen. In einem solchen Wettbewerbsumfeld kann Kapital europaweit effizienter eingesetzt werden. So steigt der Investitionsfluss, Unternehmen wachsen und neue Arbeitsplätze entstehen – nachhaltiges und inklusives Wachstum folgt.

Allerdings: Eine Kapitalmarktunion wird ihr Potenzial nur voll entfalten, wenn Anleger auch bereit sind, ihr Kapital für Investitionen bereitzustellen. Traditionell ist die Aktienkultur in Europa jedoch eher schwach ausgeprägt. Vorbehalte gegenüber Finanzprodukten jenseits von Bankeinlagen und Immobilien sind weit verbreitet. Nur 5 Prozent der Haushalte in der Eurozone halten Staatsanleihen, 10 Prozent besitzen Aktien und 11 Prozent investieren in Investmentfonds. Die Finanzkrise hat das Misstrauen in die Finanzbranche nochmals enorm belastet. Viele Menschen verbinden mit ihr Übertreibungen, Intransparenz und Unsicherheit. Die Skepsis ist noch größer, wenn es zu grenzüberschreitenden Investitionen kommt: 94 Prozent der Europäer haben außerhalb ihres Landes noch nie ein Finanzprodukt gekauft, und 80 Prozent geben an, es nie tun zu wollen.[119] Unzureichende Informationen, Unkenntnis über die Rechte und sprachliche Barrieren werden am häufigsten als Gründe dafür genannt, keine Finanzprodukte in anderen EU-Ländern zu kaufen. Chancen der Aktienanlage werden so unter- und die Risiken überschätzt. Die Kapitalmarktunion kann dabei helfen, ebendiese Hindernisse zu verringern und Vorsorgesparer zu aktivieren. Im Idealfall werden schon in wenigen Jahren portugiesische Pensionskassen in deutsche Infrastrukturprojekte investieren – und deutsche Lebensversicherer einen Teil ihrer Gelder breit gestreut in technologieintensiven italienischen Start-ups anlegen.

Die Forderung nach einer Stärkung der Kapitalmärkte dürfte indes nicht unumstritten bleiben. Eine sachliche Diskussion über Chancen und den Umgang mit möglichen Risiken einer Kapitalmarktunion darf daher nicht vernachlässigt werden – nicht zuletzt, um Ängste und Vorurteile zu adressieren und Vertrauen zu schaffen. Mehr Angebote zur Bildung von Bewusstsein und Wissen über die Finanzmärkte, ihre Chancen und Risiken können dabei helfen. Solche Ansätze sind umso glaubwürdiger, je stärker Ministerien, öffentliche und private Finanzmarktinstitutionen, Verbraucherschutz- und Bildungseinrichtungen dabei miteinander kooperieren. Ein besseres Verständnis für Wirtschafts- und Finanzfragen sollte bereits in der Schule gefördert werden, etwa durch die Aufnahme finanzwirtschaftlicher Inhalte in die Lehrpläne. Auch darüber hinaus können Kurse angeboten werden, Informationsbroschüren und anderes Material bereitgestellt werden. Weiter zeigen Beispiele aus Ländern mit einer erfolgreichen Strategie, wie etwa den Niederlanden oder Dänemark, dass einfach zugängliche und gut aufbereitete Informationen über Webseiten und Vergleichsportale dazu beitragen können, dass die Bürger informierte Entscheidungen treffen können.[120]

Falsch wäre es indes, ein Umdenken verordnen zu wollen. Ein Umdenken an sich kann nur gelingen, wenn Menschen ein Kapitalmarktumfeld vorfinden, das für sie transparent ist und in dem es sich für sie lohnt, grenzüberschreitend zu investieren. Je tiefer und breiter die Kapitalmarktunion reicht, desto stärker wirkt letztlich auch ihre Anziehungskraft auf die Investoren – seien es europäische Vorsorgesparer, institutionelle Anleger oder ausländische Investoren.

Ein Umdenken in der Investitionskultur kann der Staat dabei mit finanziellen Anreizen anregen, etwa in Form von Steuervergünstigungen und Zuschüssen. Aus ordnungspolitischer Sicht ist diese Art der Subventionierung durchaus gerechtfertigt, was dem Charakter des Vorsorgesparens als *meritorischem Gut* geschuldet ist. Denn weil das intrinsische Vorsorgebewusstsein zu schwach ausgeprägt ist, würde die Nachfrage ohne staatliche Förderung hinter dem gesellschaftlich wie ökonomisch gewünschten Ausmaß zurückbleiben – selbst wenn die Rahmenbedingungen auf den Kapitalmärkten stimmen.

Auch die Expertise von Finanzdienstleistern kann dabei helfen, sich den Kapitalmärkten anzunähern. Banken und Versicherer können zu öffentlichen Bildungsangeboten eine wichtige, komplementäre Rolle einnehmen. Mit ihrer Expertise können sie den Gang an die Kapitalmärkte begleiten – und zwar sowohl den von Privatanlegern als auch den von Unternehmen. Insbesondere Universalbanken können mit ihrer großen Bandbreite an Finanzdienstleistungen dabei helfen, sowohl individuelle als auch breite Anlage- und Finanzierungsstrategien an den Kapitalmärkten zu entwerfen. Die klassische Unternehmensfinanzierung über die Kapitalmärkte soll die Bankenfinanzierung also nicht ablösen – im Gegenteil: Sie kann sie im Interesse einer größeren Angebotsvielfalt für Anleger und Unternehmen sinnvoll ergänzen und bereichern.

Im Ergebnis kann so eine neue Investitionskultur in Europa entstehen. Begünstigt würde sie von den richtigen Rahmenbedingungen, die der Kapitalbildung für die breite Bevölkerung über die betriebliche Altersversorgung und private Vorsorge neue Bedeutung verleihen, diese absichert und Vorsorgesparern im Zuge einer Kapitalmarktunion Möglichkeiten gibt, Vorsorgegelder grenzüberschreitend anzulegen. Genährt wird sie von der Erkenntnis der Sparer und Anleger, dass das Vorsorgekapital ihre eigene Zukunft absichert und zugleich einen realwirtschaftlichen Nutzen stiftet.

Europa wird diese neue Investitionskultur im Vorsorgesparen als dritten Baustein des gemeinsamen Geschäftsmodells in den kommenden Jahren dringend brauchen. Für die Zukunft unseres Kontinents werden es entscheidende Jahre sein.

VII

EUROPA 5.0: WANDEL JETZT GESTALTEN – CHANCEN NUTZEN

Stabiles Wachstum und breiter Wohlstand sind jene Erfolgsversprechen, die für das Europa der Nachkriegszeit prägend waren. Ihre Erfüllung ebnete zugleich den Weg für eine immer engere politische Integration. Spätestens jedoch seit den Anfängen der Eurokrise im Herbst 2009 ist diese positive Dynamik weitestgehend zum Erliegen gekommen. Auch sechs Jahre später kämpft der Kontinent weiter mit den Altlasten. Neue, nachhaltige Impulse sind deshalb heute notwendig, um Europa wieder auf den Pfad wirtschaftlicher Prosperität zu führen. Wir haben in diesem Buch ein Geschäftsmodell entwickelt, das innerhalb des bestehenden europäischen Regelwerks mit drei Bausteinen neue Impulse geben kann – und letztlich dazu beitragen kann, dass Europa sein Wachstums- und Wohlstandsversprechen künftig wieder einhalten kann.

- Ein *exportorientiertes Wachstumsmodell* hilft als erster Baustein, neue Wachstumsquellen jenseits der Grenzen Europas zu erschließen. Da zusätzliche Nachfrageimpulse von unserer alternden Gesellschaft nämlich künftig bescheidener ausfallen dürften, müssen wir sie stattdessen verstärkt auf den Weltmärkten erschließen. Leistungsstarke und wettbewerbsfähige Wirtschaftsstrukturen sind hierfür der richtige Schlüssel. Das *exportorientierte Wachstumsmodell* ermöglicht es uns Europäern nicht nur, mit der wirtschaftlichen Dynamik aufstrebender Wachstumsmärkte mitzuhalten und von ihrer Nachfrage zu profitieren, sondern auch, innere, fundamentale Stärke für eine funktionierende Binnenwirtschaft aufzubauen. Hier ist die Politik gefragt, rechtzeitig die richtigen Rahmenbedingungen zu setzen. Sie muss führen. Positive Beispiele aus ganz Europa zeigen, dass Wandel nicht nur reaktiv erfolgen, sondern proaktiv gestaltet werden kann. Runde Tische mit den Sozialpartnern, aber auch die Möglichkeit von Reformverträgen als Mittel der Selbstbindung können neue Impulse geben und den Weg für Reformen bahnen.

- *Unternehmen, die das Potenzial des Gemeinsamen Marktes stärker nutzen,* können als zweiter Baustein das exportorientierte Wachstumsmodell besser ausfüllen und aktiv betreiben. Nutzen sie diese Potenziale nicht, tun es andere, denn die Konkurrenz internationaler Konzerne wird zunehmend mächtiger. Dagegen können sich Europas Unternehmen wehren, indem sie über grenzüberschreitende Konsolidierung oder Kooperationen mit anderen Unternehmen, und auch Forschungsinstituten, Kräfte bündeln. Diese beiden Faktoren ermöglichen es, die Chancen des digitalen Wandels besser zu nutzen und sich gerade in der digitalen Industrie als globaler Vorreiter zu positionieren. Gerade in diesem Sektor steht die Digitalisierung noch am Anfang. Unternehmen leben davon, dieser Verantwortung aus Eigeninteresse nachzukommen. Sie wirtschaften renditeorientiert und haben daher eine intrinsische Motivation, statische Effizienz um dynamisches Wachstum zu ergänzen.

- *Aktive private Vermögensbildung über den Kapitalmarkt* nutzt nicht nur der Bevölkerung, sondern kann auch Unternehmen und Infrastruktur nachhaltig stärken. In vielen Ländern Europas ist betriebliches und privates Vorsorgesparen noch immer unterentwickelt, angesichts der demografiebedingten Finanzierungsengpässe in der umlagefinanzierten Vorsorge jedoch dringend erforderlich, wenn im Alter ein angemessener Lebensstandard gesichert werden soll. Die Förderung des privaten Vermögensaufbaus und der Vermehrung über die Beteiligung am Kapitalmarkt kann zudem zusätzliche Wachstumsimpulse setzen. Während sich für Anleger neue Investitionsmöglichkeiten mit attraktiven Renditen ergeben, werden zugleich stabile, langfristige und kosteneffiziente Finanzierungsquellen für Unternehmen und die Infrastruktur erschlossen. Um den Kapitalfluss auch grenzüberschreitend möglichst effizient zu gestalten, muss das Projekt einer europäischen *Kapitalmarktunion* zügig angegangen und umgesetzt werden. So wird nicht nur die Finanzierung der Realwirtschaft gestärkt. Nicht zuletzt ist die Aktivierung privaten Kapitals im Zuge des Vorsorgesparens ein wichtiger Schritt für Privathaushalte, mit privater Vermögensbildung auch in einem Niedrigzinsumfeld den Auswirkungen des demografischen Wandels zu begegnen. Zentrale Akteure sind die Vorsorgesparer selbst. Den entscheidenden Impuls können staatliche Anreize setzen vor allem in Form von Steuervergünstigungen oder Zuschüssen. Wenn es hier also nicht ganz ohne staatliche Förderung geht, so ist dies dem Charakter der Vorsorge als sogenannten *meritorischen Gut* geschuldet: Da der zukünftige individuelle und gesellschaftliche Nutzen der Vorsorge systematisch unterschätzt wird, bleibt die Nachfrage hinter dem gewünschten Ausmaß zurück. Mit den richtigen Anreizen kann der Staat hier helfen.

Gemeinsam ergeben diese drei Bausteine ein Gesamtbild eines erfolgreichen Geschäftsmodells für Europa. Dabei nur einzelne Bestandteile nach politischen und wirtschaftlichen Interessen und Opportunitäten selektiv durchzusetzen, wäre indes nicht zielführend. Vielmehr bauen die drei Bausteine aufeinander auf. So legen gute wirtschaftspolitische Rahmenbedingungen überhaupt die Grundlage, damit Unternehmen auf Dauer global wettbewerbsfähig bleiben können. Und nur mit wettbewerbsfähigen Unternehmen, die sichere Arbeitsplätze und faire Löhne bieten können, werden Bürger langfristig in der Lage sein, Vermögen aufzubauen und es durch attraktive Investitionsmöglichkeiten zu vermehren. Aus diesem Weitwinkel erkennen wir zugleich, dass die drei Bausteine nicht allein kurzfristiges Wachstum und Beschäftigung im Blick haben. Sie sind zugleich passende Antworten auf die drängendsten Herausforderungen, vor denen unser Kontinent steht und die wir zu Beginn dieses Buches skizziert haben: den *Aufstieg neuer Wachstumsmärkte*, der *Digitalisierung der Wertschöpfungsketten* und den *demografischen Wandel*.

Neue Perspektiven für Bürger und Unternehmen stärken Zusammenarbeit in Europa

Europa 5.0 – unser Geschäftsmodell für Europa – trägt dazu bei, dass es Europa in Zukunft gelingen kann, seine Wachstumspotenziale besser auszuschöpfen und damit die Basis des erreichten Wohlstands zu sichern. Unsere drei Bausteine stehen für eine stärkere Zusammenarbeit zwischen Staat, Unternehmen und Bürgern. Wirtschaftspolitische Rahmenbedingungen, die Wachstum im europäischen und auf den globalen Märkten begünstigen, Unternehmen, die die Synergieeffekte von Wettbewerb, Konsolidierung und Kooperation nutzen, und Bürger, die über ihr Vorsorgesparen nicht nur ihren eigenen zukünftigen Wohlstand, sondern auch Investitionen in Unternehmen und Infrastruktur stärken, können eine selbstverstärkende, positive Dynamik entfalten.

Für Unternehmen verbessert sich das Geschäftsklima, denn nicht nur die Rahmenbedingungen, sondern auch die Möglichkeiten, europa- und weltweit erfolgreich zu sein und neue Finanzierungswege zu erschließen, erhöhen die erwartete Rendite zusätzlicher Investitionen. Zusätzliche Investitionen beleben auch den Arbeitsmarkt. Unternehmen schaffen neue Arbeitsplätze und können in Lohnverhandlungen großzügiger auftreten – die Menschen profitieren und schöpfen angesichts höherer Wachstumsraten neue Zuversicht. Das Konsumklima hellt sich auf, und der private Vermögensaufbau fällt leichter. Wo die Partizipation an Wachstum und Wohlstand für Unternehmen und Bürger greifbar ist, setzt sich die Erkenntnis durch, dass sich gemeinsame Anstrengungen für den Wandel lohnen. Neuerungen werden dann nicht mehr kategorisch abgelehnt, sondern offen aufgenommen und aktiv unterstützt. Wenn die Angst vor der unsicheren Zukunft und vor wirtschaftlichem Abstieg nicht mehr dominiert, erkennt die Gesellschaft die Chancen politischer Reformprojekte, den gemeinsamen Wohlstand zu erweitern. Positive Erwartungen lösen Blockaden und Verteilungskonflikte auf. Reformfeindliche Stimmungen in der öffentlichen und veröffentlichten Meinung lassen nach. Populistische Kräfte verlieren an Boden. Die Debatten werden konstruktiver. Der Blick richtet sich nicht mehr nur darauf, wie der Wohlstand verteilt ist, sondern vor allem darauf, wie er vermehrt werden kann. Dauerhaft kann daraus der Wille erwachsen, den Wandel aus freien Stücken selbst zu gestalten und zu leben. So erschließt sich ein großer Raum der Möglichkeiten, mit denen wir Europäer aktiv die Zukunft erobern und munter gestalten können. Mit diesen positiven Perspektiven auf Wachstum und Wohlstand kann Europa wieder zu dem werden, was es lange Zeit war: eine Erfolgsgemeinschaft, in der sich Status-quo-Denken, Blockadeverhalten und zwischenstaatliche Begehrlichkeiten auflösen – es geht voran. Angst und Unsicherheit räumen ihren Platz für die Bereitschaft, am Wandel teilzunehmen.

In der Folge kann dieser Mentalitätswandel den Weg freimachen für die notwendige institutionelle Fortentwicklung und Vertiefung der Europäischen Union, die allein über Einstimmigkeit erreicht werden kann. Denn während im aktuellen Umfeld der Uneinigkeit ein *Quantensprung* in der Integration über neue europäische Verträge undenkbar erscheint, wäre er mit solideren Wachstumsaussichten leichter erreichbar.

Neues Momentum für den Wandel: ein europäischer Zukunftskonvent als Ausgangspunkt?

Freilich lässt sich ein solcher Mentalitätswandel weder befehlen noch planen. Er kann aber aus neuen wirtschaftlichen Erfolgen erwachsen, die breiten Bevölkerungsteilen und ihren organisierten Interessengruppen zeigen, dass ihre Teilhabe an Wohlstand und Wachstum gerade dann möglich ist, wenn man Veränderungen aktiv unterstützt. Der Mentalitätswandel ist somit eine Folge des Erfolgs – aber zugleich auch notwendige Voraussetzung für weitere Erfolge. Um in dieser Dynamik von wechselseitiger Ursache und Wirkung den Einstieg zu finden, benötigen wir einen wirksamen Startimpuls: Es sind passende wirtschaftspolitische Rahmenbedingungen, mit denen nachhaltig solide Wachstumsaussichten und eine Perspektive auf wirtschaftliche Teilhabe greifbar werden.

Hier ist zunächst die Politik gefordert – doch sie allein kann diese Aufgabe nicht bewältigen. Beherzte Initiativen der Politik sind sicherlich eine notwendige, jedoch keine hinreichende Bedingung für nachhaltigen Wandel. Gerade weil die materiellen Erfolge von Reformen nämlich nicht von Beginn an für alle Beteiligten gleichermaßen spürbar sind, ist mehr erforderlich, um die Zuversicht und das Vertrauen der Menschen in Reforminitiativen zu stärken. Glaubwürdigkeit kann die Politik dann erreichen, wenn sie in den Dialog tritt mit Wirtschaft und Zivilgesellschaft und ihre Bedenken, Anliegen und Ideen ernst nimmt. Gemeinsame Ziele sollte sie daher nicht im Alleingang, sondern im breiten Dialog definieren und diskutieren. Ein supranationales Forum, ein *paneuropäischer Zukunftskonvent*, in dem Entscheidungsträger aller drei Gruppen zusammenkommen, um Maßnahmen für nachhaltiges Wachstum und sicheren Wohlstand zu entwerfen, weiterzuentwickeln und deren Umsetzung zu planen, könnte hierfür der richtige Weg sein. Führungskräfte aus der Wirtschaft sollten dabei ebenso eingebunden werden wie Vertreter der Zivilgesellschaft, die für die Bürgerinteressen einstehen. Die Sozialpartner verfügen sowohl über die erforderliche Expertise als auch die notwendige Praxisnähe. Aus dem grenzüberschreitenden Austausch der drei Gruppen können neue Leitlinien, Kooperationen und Strategien für gemeinsames Handeln erwachsen und die Gesellschaften europaweit letztlich auf gemeinsame Ziele einschwören. Die Ideen und konkreten Maßnahmen, die aus diesem Dialog entstünden, könnten von Entscheidungsträgern letztlich zurück in die Mitgliedstaaten getragen werden, um dort die Debatten mit der gemeinsamen europäischen Idee zu bereichern. Im Ergebnis könnten aus einem solchen paneuropäischen Zukunftskonvent frische, mehrheitsfähige Ideen und Maßnahmenkataloge für ein zukunftsfähiges Europa entstehen. Freilich kann nicht erwartet werden, dass ein Zukunftskonvent alle Schieflagen und Baustellen in den Ländern Europas beseitigen würde. Mit glaubwürdigen wirtschafts-, unternehmens- und finanzpolitischen Leuchtturmprojekten könnten jedoch Barrieren der Skepsis überwunden werden. Anregungen, welche Maßnahmen die richtigen sein könnten, hat dieses Buch gegeben.

Sicherlich werden Differenzen, die aus unterschiedlichen nationalen Denkschulen, Interessen und politischen Grundhaltungen erwachsen, dabei nie völlig wegdiskutiert werden können. Das sollen sie auch nicht. Eine funktionierende Demokratie braucht schließlich den kritischen Diskurs und das ständige Herausfordern der Exekutive und ihrer Institutionen durch Rede, Gegenrede und Widerrede. Schlagkräftige Koalitionen können dennoch geschaffen werden. Wenn es den politischen Entscheidungsträgern gelingt, in der gemeinsamen und sachlichen Auseinandersetzung über langfristige Ziele breite politische und gesellschaftliche Koalitionen für den Wandel zu bilden, kann sie nicht nur Misstrauen und wechselseitige Blockaden in Gesellschaft, Wirtschaft und Politik überwinden. Sie kann für sich selbst glaubwürdiges *politisches Leadership* formen, aus dem neues Vertrauen in politisches Handeln erwachsen kann. Mit diesem neuen Vertrauen kommt auch die positive Wechselwirkung zwischen richtigen Rahmenbedingungen, positiven Erwartungen und nachhaltigem Vertrauen dauerhaft zum Tragen.

Dies wäre letztlich auch der Beleg, dass konsensorientierte Politik mehr sein kann und mehr sein sollte als nur der kleinste gemeinsame Nenner aller Interessen.

Europa *kann* den Wandel schaffen

Wir leben in unsicheren Zeiten. Selten war das in der Vergangenheit oft gewählte Sinnbild eines *Europas am Scheideweg* treffender als heute. Niemand weiß, wohin uns die tiefgreifenden gesellschaftlichen, wirtschaftlichen und technischen Verschiebungen der nächsten Jahre führen werden. Angesichts ihrer immanenten Herausforderung haben die Länder Europas jedoch schon heute Entscheidungen zu treffen, die ihr weiteres Schicksal auf Jahrzehnte hinweg prägen werden. Dafür ist neue Schubkraft dringend notwendig.

Welche Entscheidungen wir in dieser Unsicherheit treffen, hängt in erster Linie davon ab, wie wir uns selbst sehen und definieren. Bleiben wir auf ausgetretenen Pfaden, oder sind wir bereit, Neuland zu betreten? Finden wir uns mit unserem Schicksal ab, oder wollen wir es selbst in die Hand nehmen? Wollen wir folgen oder führen? Wir Europäer sollten uns für den proaktiven Part entscheiden. Wir haben allen Grund zur Zuversicht, dass wir diesen Aufgaben gewachsen sind. Dieses Selbstbewusstsein leitet sich weder aus unserer Geschichte ab noch aus der Tatsache, dass wir *Europäer* sind. Es ist allein in der Tatsache begründet, dass wir *Menschen* sind. Ein Blick auf die letzten zwei Jahrtausende der Menschheitsgeschichte zeigt, dass der Mensch immer fähig war, seine Umwelt zu gestalten – und sich an ein verändertes Umfeld anzupassen. Dynamischer Treiber hierfür war stets die Verfügbarkeit von Ressourcen. Die Fähigkeit, sich an immer neue Knappheiten anzupassen und Ressourcen optimal zu nutzen, hat stets über den Fortschritt und Erfolg von Wirtschaftsräumen und Nationen entschieden.

Viele Prognostiker unterschätzen diese Anpassungsfähigkeit und Lernbereitschaft der Menschen systematisch. Oft verkennen sie die wirtschaftliche Dynamik und Anpassungskraft von Märkten und Marktteilnehmern, die kreativ auf veränderte relative Preise als Signal von Knappheit reagieren. Der Mensch formt mit ungeheurer Energie seine Umwelt – er sucht und gestaltet den Fortschritt. Rückblickend lagen viele Prognostiker in ihren Vorhersagen falsch, weil sie menschliches Handeln vor allem als statisches Problem angesehen haben – nicht jedoch als Chance, von der Umwelt zu lernen, die Umwelt aktiv zu gestalten und letztlich besser zu machen. Dieser Irrtum macht selbst vor Expertenkommissionen nicht halt. Das bekannteste Beispiel sind die Fehlprognosen des *Club of Rome*, der in den 1970er Jahren baldige *Grenzen des Wachstums* aufgrund der Endlichkeit natürlicher Ressourcen vorhergesagt hatte. Die Experten hatten sich bei der Bedeutung des technischen Fortschritts, bei Energieeffizienz und Explorationstechniken hoffnungslos verschätzt. Gerade in dieser Anpassungskraft liegt die besondere Chance, Lebensumstände in naher Zukunft nicht nur aufrechtzuerhalten, sondern aktiv zu verbessern – und somit die eigene Handlungsfreiheit zu sichern.

Europa *muss* den Wandel schaffen

Europa 5.0 gibt vielfältige Anstöße, die Möglichkeiten besser auszuschöpfen, die das europäische Rahmenwerk uns schon heute bietet. Es lässt Raum für die Kreativität, die Lernbereitschaft und den Gestaltungswillen von Unternehmen und Bürgern, was sie dabei unterstützt, sich proaktiv an ein sich veränderndes Umfeld anzupassen. Es gibt also nicht allein eine statische Lösung vor, sondern lebt von der Dynamik des permanenten Wandels. Diesen Willen zum Wandel und die Fähigkeit zum Lernen werden wir Europäer in den nächsten Jahren durchaus benötigen, denn die Welt um uns steht nicht still. Mit einem neuen Geschäftsmodell kann Europa auch die neuen Themen, die die Agenda des Kontinents beeinflussen werden, besser bewältigen.

- *Flüchtlingszustrom*. Der Flüchtlingsstrom nach Europa, der im Laufe des Jahres 2015 ein dramatisches Ausmaß angenommen hat, zeigt einmal mehr, wie schnell externe Faktoren die Situation für den gesamten Kontinent ändern können und souveräne Staaten zum Handeln zwingen. Die Aufgaben für die Mitgliedstaaten sind gewaltig: Sie reichen von der akuten humanitären Nothilfe über Strategien zur Eingliederung in Bildungssystem und Arbeitsmarkt bis hin zur gesellschaftlichen Integration. Individuelle Lösungen der Mitgliedstaaten sind angesichts des dramatischen Ausmaßes nicht zielführend. Die ungleiche Verteilung auf die einzelnen Länder, die auch und vor allem von dem sehr unterschiedlichen Umgang mit den Flüchtlingen herrührt, gefährdet allein aufgrund des enormen Ausmaßes der Flüchtlingszahlen selbst den Erfolg vielversprechender Maßnahmen. Nur eine gemeinsame europäische Lösung wird in der Flüchtlingskrise zum Erfolg führen. Die EU ist hier auf die Probe gestellt, zu zeigen, ob ihre Mitgliedstaaten willens und in der Lage sind, jenseits des Eurokrisenmodus gemeinsam zu handeln und koordinierte Lösungen für die drängenden Probleme des Kontinents zu finden und dauerhaft durchzusetzen. Ein solides Wachstumsumfeld schafft hierfür einen größeren Spielraum und kann dabei helfen, dass der Flüchtlingszustrom nicht in Verteilungskämpfen endet, sondern Chancen für die aktive Integration der meist jungen Zuwanderer in den Arbeitsmarkt bietet, die auf lange Sicht der Gesellschaft nutzen werden.
- *Sicherheitspolitische Lage*. Weniger akut als die Flüchtlingspolitik, aber durchaus drängend ist die Frage, wie Europa mit der sich ändernden sicherheitspolitischen Lage in der Welt umgehen wird. So ist die Stabilität einzelner Regionen alles andere als garantiert – sei es in Afrika, im Nahen und Mittleren Osten oder ganz nah

bei uns, in Osteuropa. Religiös motivierter Terrorismus und das organisierte Verbrechen sind als Unsicherheitsfaktoren eng damit verknüpft – und bergen das Potenzial, über das Internet Gefahren an neuen Fronten aufzubauen. Zwischen der Sicherheit einerseits und dem Wahren der persönlichen und gesellschaftlichen Freiheit andererseits liegt ein schmaler Grat, der umsichtig abgewogen werden muss. Ein Europa, das die sicherheitspolitischen Fragen mit einer gemeinsamen Linie und gebündelter Kraft und Expertise angeht, kann global eine viel höhere Wirkungskraft und Durchsetzungsfähigkeit entwickeln als 28 Ländern im Alleingang. Mit einer aktiven Rolle bei der Befriedung von Konflikten kann Europa nicht nur zur weltweiten Stabilität beitragen, sondern auch attraktive Absatzmärkte erschließen.

- *Ressourcensicherheit.* Eng mit sicherheitspolitischen Risiken verknüpft ist eine weitere Herausforderung. Das starke globale Wachstum von Bevölkerung und Wirtschaftstätigkeit wird die Nachfrage nach Rohstoffen weltweit weiterhin befeuern. Zwar macht der technische Fortschritt Explorationstechniken immer effizienter und erschließt alternative Energiequellen, sodass sich unsere Gesellschaften durchaus an die Knappheiten des Marktes anpassen. Allerdings sind viele Rohstoffe wie Erdöl, aber etwa auch *Wolfram* oder *Seltene Erden* ungleich in den Regionen der Welt verteilt. Daraus erwachsen potenziell politische Verteilungskonflikte, nicht zuletzt, weil die Versorgung mit wachstumswichtigen Rohstoffen unter instabilen politischen Bedingungen nicht immer gewährleistet werden kann. Unternehmen, die ihre Kräfte bündeln und in globalen Allianzen kooperieren, können zusammen mit einer gemeinsamen Außenhandelspolitik diese Risiken zu einem guten Teil verringern.

- *Klimawandel.* Auch wenn die Vorhersagen zum Klimawandel mit Unsicherheit behaftet sind und die Meinungen über geeignete Gegenmaßnahmen oft auseinandergehen, so werden doch die Konsequenzen des Klimawandels nicht spurlos an uns Menschen vorbeigehen. Wasserknappheit und Dürren führen zu

Hungersnöten, Überschwemmungen bedrohen Lebensgrundlagen. Wir Europäer werden davon weniger betroffen sein als die Völker in anderen Erdteilen, dürfen uns aber trotzdem nicht der Verantwortung entziehen, die Ursachen und Folgen zu bewältigen. Ein starkes Europa kann dafür den besten Beitrag leisten. Ein wohlhabender Kontinent ist nicht nur in der Lage, wirksame akute Krisenhilfe bei humanitären Notlagen in anderen Teilen der Welt zu leisten. Mit fortschrittlichen Technologien und menschlichem *Know-how* können auch die europäischen Unternehmen zur Bewältigung des Klimawandels beitragen.

- *Finanzstabilität.* Eine weitere Herausforderung ist die globale Finanzmarktstabilität. Die Finanzsysteme Chinas und Indiens sind in weiten Teilen intransparent. Hohe Risiken, die nicht eindeutig zugeordnet werden können, geben allen Anlass zur Sorge. Und mit Blick auf Europa und Amerika warnt die *Bank für Internationalen Zahlungsausgleich* in Basel, dass mögliche Fehlallokationen von Kapital durch das dauerhaft niedrige Zinsniveau bereits heute die Saat einer nächsten Krise säen können. Geirrt hat sie sich selten.[121] Krisen auf den Finanzmärkten wird es immer geben. Mit einer europäischen Kapitalmarktunion kann die Stabilität des Finanzsystems jedoch zunehmen. Denn ein tiefer Kapitalmarkt kann als Schockabsorber die Risiken einer zu einseitigen Abhängigkeit von klassischen Bankenkrediten verringern. Durch eine breitere Finanzierungsbasis werden die Unternehmen der Realwirtschaft robuster gegenüber Friktionen im Finanzmarkt.

Diese fünf Punkte zeigen, dass unsere Vorschläge für ein neues Geschäftsmodell unseren Kontinent nicht nur fit für die Herausforderungen machen, die wir heute schon kennen. Vielmehr legen sie zugleich die Grundlage für innere, fundamentale Stärke, durch welche die Länder Europas noch robuster werden für die Aufgaben und Fragestellungen, die in Zukunft auf uns warten. Mit pragmatischen Regierungen, die willens und in der Lage sind, voneinander zu lernen, mit Unternehmen, die neue Möglichkeiten der Kooperation sehen, und mit Bürgern, die den Wandel mitgestalten wollen, kann dies gelingen. Bürger und Unternehmen werden vom Objekt zum Subjekt: Sie entscheiden aktiv über ihr Schicksal. Im Ergebnis entsteht so ein neuer Reichtum an Freiheit und Vielfalt. Aus der Quersumme ihrer Kreativität und Lösungskompetenz ergeben sich die Wettbewerbsvorteile der Zukunft. Dies ist die wahre Rendite unseres Geschäftsmodells.

Neue Vorbildfunktion

Wir Europäer sind nicht allein auf dieser Welt – auch wenn wir manchmal sehr um uns kreisen. Dieser Eurozentrismus mag angesichts der strukturellen Probleme, vor denen wir in diesen Tagen stehen, durchaus nachvollziehbar sein. Er verleitet uns jedoch zu der Fehlannahme, dass der Rest der Welt entweder auf uns wartet oder – die noch größere Fehlannahme – dass der Rest der Welt uns noch immer als Maßstab für seine Entscheidungen ansieht. Dem ist nicht so. Wer heute in den pulsierenden Metropolen Asiens unterwegs ist, merkt, dass Europa als Vorbild schon längst ausgedient hat. Wer die Medienlandschaft Lateinamerikas beobachtet, muss feststellen, dass Europa auch hier allenfalls mit Negativschlagzeilen aus der Politik vertreten ist – neben bunten Bildern aus Fußball und Tourismus. Und wer aufmerksam verfolgt, an welchen Wirtschaftsmodellen sich die Regierungen aufstrebender Staaten in Afrika und Asien orientierten, muss auch hier konstatieren, dass Europa trotz der engen geschichtlichen Verbindung hinter den USA und China allenfalls eine dritte Geige spielt.

All dies muss nicht so bleiben. *Europa 5.0* kann auch für die Gesellschaften anderer Länder und Erdteile Antworten auf Probleme bieten, vor denen sie schon morgen stehen werden.

- *Afrika* muss in den kommenden Jahrzehnten der Transformationsprozess von Entwicklungsökonomien zu echten Marktwirtschaften gelingen. Institutionen müssen verbessert, Eigentumsrechte geschützt und politische Prozesse verlässlicher gemacht werden.
- *China* und andere Länder Asiens müssen alles dafür tun, dass ihre Mittelschicht sich entfalten kann – sonst drohen neue Konflikte, die den gesellschaftlichen Zusammenhalt gefährden. Themen wie Umwelt- und Verbraucherschutz rücken für die Menschen in diesen Ländern zunehmend in den Fokus.
- *Lateinamerika* hat vergleichbare Probleme. Institutionen sind nach wie vor verbesserungswürdig – vor allem mit Blick auf Korruption und Effizienz. In Kombination mit einem extrem schwachen öffentlichen Bildungssystem, welches die soziale Ungleichheit kontinuierlich reproduziert, wird es dem Kontinent kaum gelingen, in die Liga der entwickelten Nationen aufzusteigen.

Wenn es uns Europäern heute gelingt, uns neu zu erfinden, können wir morgen unsere verblasste Vorbildrolle mit neuem Leben füllen und zurückgewinnen. Falsch verstandene Zurückhaltung ist nicht angebracht, wenn wir nicht hinter den Vereinigten Staaten und irgendwann auch hinter Asien zurückstehen möchten. Wir könnten institutionelle *Best Practices* vermitteln. Wir könnten zeigen, wie man einen gemeinsamen Wirtschaftsraum schafft, der durch Wettbewerb und Kooperation die Vielfalt seiner Mitglieder fruchtbar verbindet. Wir könnten zeigen, wie man Rechtssysteme und soziale Sicherungsnetze verlässlich gestalten kann. Und wir könnten zeigen, wie man als Wirtschafts- und Wertegemeinschaft konstruktiv mit bevorstehendem Wandel umgehen kann. Mit unserem Handeln heute können wir Antworten auf die Herausforderungen anderer Länder von morgen geben – und zugleich neue Maßstäbe setzen.

Europa 5.0: neues Selbstverständnis – neue Erfolgsgeschichten

Jedes Volk, jedes Land und jeder Kontinent hat seine Visionen und Erfolgsgeschichten. Sie stiften Sinn, Gemeinsinn und Identifikation – auch und insbesondere in schweren Zeiten. Auch Europa hat diese gemeinsamen Narrative, die sich in der jüngeren Vergangenheit weitgehend mit den vier bisherigen Stufen der europäischen Integration decken, die wir in diesem Buch identifiziert haben. Europa als *Friedensprojekt*, die wirtschaftliche *Integration*, die *Erweiterung* von Westen nach Osten – und nicht zuletzt die gemeinsame *Währung* waren Visionen, aus denen Europas Erfolgsgeschichten der letzten Jahrzehnte erwachsen sind.

Sicherlich mag es helfen, von Zeit zu Zeit an vergangene Erfolge zu erinnern. Passgenaue Antworten auf die Fragen und Probleme von morgen geben Erfolgsgeschichten aus der Vergangenheit jedoch nicht. Gesellschaften, die von ihrem Ruhm und Glanz der vergangenen Tage zehren, können die Zukunft nicht gestalten. Gerade deshalb liegen auch jene falsch, die in diesen Tagen beklagen, dass das Europa von heute sich weit von dem entfernt habe, was es einmal gewesen sei und sein wollte. In der Analyse haben sie Recht. Die Feststellung allein sollte uns jedoch nicht bekümmern, denn Wandel findet kontinuierlich statt. Uns muss es darauf ankommen, dass wir diesen Wandel zu unserem Vorteil gestalten – und die Welt dadurch besser machen.

Was liegt vor uns? Wo liegen unsere nächsten Aufgaben? Wo werden wir scheitern, wo neue Erfolge feiern? Wenn es uns gelingt, *Europa 5.0* in schwierigen Zeiten mit allen Elementen umzusetzen, dann stehen die Chancen gut, dass wir Europäer schon bald unsere nächste Erfolgsgeschichte schreiben. Sie wird erzählen von einem neuen Momentum des Wachstums. Sie wird erzählen von einem neu gefundenen Selbstvertrauen, das sich aus der Fähigkeit ergibt, Wohlstand auch in einer alternden Gesellschaft zu sichern. Und sie wird erzählen von der Fähigkeit, Veränderungen zu akzeptieren, aus ihnen zu lernen und sie dadurch letztlich aktiv zu gestalten. Die Bereitschaft hierfür müssen wir schon heute fassen. Ihr noch heute Taten folgen zu lassen, sollte unser Anspruch sein – für uns selbst und gegenüber kommenden Generationen.

ANMERKUNGEN

1 Siehe grundlegend dazu etwa Kahneman, D. und A. Tversky (1984). *Choices, Values, and Frames.* American Psychologist 39(4), S. 341–350.

2 Vgl. Europäische Kommission (2015). *Jahreswachstumsbericht 2015.* Brüssel: Europäische Kommission.

3 Vgl. Eurostat Database (2015).

4 Vor Lehman Brothers Inc. stützte die US-Regierung die vier Finanzinstitute Bear Stearns, IndyMac, Fannie Mae und Freddie Mac.

5 Betrachtungen zu den Notliquiditätsmaßnahmen (*Emergency Liquidity Assistance*, ELA) blenden wir an dieser Stelle aus, da diese von den nationalen Zentralbanken durchgeführt werden.

6 Vgl. Rede von EZB-Präsident Mario Draghi auf der *Global Investment Conference* in London vom 26. Juli 2012.

7 Konkret dokumentiert die Kommission, dass ein Prozent aller Empfehlungen vollständig umgesetzt wurde (*fully implemented*). 9 Prozent wurden weitestgehend umgesetzt (*substantially implemented*). Vgl. Deroose, S. und J. Griesse (2014). *Implementing economic reforms – are EU Member States responding to European Semester recommendations?* Ecfin Policy Brief 37. Brüssel: Europäische Kommission.

8 Vgl. Johansson, Å., et al. (2013). *Long-Term Growth Scenarios*, OECD Economics Department Working Papers, No. 1000. Paris: OECD Publishing.

9 Vgl. Enste, D. und M. Möller (2015). *IW-Vertrauensindex 2015 – Vertrauen in Deutschland und Europa.* IW Policy Paper. Köln: Institut der deutschen Wirtschaft.

10 Vgl. Pacchioli, C. (2011). *Is the EU internal market suffering from an integration deficit? Estimating the homebias effect.* CEPS Working Document No. 348.

11 Vgl. hierzu EZB (2013). *The Eurosystem Household Finance and Consumption Survey. Results from the First Wave.* Statistics Paper Series No 2. Frankfurt: Europäische Zentralbank.

12 Vgl. Europäische Kommission (2015). *Eurobarometer 83. Die öffentliche Meinung in der EU. Juli 2015.* Brüssel: Europäische Kommission.

13 Vgl. Pew Research Center (2014). *A Fragile Rebound for EU Image on Eve of European Parliament Election.* May 2014.

14 IMF (2015). *World Economic Outlook Database.*

15 Vgl. Vereinte Nationen (2015). *UN World Population Prospects 2015.* New York: Vereinte Nationen.

16 Vgl. Fortune (2015). *Fortune Global 500.* New York: Time Inc.

17 Vgl. Dapp, T. (2010). *Der Pirat in uns. In den Tiefen des Urheberrechts.* Aktuelles Thema. Frankfurt: Deutsche Bank Research.

18 Eurostat (2015). *Population projections.* Eurostat Database.

19 Laut Vermögensstudie der EZB beträgt das gewichtete mittlere Nettohaushaltsvermögen in 15 Euroländern 230.800 Euro. Mit einer Anzahl von 2,32 Personen pro Haushalt in diesen Ländern und einer Bevölkerung der gesamten Eurozone von 337.493.785 Personen im Jahr 2013 ermittelt sich der obige Wert. Das finanzielle Haushaltsvermögen (Bankeinlagen, freiwillige Pensionsfonds bzw. Lebensversicherungen, Investmentfonds, Anleihen, Aktien und andere finanzielle Assets) beläuft sich im Mittel auf 43.100 Euro. Verbindlichkeiten liegen bei 26.600 Euro. Vgl. EZB (2013). *The Eurosystem Household Finance and Consumption Survey. Results from the First Wave.* Statistics Paper Series No 2. Frankfurt: Europäische Zentralbank.

20 Vgl. Eurostat – Datenbanken zum Bruttoinlandsprodukt und seinen Komponenten (2015).

21 Vgl. Gornig, M. und A. Schiersch (2014). *Investitionsschwäche in der EU: ein branchenübergreifendes und langfristiges Phänomen.* DIW-Wochenbericht, 81(27), S. 653–660.

22 Vgl. Baldi, G., F. Fichtner, C. Michelsen und M. Rieth (2014). *Schwache Investitionen dämpfen Wachstum in Europa.* DIW-Wochenbericht, 81(27), S. 637–651.

23 Vgl. Buettner, T. und A. Hoenig (2014). *Corporate Taxation, Business*

Climate, and Demand for Capital: Empirical Evidence from Firm-level Data. Unveröffentlichte Studie. München: CESifo.

24 Vgl. hierzu auch Heymann, E. (2015). *Regionalflughäfen politisch und wirtschaftlich unter Druck.* Aktuelles Thema. Frankfurt: Deutsche Bank Research.

25 Weinrich, R. (2013). *Transeuropäische Korridore werden zum Kernnetz.* Eisenbahn-Revue International 12. Luzern: Minirex AG.

26 Vgl. OECD (2014). *OECD Broadband Portal.* Paris: OECD.

27 Vgl. Europäische Kommission (2014). *Digital Agenda Scoreboard 2014.* Brüssel: Europäische Kommission.

28 Vgl. OECD (2014).

29 Vgl. United Nations (2014). *Measuring the Information Society Report 2014.*

30 Vgl. Europäische Kommission (2015): *The Digital Economy and Society Index.* Brüssel: Europäische Kommission.

31 Vgl. Europäische Kommission (2014): *Quantifying the amount of public procurement of ICT and R&D across Europe – SMART 2011/0036.* Brüssel: Europäische Kommission.

32 Vgl. hierzu Cornell Universität, INSEAD und WIPO (2015). *The Global Innovation Index 2015.* Fontainebleau, Ithaca und Genf.

33 Vgl. Cedefop (2014). *Qualifikationsgleichgewichte: Da steckt mehr dahinter!* Brüssel: Europäisches Zentrum für die Förderung der Berufsbildung.

34 Vgl. OECD und Europäische Kommission (2014). *Matching Economic Migration with Labour Market Needs.* Paris: OECD.

35 Vgl. Anger, C., O. Koppel und A. Plünnecke (2015). *MINT-Frühjahrsreport 2015 – Regionale Stärken und Herausforderungen.* Köln: Institut der Deutschen Wirtschaft.

36 Vgl. Heipertz, M. und M. Ward-Warmedinger (2008). *Economic and Social Models in Europe and the Importance of Reform.* Financial Theory and Practice, 32(3), S. 255–287. Nicoletti, G. et al. (2001). *European Integration, Liberalization, and Labor-Market Performance.* In: Bertola, G., T. Boeri und G. Nicoletti, G. (Hrsg.). *Welfare and Employment in a United Europe.* Cambridge/London: MIT Press. S. 147–236.

Young, D. (2003). *Employment Protection Legislation: Its Economic Impact and the Case for Reform.* Directorate-General for Economic and Financial Affairs of the European Commission. Economic Papers No. 186. Brüssel: Europäische Kommission.

37 Dänische Regierung (2009). *Denmark's National Reform Programme. First Progress Report. Contribution to EU's Growth and Employment Strategy.* Kopenhagen: Dänische Regierung.

38 Vgl. TNS Infratest für Deutsche Bank (2015). Umfrage zum Wettbewerb *Ausgezeichnete Orte im Land der Ideen.*

39 Vgl. Hanushek, E. (2012). *Dual Education: Europe's secret recipe?* CESifo Forum 3/2012. München: ifo Institut.

40 Vgl. Schäfer, H. und J. Schmidt (2011). *Der Niedriglohnsektor in Deutschland – Entwicklung, Struktur und individuelle Erwerbsverläufe.* Köln: Institut der Deutschen Wirtschaft.

41 Vgl. hierzu Sachverständigenrat deutscher Stiftungen für Integration und Migration (2014). *Deutschland ist absoluter Spitzenreiter bei der Blue Card.* Pressemitteilung vom 31. Juli 2014.

42 Vergleiche hierzu und auch im Folgenden Zipfel, F. und C. Heinrichs (2012). *Die Rolle von Steuersystemen für Wachstum – Europa im Überblick.* EU-Monitor. Frankfurt: Deutsche Bank Research.

43 Vgl. Egger, P. und V. Merlo (2007): *The Impact of Bilateral Investment Treaties on FDI Dynamics.* The World Economy, 30 (10). S. 1536–1549.

44 Vgl. Felbermayr, G., M. Larch, L. Flach, E. Yalcin und S. Benz (2013). *Dimensionen und Auswirkungen eines Freihandelsabkommens zwischen der EU und den USA.* Studie im Auftrag des Bundesministeriums für Wirtschaft und Technologie. München: ifo Institut.

45 EZB (2015). *The International Role of the Euro.* Frankfurt: Europäische Zentralbank.

46 Vgl. van Rompuy, H. (2012). *Towards a genuine Economic and Monetary Union.* Brüssel: Europäischer Rat.

47 Centre for Retail Research (2015): *Online-Handel 2014 und Prognosen 2015.* Nottingham: Centre for Retail Research.

48 Vgl. IFH (2014). *Handel über eBay, Amazon & Co. – Freund oder Feind?* Köln: Institut für Handelsforschung. Sowie Statista (2015).

Besucherzahlen der größten Online-Shops in Deutschland im April 2014.

49 Vgl. Schmidt, H. (2014). *Die wertvollsten Internetfirmen der Welt.* Focus Magazin.

50 Vgl. Joint Venture Silicon Valley (2015). *2015 Silicon Valley Index.* Silicon Valley Institute for Regional Studies: San Jose. Sowie U.S. Bureau of Economic Analysis (2015). *Gross Domestic Product.* Preliminary Data as of June 10, 2015.

51 Bradley, J., J. Barbier und D. Handler (2013). *Embracing the Internet of Everything to capture your share of $14.4 trillion.* White Paper. San José: Cisco Systems.

52 McKinsey Global Institute (2015). *The Internet of Things: Mapping the Value beyond the Hype.* New York: McKinsey Global Institute.

53 Vgl. McKinsey Global Institute (2015). *The Internet of Things: Mapping the Value beyond the Hype.* New York: McKinsey Global Institute.

54 Vgl. Deloitte (2015). *The Deloitte M&A Index Q3 2015 – US companies leading surge in M&A.* London: Deloitte.

55 Vgl. Vetter, S. (2013). *Der EU-Binnenmarkt nach 20 Jahren.* EU-Monitor. Frankfurt. Deutsche Bank Research.

56 Vgl. McKinsey Global Institute (2015). *A Window of Opportunity for Europe.* New York: McKinsey Global Institute.

57 Vgl. McKinsey Global Institute (2015). *The Internet of Things: Mapping the Value beyond the Hype.* New York: McKinsey Global Institute.

58 Vgl. IW (2013). *Die Zukunft der Industrie in Deutschland und Europa.* Köln: Institut der deutschen Wirtschaft.

59 Vgl. OECD (2015). *Digital Outlook 2015.* Paris: OECD.

60 Vgl. Engel et al. (2015). *Industry 4.0 – The Future of Productivity and Growth in Manufacturing Industries.* Boston: The Boston Consulting Group.

61 Vgl. Roland Berger (2015). *Die digitale Transformation der Industrie.* München: Roland Berger Strategy Consultants.

62 Vgl. DIHK (2015). *Wirtschaft 4.0 – große Chancen, viel zu tun.* Berlin: Deutscher Industrie- und Handelskammertag.

63 Vgl. IW (2015). *Digital Economy – Empirical evidence for Germany.*

Köln: Institut der deutschen Wirtschaft.

64 Vgl. DIHK (2015). *Wirtschaft 4.0 – große Chancen, viel zu tun.* Berlin: Deutscher Industrie- und Handelskammertag.

65 Vgl. OECD-Datenbank (2015).

66 Streubesitz bezeichnet den Teil der Aktien, der sich nicht in fester Hand von Großaktionären (Anteil über 5 Prozent) befindet, sondern am Markt gehandelt wird. Vgl. Keese, D., A. Hauer und J. Tänzler (2010). *Die Verweildauer des Managements von Familienunternehmen und Unternehmen in Streubesitz.* München: Stiftung Familienunternehmen.

67 Vgl. IMAP (2015). *Global M&A Report – Pharma/Biotech 2015.* Mannheim: IMAP M&A Consultants.

68 Vgl. Destatis-Datenbanken (2015).

69 Vgl. PwC (2014). *Economic analysis of SEPA. Benefits and opportunities to be unlocked by stakeholders.*

70 Vgl. Roland Berger (2015). *Die digitale Transformation der Industrie.* München: Roland Berger Strategy Consultants.

71 Vgl. EPO (2014). *Annual Report 2014.* München: European Patent Office.

72 Vgl. ThomsonReuters (2014). *2014 Top 100 Global Innovators.* Paris: Thomson Reuters.

73 Vgl. Bloomberg (2015). *Bloomberg Visual Data – Most Innovative: Countries.* New York: Bloomberg.

74 So etwa Slowenien: Der Übergang von der Schule in die Arbeit oder höhere Bildung verläuft dort besonders reibungslos. Nur 4 Prozent der jungen Erwachsenen im Alter von 18 bis 24 Jahren befinden sich nicht in Erwerbstätigkeit oder Ausbildung. In Europa liegt der Schnitt bei 12 Prozent. Auch der Anteil an tertiärer Bildung ist hier hoch, genauso wie die generelle Wettbewerbsfähigkeit des Bildungssystems. Vgl. Eurostat-Datenbank (2015).

75 Vgl. Martin Prosperity Institute (2014). *Global Cities – Copenhagen.* Toronto: Martin Prosperity Institute.

76 Vgl. Simon-Kucher & Partners (2013). *Internationalität in Dax-Vorständen auf Rekordhöhe.* Bonn: Simon-Kucher & Partners.

77   Vgl. hierzu EZB (2013). *The Eurosystem Household Finance and Consumption Survey. Results from the First Wave.* Statistics Paper Series No 2. Frankfurt: Europäische Zentralbank.

78   Zum Vergleich: In den USA ist die Investitionsneigung auf einem ähnlichen Niveau. 5,7 bis 15,1 Prozent der Amerikaner investierten im Jahr 2010 in Aktien, Anleihen, Investmentfonds und andere Finanzprodukte. Der relativ hohe Anteil von Rentenprodukten (50,4 Prozent) spiegelt den stärker ausgeprägten privaten Vorsorgecharakter in den USA wider. 20 Prozent der Familien besitzen zudem eine Lebensversicherung. Die Diskrepanz zwischen finanziellem Median- (2010: 23.000 US-Dollar; 2013: 21.200 US-Dollar) und mittlerem Familienvermögen (2010: 257.800 US-Dollar, 2013: 270.100 US-Dollar) impliziert allerdings eine noch ungleichere Verteilung in den USA als in der Eurozone. Vgl. Federal Reserve (2014). *Federal Reserve Bulletin.* September 2014.

79   Vgl. Boston Consulting Group (2015). *Global Wealth 2015: Winning the Growth Game.* Boston: The Boston Consulting Group.

80   Vgl. IWF (2015). World Economic Outlook April 2015 Database.

81   Vgl. Piketty, T. (2014). *Das Kapital im 21. Jahrhundert.* München: C.H. Beck.

82   Vgl. OECD (2013). *Pensions at a Glance.* Paris: OECD.

83   Vgl. ebd.

84   Vgl. OECD (2015). *Main Economic Indicators.* Paris: OECD.

85   Vgl. Deutsches Aktieninstitut (2014). *Stock Returns in the Eurozone since 1986.*

86   Vgl. Deutsche Asset & Wealth Management International GmbH (2015). *Jährliche Wertentwicklung des Euro Stoxx nach Laufzeiten.*

87   Vgl. OECD (2015). *Global Pensions Statistics.* Paris: OECD.

88   Vgl. B. Moog, S. und Raffelhüschen (2015). *Ehrbare Staaten? Update 2014 – Die Nachhaltigkeit der öffentlichen Finanzen in Europa,* Stiftung Marktwirtschaft Nr. 130.

89   Vgl. De Deken, J. und D. Maarse (2013). *Country Document 2013: Pensions, health and long-term care: the Netherlands* Amsterdam Institute for Social Science Research (AISSR). Köln: Gesellschaft für

Versicherungswissenschaft und -gestaltung e.V.

90 OECD (2014). *Pensions Markets in Focus 2014.* Paris: OECD.

91 Ebd.

92 OECD (2015). Global Pensions Statistics.

93 De Nederlandsche Bank (2015). *Supervisory data on pension funds.* Amsterdam: De Nederlandsche Bank.

94 Gleichwohl haben überbetriebliche Versorgungseinrichtungen nicht nur Vorteile. So kann die Einbindung vieler Arbeitgeber wie auch Arbeitnehmer ein Hindernis bei der Flexibilität darstellen, anstehende Anpassungen durchzusetzen.

95 Vgl. EIOPA (2015). *Introducing a standardised Pan-European Personal Pension product (PEPP).* Frankfurt: EIOPA. Der Vorschlag orientiert sich in Teilen an einem Modell, das bereits in den Vereinigten Staaten weit verbreitet ist, dem sogenannten 401(k). In den USA können Arbeitgeber einen nach oben begrenzten festen Anteil des Lohns ihrer Angestellten automatisch und steuerfrei in einen standardisierten Rentenplan des 401(k)-Modells überführen. Arbeitnehmer haben jedoch eine Ausstiegsoption. Die Regelung der automatischen Registrierung begünstigt eine sehr hohe Beteiligung an dem Vorsorgesystem. Ein analoges System wurde auch in Großbritannien etabliert *(personal pension scheme).*

96 European Federation of Employee Share Ownership (2015). *Economic Survey of Employee Ownership of European Countries im Jahr 2014.* Brüssel: European Federation of Employee Share Ownership. Die Studie bezieht sich auf die 2.509 größten europäischen Unternehmen mit insgesamt 35 Millionen Mitarbeitern.

97 Die Initiative für überbetriebliche Mitarbeiterbeteiligungsfonds gab es bereits in Deutschland, allerdings setzte diese sich unter anderem aufgrund der geringen Förderung nicht durch.

98 Vgl. Europäische Kommission (2015). *Grünbuch – Kapitalmarktunion.* Brüssel: Europäische Kommission.

99 Vgl. Europäische Kommission (2014). *SME's Access to Finance 2014.* Brüssel: Europäische Kommission.

100 Vgl. EZB (2015). *Bank lending Survey April 2015.* Frankfurt: Europäi-

sche Zentralbank. Vgl. Hierzu auch Kaya, O. (2015). *Mittelstandsfinanzierung im Euroraum. Frankfurt:* Deutsche Bank Research.

101 Europäische Kommission (2014). *SME's Access to Finance 2014.* Brüssel: Europäische Kommission.

102 European Investment Bank (2015). *Factsheet 1: Why does the EU need an investment plan?* Luxemburg: European Investment Bank.

103 Europäische Kommission (2014). *Annual Report on European SMEs 2013/2014.* Brüssel: Europäische Kommission.

104 OEE, IODS (2013). *Under the Tender: Who owns the European Economy? Evolution of the Ownership of EU-Listed Companies between 1970 and 2012.* Brüssel: Europäische Kommission.

105 Real Estate Magazin (2007). *Kosten des Börsengangs.*

106 Goldman Sachs Global Markets Institute (2004). *How Capital Markets Enhance Economic Performance and Facilitate Job Creation.*

107 SEC (2012). *Jumpstart Our Business Start-ups (JOBS) Act.* Washington D.C.: U.S. Securities and Exchange Commission.

108 Europäische Kommission (2015). *Consultation Document. Review of the Prospectus Directive.* Brüssel: Europäische Kommission.

109 Ernst&Young, (2014). *The JOBS Act: 2014 mid-year update.*

110 Europäische Kommission (2015). *Grünbuch – Kapitalmarktunion.* Brüssel: Europäische Kommission.

111 Vgl. Fife, E., C. Phillips, S. Levin, S. Powell und I. Stourton (2014). *Breedon + 2 years: where are we now? Current non-bank lending options for UK corporates.* Briefing. London: Slaughter and May.

112 Vgl. Yeandle, M. und M. Mainelli (2015). *GFCI 17.* London: Yen Group and Qatar Financial Centre Authority.

113 EVCA (2015). *Annual Activity Statistics.*

114 Vgl. Ernst & Young (2014). *Venture Capital Report.*

115 Vgl. Thomson Reuters (2014). *Venture Capital Index.* London: Thomson Reuters.

116 Vgl. Meyer, T. (2010). *Venture capital adds economic spice.* Research Briefing. Frankfurt: Deutsche Bank Research.

117 Vgl. Ammermann, H. (2015). *Squaring the circle – Improving European infrastructure financing.* München: Roland Berger.

118 Vgl. Bericht der Expertenkommission »Stärkung von Investitionen in Deutschland« (2015). *Stärkung von Investitionen in Deutschland.* Berlin: Bundesministerium für Wirtschaft und Energie.

119 Vgl. Europäische Kommission (2012). *Finanzmärkte für Investoren.* Brüssel: Europäische Kommission.

120 Vgl. EIOPA (2011). *Report on Financial Literacy and Education Initiatives by Competent Authorities.* Frankfurt: EIOPA.

121 Vgl. BIZ (2014). *BIS Quarterly Review, September 2014.* Basel: Bank für Internationalen Zahlungsausgleich.

REGISTER